本书获得国家社会科学基金重大项目（项目号：13&ZD044）、国家社会科学基金重点项目（项目号：12AZD110）、国家"十二五"科技支撑计划项目（项目号：2012BAI32B06，2012BAI32B07-02）以及陕西省社会科学基金项目（项目号：2014M09）的联合资助

A SUTDY REPORT OF
RURAL MIGRANT CHILDREN

农村流动儿童
调查报告

刘　朔　刘利鸽　｜著
靳小怡　杨　勇

社会科学文献出版社
SOCIAL SCIENCES ACADEMIC PRESS (CHINA)

内容摘要

本书以 2013 年深圳市流动儿童抽样调查数据为基础，从性别、流动情况、学校性质和学校类型等视角出发，关注在经济社会快速转型以及城镇化进程加快的背景下，农民工随迁子女（农村流动儿童）的生存与发展状况。基于生态系统理论，从家庭、学校和社会三个系统分析流动儿童的家庭教育与亲子关系、学校教育与校园生活、心理健康与价值观、社会融合等现状，以期多方面、多角度、多层次地揭示农村流动儿童在城市的生存与发展的特征、规律和存在的问题，为促进农村流动儿童健康发展、推动我国教育公平、实现社会可持续发展提出对策建议。

ABSTRACT

This book is based on the background of economic and social transformation and the accelerating urbanization process, on the basis of sampling survey data in Shenzhen on December 2013 about migrant children, and pays attention to the survival and development of migrant workers' children (namely rural migrant children) from the perspective of gender, flows, school nature, and school types etc. Under the guidance of ecological system theory, this book analyses migrant children's family education and parenthood, school education and campus life, mental health and the values, social integration and so on from the systems of family, school and society. In order to reveal the migrant children's characteristics of the survival and development in the city from an all-around point of view, and to put forward suggestions to promote the rural migrant children's health, driving education fairness, achieving social sustainable development in our country.

前　言

农民工规模庞大，涉及问题广泛且复杂，对中国未来发展影响深远。外出务工已经成为中国目前大多数农民维持生计的主要手段，农民工在流入地城市的生存、生活和发展是其生计的重要内容，本质上农民工服务管理的核心内容就是维护和促进其生计的可持续发展；随着中国人口、经济和社会的快速转型，以及与国际社会发展理念的逐渐接轨和融合，中国大规模的人口流动与社会可持续发展问题也逐渐成为事关国家稳定、和谐发展的重大安全问题，引起了国内外各界的高度重视。自20 世纪 90 年代以来，农民工问题一直是学术界研究的热点，内容涉及户籍制度、劳动力市场、农民工角色、劳动权益与社会保障、教育与管理以及农民工市民化等许多方面。

西安交通大学公共政策与管理学院，特别是西安交通大学人口与发展研究所一直从事中国社会转型中弱势群体保护与发展领域的复杂社会问题研究。作者所在的课题组前期依托西安交通大学人口与发展研究所，在社会复杂问题以及复杂性科学研究领域，与美国斯坦福大学（Stanford University）、圣塔菲研究所（Santa Fe Institute）、加州大学尔湾分校（University of California, Irvine）等研究机构建立了广泛的学术合作网络。自 2004 年以来，课题组有关农民工问题的研究包括三个主题：农民工为什么会流动、农民工在流入地城市的生存与发展以及农民工流动对流出地的影响。这三个研究主题力图全面反映在中国目前快速但仍然不充分的城镇化过程中，农民工的流动所表现出的"农村（流

出地）→城市（流入地）→农村（流出地）"的循环特征。同时，课题组以农民工问题为背景，将以多学科交叉为特征的复杂性科学研究范式引入公共管理和社会科学领域，在社会系统复杂性、社会网络分析以及复杂系统建模等领域进行了一系列探索性研究。2004 年至 2012 年底，先后有 40 余位教师、博士研究生和硕士研究生参与研究工作；承担国家社会科学基金、国家自然科学基金、教育部新世纪优秀人才支持计划、国际合作项目、政府合作项目等课题 37 项；课题组已发表相关学术论文 70 余篇，会议宣读论文 50 余篇，出版专著 7 部，7 人获得博士学位，10 人获得硕士学位。

基于前期工作积累，在国家社会科学基金重大项目（项目号：13&ZD044）、国家社会科学基金重点项目（项目号：12AZD110）、国家"十二五"科技支撑计划项目（项目号：2012BAI32B06，2012BAI32B07 - 02）以及陕西省社会科学基金项目（项目号：2014M09）的联合资助下，课题组近期将研究重点放在了城镇化背景下流动人口市民化问题上。课题组认为以农民工为主的农业转移人口市民化是一个逐渐消除城乡差异、促进农村和城市协调发展的复杂演进过程，涉及经济、社会、政治、文化等方方面面的问题，为此课题组正在组织相应系列调查，2013 年完成的深圳流动人口调查是第一个。

本书在 2013 年完成的深圳流动人口调查之一的流动儿童调查报告基础上修改而成，是课题组全体成员辛勤劳动的成果。研究总体框架以及调查设计由靳小怡、刘朔和刘利鸽负责，杨勇负责调查执行。绪论初稿主要由刘利鸽撰写，第一章、第二章、第三章、第七章、第八章初稿主要由王思钦、刘朔撰写；第四章、第五章、第六章、第九章、第十章、第十一章、第十二章主要由姚俊霞、刘朔撰写；第十三章主要由刘朔撰写。全书最后由刘朔、靳小怡、刘利鸽和杨勇负责统稿，并对全书进行修改、定稿。对本书撰写和调查工作给予大力支持的还有杨绪松博士、王超副局长、杨州杰副局长、杜海峰教授、杜巍博士和韦娜老师，作者在此一并表示感谢，也感谢深圳市坪山新区区委及有关职能部门，特别是新区社会建设局同人的大力协助和积极配合。此外，作者特别感谢西安交通大学人口与发展研究所所长李树茁教授，他是课题组的缔造者和研究方向的开启者。

由于作者水平有限，书中难免有不妥之处，恳请读者批评指正。

作 者

2015 年 2 月

于西安交通大学

目 录

◈◎ 中等职业学生篇 ◎◈

❧ 父 母 篇 ❧

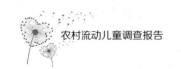
❦ 政 策 篇 ❦

绪　论

一　研究背景

中国是一个人口众多的农业大国，农民占了人口总数的70%左右，且主要居住在农村。1978年以来，随着改革开放的推进，中国沿海经济迅速发展，农村与城市的差距越来越大，农村大量剩余劳动力往城市转移。中国的流动人口大量增加，成为移居活跃型社会（Cai and Wang, 2003; Zhang, 2001）。2005年全国1%人口抽样调查数据显示，中国的流动人口达1.4亿人，流动人口比第五次人口普查增加296万人。2010年第六次全国人口普查时，流动人口已达到2.6亿人，比"五普"数据增加了81.03%。到2014年，全国农村流动人口（农民工）总量为2.74亿人[①]。目前，家庭化迁移已成为人口流动迁移的主体模式。超过六成的已婚新生代流动人口与全部核心家庭成员在流入地共同居住；近七成的家庭中，家庭成员为分次流入，夫妻首先流入，再把部分或全部子女接来同住[②]。

家庭化迁移导致的最直接结果是农村流动儿童（指6～14周岁户籍在农村，但随父母或者监护人居住在城市的儿童，即"进城务工人员随迁子女"）数量逐年增加，而且增长趋势明显。2010年第六次全国人口普查数

[①] 统计局：《2014城镇新增就业1322万人　农民工超2.7亿》，人民网，http://society.people.com.cn/n/2015/0226/c1008 – 26599472. html。

[②] 国家卫生和计划生育委员会流动人口司：《中国流动人口发展报告2013》，中国人口出版社，2013。

据显示，截至 2010 年 11 月 1 日，全国 0～17 岁儿童总量为 27891 万人，其中流动儿童数量已达 3581 万人，每 100 个儿童中就有 13 个流动儿童，农业户口的流动儿童占 80.35%，据此推算全国农村流动儿童达 2877 万人[①]。据 2012 年全国教育统计数据显示，截至 2012 年底，全国义务教育阶段在校生总数为 14459 万人，城镇义务教育阶段在校生人数为 7415 万人，其中进城务工人员随迁子女为 1394 万人，在城镇每 100 个义务教育阶段学生中就有 19 个进城务工人员随迁子女。农村流动儿童是中国现阶段特殊的弱势群体，在城乡分割的户籍制度下，他们无法享受到与城市儿童同等的系列公共服务，出现了上不了学、上不起学、上不好学以及升学难等教育现象（冯帮，2011）。同时，由于跟随父母流动，面临着生活环境、学习环境的巨大差异，成为城市适应问题突出的特殊群体。目前学术界关于流动儿童的城市适应状况有两种截然不同的观点：一种观点认为，流动儿童城市适应状况不容乐观，存在着孤独感、自卑感、学习挫折等心理问题，与城市的融合度不高，且该群体的心理健康水平整体上低于当地城市儿童（吴新慧，2004；熊少严，2006；袁晓娇、方晓义等，2009）；另一种观点认为，流动儿童城市适应状况良好（郭良春等，2005），且该群体的心理状况如孤独感、抑郁水平、创造力并未显著低于当地城市儿童（申继亮等，2006；周皓，2006）。

目前，流动儿童问题已经受到党中央、国务院和社会各界的广泛关注。党的十八大报告明确提出要"有序推进农业转移人口市民化""积极推动农民工子女平等接受教育"。国务院发展中心课题组在《农民工市民化》报告中将农民工市民化的内涵界定为：以农民工融入城市公共服务体系为核心，推动农民工个人融入企业，子女融入学校，家庭融入社区，也就是使农民工在城市"有活干，有学上，有房住，有保障"。因此，农民工市民化并非个人的市民化，而是家庭的市民化，其中随迁子女融入学校和社会，是市民化的重要内容。与父辈相比，农村流动儿童更需要社会的

[①]　全国妇联课题组：《全国农村留守儿童、城乡流动儿童状况研究报告》，2013，http://acwf.people.com.cn/n/2013/0510/c99013-21437965.html。

关爱和接纳，因为他们从小离开农村，甚至出生于城市，对农村缺乏认同感，有的只是模糊的印象；但受户籍制度限制，他们也不属于城市，其被"边缘化"的程度更为严重。"边缘人"的身份使流动儿童缺乏社会归属感和认同感，可能对其人生观、世界观和价值观产生强烈的冲击，进而产生一系列心理和学习困惑。流动儿童的问题日益突出，需要更多调查研究，以深入分析他们的生活和发展现状，期望找到更有效的措施以促进其在城市健康成长。

已有关于流动儿童的研究很多，主要以中小学生为调查对象，研究内容主要集中在流动儿童的城市适应、家庭教育、学校教育、心理健康和社会融合等方面。本研究在聚焦上述研究主题的基础上，利用较大规模调查样本，将家长和儿童情况进行匹配，把流动儿童及其父母放在同一个研究框架下，在具体研究中，性别、流动情况、学校性质和学校类型四个视角贯穿始终，以期更全面、更深入地揭示流动儿童的学习和生活现状。同时，本研究把中职学生作为一个主要研究对象，尽管中职生不属于一般意义上的儿童，但深圳中职学校学生主要来源于曾在深圳读初中的农村流动儿童，比较中职生和普通中小学学生的差异，能够从生命历程的角度了解儿童尤其是农村流动儿童的可能发展趋势。

二　研究目标与内容

本书利用 2013 年 12 月在深圳市坪山新区和南山区进行的"流动儿童专项调查"抽样数据，通过对小学生、初中生、中职生及中小学生家长的调查，揭示流动儿童与深圳本地儿童在家庭教育、学校教育、心理健康、心理福利及社会融合等方面的异同，为促进流动儿童健康发展提出建设性意见。

除绪论外，本书分中小学生篇、职业中学生篇、父母篇和政策篇四大部分，共十三章。

绪论主要描述研究背景、研究目标、调查情况等。

第一至五章构成中小学生篇，主要从中小学生感知的角度分析他们的

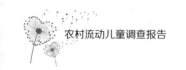

家庭教育与亲子关系、学校教育与校园生活、心理与行为现状、社会融合等。重点比较农村流动儿童、城市流动儿童和深圳本地儿童的异同。

第六至九章构成中等职业学生篇，深圳中等职业学校的主要生源是在深圳中学读书的农村流动儿童。从中职生感知的角度分析他们的家庭教育与亲子关系、学校教育与职业规划、心理与行为现状等。重点比较农村流动学生、城市流动学生和深圳本地学生的异同。

第十至十二章构成父母篇，从中小学生父母角度分析他们和学生的亲子关系，他们自己的社会融合等。重点比较农村流动儿童父母、城市流动儿童父母和深圳本地儿童父母的异同。

第十三章为政策篇，主要梳理了国家、广东省和深圳市出台的流动儿童和中等职业教育的相关政策，并就促进流动儿童健康发展提出政策建议。

三　调查介绍

（一）调查地的选择

本调查是深圳流动人口调查的重要组成部分，重点关注随父母双方或一方流动到深圳的农民工随迁子女。深圳共有罗湖、福田、南山、盐田、宝安、龙岗六个市辖行政区和光明、坪山、龙华、大鹏四个市辖功能区。综合考虑人口、经济、地理环境等因素，确定在深圳市坪山新区和南山区进行本次调查。

1. 深圳经济地位十分重要

深圳地处珠江三角洲前沿，是中国最早的经济特区和计划单列市，副省级城市，也是连接香港和中国内地的纽带和桥梁。深圳在中国高新技术产业、金融服务、外贸出口、海洋运输、创意文化等多方面占有重要地位。深圳在中国的制度创新、扩大开放等方面肩负着试验和示范的重要使命。深圳经济总量相当于一个中等省份，位居全国大中城市第四位，是中国内地经济效益较好的城市之一。在英国《经济学人》2012年"全球最具经济竞争力城市"榜单上，深圳位居第二。

2. 深圳是全国人口密度最大的城市

2010 年第六次全国人口普查主要数据显示，深圳全市常住人口为
1035.7938 万人，其中户籍人口 251.03 万人。常住人口中，男性占
54.20%，超过女性。全市常住人口中，0～14 岁人口占 9.84%；15～64
岁人口占 88.40%；65 岁及以上人口占 1.76%。而深圳市的平均年龄为 30
岁，是全国最年轻的城市①。深圳市包括流动人口的总人口数为 1322 万
人，庞大的流动人口，使深圳成为全国人口密度最大的城市。

3. 深圳的流动儿童规模庞大

根据全国妇联 2013 年发布的《全国农村留守儿童、城乡流动儿童状
况研究报告》，全国 31 个省份（不含港澳台地区）有一定数量的流动儿
童，但在少数几个省份高度集中。广东是流动儿童最多的省份，流动儿童
规模达 434 万人，占全国流动儿童总量的 12.13%，远远高于其他省份。
在广东省内部，深圳市的流动人口最多，且人口流动呈现举家迁移的趋
势，因此流动儿童规模庞大。深圳是中国典型的移民城市，外来人口增长
快、比例高，语言、文化背景复杂、多样，治安、社会问题非常突出，据
公安部门抽样调查，流动人口中约 120 万人无稳定收入，超过 80 万无业人
员长期滞留深圳，犯罪嫌疑人 93% 以上为外来人员②。在这样的环境中，
流动儿童面临的问题也是多而复杂的。

4. 深圳市政府重视流动儿童教育

早在 1993 年，深圳市人民政府办公厅就颁布了《关于深圳经济特区
中小学暂住户口学生入学有关问题的通知》（深府办〔1993〕95 号），而
国家教育委员会、公安部联合颁布的《流动儿童少年就学暂行办法》（教
基〔1998〕2 号）在 1998 年才出台。深圳是全国最早出台关于流动儿童入
学政策的城市，且给流动儿童办理常规登记手续，出具"非劳务性暂住
证"，将户籍儿童与流动儿童分别统计，并作为必须要求项纳入统计考核
指标。

---

① http://news.sznews.com/content/2011-05/12/content_5625873_2.htm.
② http://news.sina.com.cn/o/2013-10-29/075028558296.shtml.

5. 坪山新区和南山区

坪山新区于 2009 年成立，是深圳创新基层管理改革试点的全新功能区，以发展大工业为主，正在进行新型城镇化建设。坪山新区总人口约 65 万人，其中户籍人口约 3.6 万人，户籍人口已经全部完成市民化，但 60 万左右的流动人口是坪山新区建设的主体。坪山新区地处大都市边缘，生活成本较低，目前流动人口举家迁移的现象比较普遍。坪山新区义务教育阶段主体是随迁流动儿童，无论是公办还是民办学校，随迁流动儿童都占了学校的绝大多数。

南山区是深圳市高新技术产业基地，是城镇化建设较成熟的区域。2012 年末，南山区累计有国家级高新技术企业 996 家，占全市总量的 39%。2013 年，南山区实现本地生产总值 3206 亿元，在深圳市各区中排名第一，并位列广东省十强区之首。南山区有常住人口 110.85 万人，其中户籍人口 61.6 万人、非户籍常住（半年以上）人口 49.25 万人[①]。南山区本地儿童和流动儿童比例相当。

本次调查在两个区的学校同时展开。在坪山新区的调查以流动儿童为主，因而被调查学校主要是民办学校，在南山区调查以公办学校为主，其目的是将流动儿童和深圳本地儿童、公办学校和民办学校进行对比研究，更好地分析流动儿童在城市的教育、心理和适应情况。

（二）调查构成和内容

本次问卷调查以微观的个人调查为主，主要包括小学生卷、中学生卷、中等职业学生卷和父母/监护人卷。各类问卷的主要调查内容如表 0-1 所示。

表 0-1 调查内容

项目	具体调查内容
小学生卷	个人信息、家庭信息、学校信息、态度和行为

---

① http：//www.szns.gov.cn/publish/main/4/nsgk/index.html（南山政府在线）。

续表

项目	具体调查内容
中学生卷	个人信息、家庭信息、学校信息、态度和行为
中等职业学生卷	个人信息、家庭信息、学校信息、态度和行为
父母/监护人卷	个人和家庭信息、亲子关系、态度和行为

为了能够更深入地了解流动儿童问题，对部分老师和学生进行了质性访谈，对流动儿童问卷调查中一些不能覆盖的信息进行必要的补充。

（三）抽样

由于调查对象主要为学生，因此综合采用了多阶抽样、配额抽样和整群抽样等抽样方法。具体如下。

首先，在深圳六个行政区中，抽取坪山新区和南山区作为调查地。前者代表正在城镇化建设中的工业新城区，区内聚集了大量的农村流动人口；后者代表已经发展成熟的老城区，区内深圳本地市民和城市流动人口比例较高。

其次，为了兼顾学校性质（公办和民办）、学校类型（小学和初中）和流动情况（本地儿童和流动儿童），选取了6所学校。6所学校包括坪山新区的2所民办九年制学校、1所公办九年制学校和1所职业中学，以及南山区2所公办九年制学校。选取这样6所学校，可以全面反映深圳市儿童情况：①深圳市多数中小学是九年制学校，即一所学校既有小学部也有初中部。抽取九年制学校既有利于反映深圳义务教育整体情况，也便于调查的组织实施；②坪山新区民办学校学生绝大多数是农村流动儿童，坪山新区的公办学校学生以流动儿童为主，深圳本地儿童为辅；南山区的公办学校基本是深圳本地儿童和流动儿童混合型，但每所学校的流动儿童和深圳本地儿童比例不同；③坪山区中等职业学校的学生多数是在深圳读过初中的流动儿童。

最后，在5所九年制学校，对四至九年级的班级各抽取1~2个班级实施调查；在1所职业中学，对9个专业学生实施调查，所有班级实施整群抽样，所在班级学生全部参与调查。

（四）调查执行

第一，调查培训。课题组 3 位老师和 2 名学生任调查指导员，在调查之前对抽取班级的班主任进行调查培训。

第二，正式调查阶段，由所抽取班级的班主任具体实施调查，完成所有调查任务。

（五）数据执行和质量控制

本次调查时间从 2013 年 12 月 12～20 日，抽样调查由西安交通大学公共政策与管理学院流动人口课题组具体执行，课题组老师任调查指导员。在各个学校的调查具体过程如下。

1. 调查前的培训

课题组 3 位老师和 2 名学生任调查指导员，在调查之前对抽样班级的班主任进行培训。由于中小学班主任具有较高的学历和丰富的教学、指导经验，且对班级同学更为熟悉，因此由他们具体实施调查，有助于保证调查质量。

2. 调查执行

班主任领取问卷后下发给班级同学，讲解完注意事项后，现场请学生完成学生问卷，并解答学生提出的问题。学生答完问卷并提交后，班主任要求学生把相应的父母/监护人卷带回家，由父母或监护人填写，第三天带回学校并交给班主任老师审核。

3. 调查中的巡访

在调查过程中，调查指导员进入各个班级进行巡访，对存在的疑问进行解答，及时纠正调查过程中调查员处理不当的问题，并且针对存在的特殊情况确定处理方法。调查指导员在对调查员（班主任）进行巡访的基础上，重点加强对四年级的巡访，以确保调查对象对问卷的正确理解。

4. 问卷的审核

问卷完成后，由班主任进行整理和回收，并对问卷进行审核。当出现不完整问卷时，由班主任询问学生具体情况并补充，以确保问卷质量。

在收到班主任提交的问卷后，调查指导员对问卷进行审核，检查问卷的完整性；并从每个班级随机抽取两份问卷进行审核，检查其中的逻辑关系。

5. 数据录入控制

数据是由调查指导员录入 Epidata 数据库中的，通过 Epidata 的附带程序可以进行初步的质量控制，例如范围的大小、跳问等。在数据录入完毕之后，每位调查指导员等距抽样 5% 的样本进行轮换录入来检验数据录入的准确性和质量。在两次数据录入中，学生问卷和家长问卷的一致率都在 97% 以上。

6. 逻辑检验

在数据库建立后，利用 Stata 软件编制了计算机程序来检验每一份问卷中存在的逻辑一致性。对于有逻辑问题的记录，寻找原始问卷进行核对，并根据问卷内容进行修改。

总之，在调查执行和以后的数据录入及数据分析中，都采取了相应措施来保证数据的质量。结果证明，这些措施是有效的，调查数据虽然存在一定的误差，但都在一个可接受的水平上。

中小学生篇

第一章
样本基本信息

第一节　样本的学校信息

表1-1显示了本研究调查样本的学校基本信息，包括各学校所在区、调查对象的人数、小学和初中的分布以及学校的性质。

调查在深圳两个区进行，分别是坪山新区和南山区，调查总样本为2096人。其中在坪山新区调查了三所学校，分别是 A 学校、B 学校和 C 学校。这三所学校的被调查人数分别是 236 人、450 人和 540 人，共计 1226人。在南山区调查了两所学校，分别是 D 学校和 E 学校，各有 440 人和430 人，共计 870 人。在 5 所学校中，C、D、E 三所学校为公办学校，A、B 两所学校为民办学校，5 所学校中都分别抽取了小学和初中，其中小学生有 1010 人，初中生有 1086 人。

表1-1　学校基本信息

变量	人数	百分比（%）
学校		
坪山新区 A 学校（民办）	236	11.26
坪山新区 B 学校（民办）	450	21.47
坪山新区 C 学校（公办）	540	25.76
南山区 D 学校（公办）	440	20.99

续表

变量	人数	百分比（%）
南山区 E 学校（公办）	430	20.52
学校性质		
公办学校	1410	67.27
民办学校	686	32.73
学校片区		
坪山新区	1226	58.49
南山区	870	41.51
学生类型		
小学	1010	48.19
中学	1086	51.81
样本量（人）	2096	100.00

第二节 样本的个人基本信息

表 1 - 2 显示调查样本的个人基本信息，主要从性别、年龄、年级、户籍以及是不是独生子女五个方面描述。

调查样本为 2096 人，其中男生有 1209 人，占 57.68%，女生有 882 人，占 42.08%，有 5 位缺失值，占 0.24%，男女比例基本相当。从年龄分布看，全部儿童样本的年龄主要集中于 10~14 岁，其中小学生主要集中于 10 岁和 11 岁，中学生主要集中于 13 岁以及 14 岁以上。本次调查的年级主要有小学生四、五、六年级以及初中的七、八、九年级，其中小学生三个年级的人数比例分别为 14.03%、17.75% 和 16.41%，中学生的三个年级的人数分布为 18.89%、18.23% 和 14.69%，比例基本相当。儿童的户籍因为学生自己填写的缺失较多，因此根据匹配后的父母/监护人卷判断学生的户籍，将学生户籍分为深圳城市户籍、其他城市户籍和农村户籍。其中，深圳城市户籍的学生（后文称为深圳本地学生）占总数的 27.56%，其他城市户籍的学生（后文称为城市流动学生）占 17.01%，农村户籍学生（后文称为农村流动学生）占 55.43%。小学生和初中生中三种户籍的比例和总数的分布差不多，农村户籍学生最多，其次是深圳城市户籍，最后是其他城市户籍。

表 1-2　学生的基本特征

单位:%

变量	总体	小学	中学
总人数	2096	1010	1086
性别			
男	57.82	59.46	56.28
女	42.08	40.54	43.72
样本量	2091	1009	1082
年龄			
9 岁以下	0.29	0.59	0.00
9 岁	8.54	17.63	0.09
10 岁	15.60	31.98	0.37
11 岁	17.41	33.76	2.21
12 岁	16.84	13.37	20.07
13 岁	17.37	1.58	32.05
14 岁以上	23.95	1.09	45.21
样本量	2096	1010	1086
年级			
四年级	14.03	29.11	
五年级	17.75	36.83	
六年级	16.41	34.06	
七年级	18.89		36.46
八年级	18.23		35.18
九年级	14.69		28.36
样本量	2096		
户籍			
深圳城市户籍	27.56	29.44	25.79
其他城市户籍	17.01	18.58	15.51
农村户籍	55.43	51.98	58.70

续表

变量	总体	小学	中学
样本量	1970	958	1012
独生子女			
是	34.75	38.15	31.43
否	65.25	61.85	68.57
样本量	1876	928	948

表 1-3 显示流动儿童的来源地情况，53.32% 的流动儿童户籍是广东省内的，说明深圳大部分流动儿童是跟随父母省内流动。除广东省外，邻近广东省的湖南、四川、湖北、江西等省份的流动儿童相对较多，说明短距离流动是目前流动人口的主要流动模式。从东中西部视角看，来自东部的流动儿童占了一半以上，来自西部的流动儿童最少，不到 1/6。说明西部地区的流动人口不太喜欢到广东打工，除了距离的原因，也许气候、生活习惯等也是阻碍因素。

表 1-3　学生流出地情况表

省　份	人　数	百分比（%）
东　部	1119	58.95
广　东	1012	53.33
福　建	43	2.24
江　苏	8	0.42
浙　江	7	0.37
海　南	5	0.26
河　北	3	0.16
黑龙江	11	0.58
吉　林	5	0.26
辽　宁	11	0.58
山　东	13	0.68
天　津	1	0.05

续表

省　份	人　数	百分比（%）
中　部	487	25.65
山　西	5	0.26
河　南	71	3.74
湖　北	95	5.01
湖　南	203	10.69
安　徽	18	0.95
江　西	95	5.01
西　部	292	15.38
青　海	1	0.05
内蒙古	4	0.21
甘　肃	4	0.21
陕　西	22	1.16
四　川	106	5.58
广　西	62	3.27
新　疆	2	0.15
云　南	19	1.00
贵　州	26	1.37
重　庆	46	2.42
合　计	1898	100.00

第二章
家庭教育与亲子关系

父母是学生的第一任老师。家庭教育和亲子关系对学生发展起着至关重要的作用，对人一生所产生的深远影响，是其他教育（学校教育、社会教育）所无法替代的。本章主要从学生感知的家庭教育、父母教养方式和亲子关系三个方面进行研究讨论。

第一节　家庭教育

中国著名儿童教育家、儿童心理学家，被誉为"中国幼教之父"的陈鹤琴先生强调："知识之丰富，思想之发展，良好的习惯的养成与否，家庭教育应负完全责任。"为了更好地了解流动儿童家庭教育状况，本节从父母关注学生学习情况、父母辅导作业情况以及父母教育方式三个方面进行研究。

一　父母关注学习情况

1. 总体情况

如图 2 - 1 及表 2 - 1、表 2 - 2 所示，学生父母普遍关注学生的学习情况。经常过问学习的比例为 68.43%，经常参加家长会的比例为 76.01%。这表明深圳市中小学生家长普遍比较重视学生的学习，但也有少数家长对学生的学习关注不足，有 5.83% 的父母很少或从不过问学习，7.60% 的父母很少或从不参加家长会。

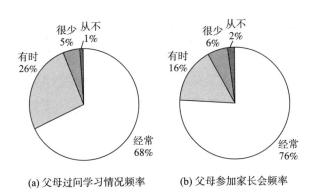

(a) 父母过问学习情况频率　　　　(b) 父母参加家长会频率

图 2 - 1　中小学生感知的父母关注学习情况

2. 多维视角分析

表 2 - 1 显示多维视角下父母过问学生学习情况。在性别和学校类型视角下存在显著差异，但在流动情况和学校类型视角下不存在显著差异。具体情况如下。

从性别视角看，男生父母经常和有时过问学习情况的比例略高于女生父母，而女生父母很少或从不过问学习情况的比例略高于男生。

从流动情况视角看，深圳本地学生父母经常过问学习情况的比例略高于流动学生父母，但不存在统计学意义上的显著差异。

从学校性质视角看，民办学校学生父母经常过问学习情况的比例略高于公办学校学生父母，但不存在统计学意义上的显著差异。

从学校类型视角看，小学生父母比中学生父母经常过问学习的比例高 14.06%。

表 2 - 1　不同学生群体父母过问学生的学习情况的差异

项目（%）	经常	有时	很少	从不	样本量	LR 检验
总体	68.43	25.74	5.35	0.48	2094	
性别						+
男生	68.85	26.10	4.72	0.33	1207	
女生	67.69	25.40	6.23	0.68	882	

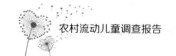

续表

项目（%）	经常	有时	很少	从不	样本量	LR 检验
流动情况						ns
深圳本地学生	71.09	24.86	3.87	0.18	543	
城市流动学生	69.25	25.07	5.07	0.60	335	
农村流动学生	68.72	25.14	5.78	0.36	1090	
学校性质						+
公办学校	67.52	27.01	5.04	0.43	1410	
民办学校	70.32	23.11	5.99	0.58	684	
学校类型						***
小学	75.72	19.92	3.96	0.40	1009	
中学	61.66	31.15	6.64	0.55	1085	

注：*** 表示 P<0.001，** 表示 P<0.01，* 表示 P<0.05，+ 表示 P<0.1，ns 表示不显著，后表同此。

表 2-2 显示多维视角下父母参加家长会的情况。父母参加家长会不存在性别差异，而在流动情况、学校性质、学校类型视角下存在显著差异，具体情况如下。

从性别视角看，女生父母经常参加家长会的比例略高于男生，但不存在统计学意义上的显著差异。

从流动情况视角看，深圳本地学生父母经常参加家长会的比例最高，为 89.30%；其次是城市流动儿童父母，比例为 80.90%；而农村流动学生父母比例最低，只有 69.29%，比深圳本地学生父母参加家长会比例低了 20.01%。

从学校性质视角看，公办学校学生父母经常参加家长会的比例比民办学校学生父母高了 30.53%。

从学校类型视角看，小学生父母比中学生父母经常参加家长会的比例高 14.16%。

表 2-2　不同学生群体父母参加家长会情况的差异

项目（%）	经常	有时	很少	从不	样本量	LR 检验
总体	76.01	16.39	5.83	1.77	2093	
性别						ns
男生	75.41	16.47	6.13	1.99	1208	
女生	76.93	16.25	5.34	1.48	880	
流动情况						***
深圳本地儿童	89.30	9.22	1.48	0.00	542	
城市流动儿童	80.90	14.02	2.99	2.09	335	
农村流动儿童	69.29	20.16	8.08	2.47	1091	
学校性质						***
公办学校	86.08	10.94	2.77	0.21	1408	
民办学校	55.33	27.59	12.12	4.96	685	
学校类型						***
小学	83.35	11.10	4.66	0.89	1009	
中学	69.19	21.31	6.92	2.58	1084	

　　以上调研结果显示，多数深圳中小学生父母关注学生学习，但也有少数父母对学生学习关注不足，甚至不闻不问。父母对学生学习的关注度基本不存在性别差异，表明中国长期以来重男轻女的传统观念正在改变；深圳本地儿童父母最关注学生学习，农村流动儿童父母和城市儿童父母一样经常过问学生学习，但他们参加家长会比例较低，可能的原因是大多数农村流动儿童父母是工厂生产线的一线工人，不能轻易请假参加家长会；公办学校学生父母参加家长会的比例远远高于民办学校，一方面可能体现了公办学校的教学管理更严格；另一方面，民办学校的生源主要是农村流动儿童，父母不能参加家长会的原因与流动视角是一致的；小学生父母比中学生父母更经常过问学生学习情况，也更经常参加学生的家长会，也许是小学生年龄小，自立自律能力弱，更依赖父母，所以小学生父母对学生学习关注度更高，而随着学生年龄增长，自律能力增强，能有效地进行自主学习，父母对其学习的关注度也相应下降。

二 父母辅导作业情况

1. 总体情况

图 2-2 及表 2-3、表 2-4 显示，80.49% 的学生有人辅导作业，其中父母辅导作业比率最高，占总体的 52.84%，且将近一半的父母经常辅导学生作业。这表明深圳市中小学生父母是辅导学生作业的主力军，也有少数学生靠家教或课外辅导班辅导作业，但值得关注的是近 1/5 的学生无人辅导作业或很少得到辅导。

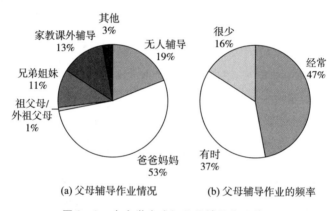

(a) 父母辅导作业情况 (b) 父母辅导作业的频率

图 2-2　中小学生感知父母辅导作业情况

2. 多维视角分析

表 2-3 显示多维视角下父母辅导作业的情况。从性别、流动情况、学校性质学校类型四个视角分析发现，父母辅导作业的情况都存在显著差异，具体情况如下。

从性别视角看，女生获得父母辅导、祖父母/外祖父母辅导、课外班辅导的比例都高于男生，而男生无人辅导的比例高于女生。

从流动情况视角看，深圳本地学生无人辅导作业的比例低于城市流动学生和农村流动学生，而通过家教课外辅导作业比例远远高于城市流动学生和农村流动学生。深圳本地学生和农村流动学生依靠父母辅导作业的比例高于城市流动学生。

从学校性质视角看，公办学校学生依靠父母和兄弟姐妹辅导作业的比例低于民办学校，而通过家教课外辅导学生的比例远远高于民办学校，几乎是民办学校的 6 倍。

从学校类型视角看，初中生无人辅导作业的比例远高于小学生，依靠父母辅导作业的比例远低于小学生，而依靠兄弟姐妹和家教课外辅导班辅导作业的比例略高。

表 2 - 3　不同学生群体父母辅导作业情况的差异

项目（%）	无人辅导	爸爸妈妈	祖父母/外祖父母	兄弟姐妹	家教课外辅导	其他	样本量	LR检验
总体	19.51	52.84	0.78	11.16	12.86	2.85	2061	
性别								**
男生	22.08	51.64	0.76	11.29	11.37	2.86	1187	
女生	16.00	54.55	0.81	10.93	14.84	2.87	869	
流动情况								***
深圳本地学生	15.89	54.77	0.94	5.23	20.93	2.24	535	
城市流动学生	20.67	50.76	0.91	10.64	13.98	3.04	329	
农村流动学生	20.32	53.49	0.65	14.07	8.21	3.26	1073	
学校性质								***
公办学校	20.06	48.48	0.79	10.03	17.68	2.96	1386	
民办学校	18.37	61.78	0.74	13.48	2.96	2.67	675	
学校类型								***
小学	8.80	70.30	1.10	8.20	10.00	1.60	1000	
初中	29.59	36.38	0.47	13.95	15.55	4.06	1061	

表 2 - 4 显示了多维视角下有人辅导作业时辅导的频率。辅导频率在性别、流动情况、学校性质和学校类型四个视角下都存在显著差异，具体情况如下。

从性别视角看，男生经常获得辅导的比例高，而女生有时或很少获得辅导的比例高。

从流动情况视角看，城市流动学生经常获得辅导的比例最高，其次是农村流动学生，深圳本地学生经常获得辅导的比例最低。

从学校性质视角看，民办学校学生经常获得辅导的比例高，而公办学校学生有时或很少获得父母辅导的比例高。

从学校类型视角看，小学生经常获得父母辅导的比例高，而初中生有时或很少获得父母辅导的比例高。

表 2 - 4　不同学生群体父母辅导作业频率的差异

项目（%）	经常	有时	很少	样本量	LR 检验
总体	47.02	37.31	15.67	1659	
性别					***
男生	51.24	34.01	14.75	929	
女生	41.74	41.32	16.94	726	
流动情况					+
深圳本地学生	46.21	39.73	14.06	448	
城市流动学生	49.41	36.40	14.19	261	
农村流动学生	47.72	35.44	16.84	855	
学校性质					***
公办学校	43.49	39.42	17.09	1106	
民办学校	54.07	33.09	12.84	553	
学校类型					***
小学	57.40	29.58	13.02	906	
中学	34.53	46.61	18.86	753	

以上调研结果显示，深圳中小学生父母主要承担辅导学生作业的职责，家教和课外辅导班是辅导学生学习的重要辅助途径。女生获得父母更多的辅导，但男生获得辅导的频率更高，也许是女生比较乖巧听话，父母愿意辅导她们学习，但男生调皮，学习和作业存在问题较多，因此父母得花更多精力进行多次辅导；深圳本地学生通过课外辅导作业的比例比城市流动学生高大约 7 个百分点，比农村流动学生高大约 12 个百分点。一方面可能是深圳本地学生父母希望孩子赢在起跑线上，愿意把学生送到课外辅导班；另一方面，他们也有这样的经济实力，能付得起课外辅导的费用，而多数农村流动学生家长可能不愿意也没有经济实力找家教或把学生送到

课外辅导班；公办学校学生通过课外辅导作业的比例远高于民办学校学生，而民办学校学生获得父母更多辅导。中学生父母辅导作业比例低于小学生，主要原因可能是初中学业难度大，而学生父母的教育水平偏低，他们有心无力，已经没有能力辅导学生的学习。

三　父母教育方式

1. 总体情况

图 2 - 3 及表 2 - 5 显示，当学生做错事时，绝大多数父母会讲道理，也有 15.57% 的父母会打骂或大吼学生。这说明深圳学生父母在教育子女时多采用科学温和的方式，但也有部分父母采用简单粗暴的方式。值得关注的是，当学生做错事时，有 0.67% 的父母不闻不问，放任自流。

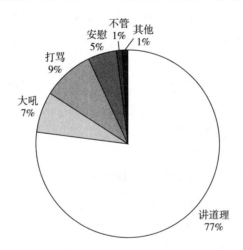

图 2 - 3　中小学生感知自己做错事时父母的教育方式

2. 多维视角分析

表 2 - 5 显示了不同视角下父母教育方式的差别。从性别、学校性质和学校类型三个视角分析发现，父母教育方式都存在显著差异，但在流动情况视角下不存在显著差异，具体情况如下。

从性别视角看，当学生做错事时，女生父母比男生父母更多采用讲道理、大吼、安慰的教育方式，而男生父母比女生父母更容易采用打骂和其他方式。这和实际情况相符，因为女生比较温顺敏感，其父母更容易采用

温和的教育方式，而男生比较调皮捣蛋，当讲道理和大吼都不起作用时，父母可能选择打骂的方式。

从流动情况视角看，深圳本地学生父母、城市流动学生父母、农村流动学生父母的教育方式差不多，不存在统计学意义上的显著差异。略有不同的是，深圳本地学生父母和农村流动学生父母比城市流动学生采用讲道理的方式的比例略高，深圳本地学生父母采用大吼的方式的比例高于流动学生父母，流动学生父母采用打骂的比例高于深圳本地学生父母。

从学校性质视角看，公办学校学生父母更多选择大吼、打骂、不管和其他教育方式，而民办学校父母更多选择讲道理和安慰的教育方式。可能的原因是公办学校学生父母对学生期望值更高，当学生表现令其失望时，他们恨铁不成钢，容易采用粗暴的教育方式。而民办学校多是农村流动学生，由于各种原因，父母曾把他们留守在老家，对他们常有亏欠和补偿心理，故多采用较温和的教育方式。

从学校类型视角看，中学生父母更容易采用讲道理、大吼、不管的教育方式，而小学生父母更容易采用打骂、安慰和其他教育方式。这与实际情况相符，小学生调皮，当道理讲不通时很容易被父母打骂，又由于小学生年龄小，受了委屈的时候爱哭，因此得到父母安慰的几率更大。

表 2-5　不同学生群体做错事时父母教育方式的差异

项目（%）	讲道理	大吼	打骂	安慰	不管	其他	样本量	LR 检验
总体	76.95	6.61	8.96	5.32	0.67	1.49	2087	
性别								**
男生	75.85	5.89	10.95	4.91	0.66	1.74	1205	
女生	78.45	7.64	6.16	5.93	0.68	1.14	877	
流动情况								ns
深圳本地学生	77.41	8.52	7.04	4.44	0.74	1.85	540	
城市流动学生	75.98	6.61	10.81	3.90	0.90	1.80	333	
农村流动学生	77.96	5.23	9.00	5.97	0.55	1.29	1089	
学校性质								***
公办学校	76.81	7.35	9.56	3.71	0.86	1.71	1401	

项目（%）	讲道理	大吼	打骂	安慰	不管	其他	样本量	LR检验
民办学校	77.26	5.10	7.73	8.60	0.29	1.02	686	
学校类型								***
小学	75.02	4.56	10.21	8.13	0.50	1.58	1009	
初中	78.76	8.53	7.79	2.69	0.84	1.39	1078	

第二节　父母教养方式

父母教养方式对学生的身心健康发展、生活适应、学习行为及成就动机等具有重大影响。积极的教养方式有助于学生建立明确的自我观念，培养自信心，从而养成良好的生活适应能力，而消极的教养方式，将对学生的心理健康、价值观等产生不良影响。

本研究借鉴 C. Perris 等人（1980）开发的 EMBU（Egma Minnen av Bardndosnauppforstran）量表，编制了流动学生父母教养方式测度。EMBU 共包含 52 个条目，11 个因子，其中有关父亲的 6 个因子依次为：温暖理解型、惩罚严厉型、过分干涉型、偏爱被试型、拒绝否认型和过度保护型。有关母亲的 5 个因子依次为：温暖理解型、过分干涉型、拒绝否认型、惩罚严厉型。鉴于本研究是个综合调研（每个问题的题目不能太多），且主要关注流动学生父母的负面教养方式对其的影响，因此从 EMBU 父母教养方式中抽取了 4 个主要因子：温暖理解型、惩罚严厉型、过分干涉型和拒绝否认型，并在每个因子中抽取了一道典型题项，并根据之前的研究发现，增加了一个新的因子——不闻不问型，进行测量和研究。

一　母亲的教养方式

1. 总体情况

如图 2-4 及表 2-6 所示，母亲教养方式均值最高的是温暖理解型，其次是过分干涉型、拒绝否认型、惩罚严厉型和不闻不问型。这表明在学生眼中，绝大多数母亲是温暖的慈母形象。

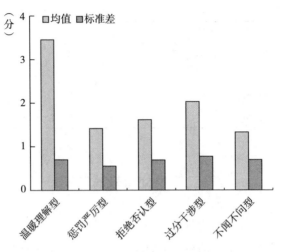

图 2-4　中小学生感知母亲教养方式

2. 多维度视角分析

表 2-6 显示了多维视角下学生感知母亲教养方式的差异。母亲教养方式在学生性别、流动情况、学校性质和学校类型四个视角下均存在显著差异，具体情况如下。

从性别视角看，男女生感知的母亲教养方式基本一致，在拒绝否认和过分干涉两种教养方式中都不存在显著差异，而在温暖理解、惩罚严厉和不闻不问三种教养方式中存在显著差异。男生比女生更多感知母亲是温暖理解型，而女生比男生更多感知母亲是惩罚严厉型和不闻不问型。可能的原因有两个，一个是学生父母依然存在重男轻女的传统观念，对待男女生的教养方式确实不同；二是女生可能比较敏感，更容易感知到母亲的冷漠和疏离。

从流动情况视角看，深圳本地学生比城市流动学生和农村流动学生更多感知母亲是温暖理解型，而农村流动学生比城市流动学生和深圳本地学生更多感知母亲是拒绝否认型、过分干涉型和不闻不问型。可能的原因是农村流动学生的母亲从农村来深圳打拼，自己不适应城市的工作和生活环境，加之工作忙，压力大，容易产生烦躁情绪，对待孩子容易简单粗暴。

从学校性质视角看，公办学校学生比民办学校学生更多感知母亲是惩罚严厉型和拒绝否认型,而民办学校学生更多感知母亲是温暖理解型、过分干涉型和不闻不问型。可能的原因是公办学校学生的母亲对学生期望高、要求多、管教严,而民办学校学生的母亲对学生比较宽容、更愿意放手让孩子自由成长。

从学校类型视角看,小学生比中学生更多感知母亲是温暖理解型和过分干涉型;而初中生比小学生更多感知母亲是惩罚严厉型、拒绝否认型、不闻不问型。可能的原因是初中生正处于青春叛逆期,和父母的关系比较微妙,容易产生矛盾,因而更多感知母亲是惩罚严厉型、拒绝否认型、不闻不问型,而更少感知是温暖理解型。

表 2 - 6 不同学生群体感知的母亲教养方式的差异

项目(均值)	温暖理解	惩罚严厉	拒绝否认	过分干涉	不闻不问	样本量
总体	3.24	1.63	1.79	2.28	1.34	2082
性别						
男生	3.27	1.62	1.78	2.27	1.32	1198
女生	3.20	1.65	1.80	2.29	1.37	879
T 检验	+	+	ns	ns	+	
流动情况						
深圳本地学生	3.34	1.67	1.78	2.27	1.26	539
城市流动学生	3.21	1.61	1.78	2.21	1.36	335
农村流动学生	3.22	1.62	1.80	2.31	1.37	1085
F 检验	**	+	ns	+	**	
学校性质						
公办学校	3.21	1.69	1.79	2.25	1.32	1399
民办学校	3.30	1.52	1.78	2.34	1.39	683
T 检验	*	***	ns	*	*	
学校类型						
小学	3.39	1.55	1.68	2.34	1.27	1007
初中	3.10	1.71	1.89	2.21	1.41	1075
T 检验	***	***	***	**	***	

二 父亲的教养方式

1. 总体情况

如图 2 - 5 及表 2 - 7 所示，父亲教养方式均值最高的是温暖理解型，其次是过分干涉型、拒绝否认型、不闻不问型和惩罚严厉型。这表明在学生眼中，绝大多数父亲是温暖的慈父形象。

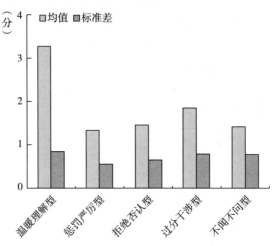

图 2 - 5　中小学生感知父亲教养方式的分布图

2. 多维度视角分析

表 2 - 7 显示多维视角下学生感知父亲教养方式的差异。从性别、流动情况、学校性质和学校类型四个视角分析发现，父亲教养方式都存在显著差异，具体情况如下。

从性别视角看，男生比女生更多感知父亲是温暖理解型、惩罚严厉型、拒绝否认型、过分干涉型，而女生比男生更多感知父亲是不闻不问型。可能的原因是男生比较调皮捣蛋，受到父亲表扬、批评、责骂的情况多，而女生比较乖巧，不惹事，容易被父亲忽视。

从流动情况视角看，农村流动学生比城市流动学生和深圳本地学生更多感知父亲是过分干涉型。可能的原因是农村流动学生一般都有留守家乡的经历，他们重新回到父母身边，可能存在不适应和距离感，加之父亲不善于表达情感，容易让流动学生觉得父亲过分干涉自己的生活。

从学校性质视角看，民办学校学生比公办学校学生更多感知父亲是温暖理解型、拒绝否认型、过分干涉型，而公办学校学生更多感知父亲是惩罚严厉型和不闻不问型。可能的原因是公办学校学生的父亲对学生的期望高、家教严，教育方式严厉。

从学校类型视角看，小学生更多感知父亲是温暖理解型和过分干涉型，而初中生更多感知父亲是惩罚严厉型、拒绝否认型、不闻不问型。和对母亲感知的结果基本一致，初中生正处于青春叛逆期，总想挣脱父母的束缚，渴望自由独立的空间，因而更容易感知父亲的严厉、拒绝和冷漠。

表 2 - 7 不同学生群体感知的父亲教养方式的差异

项目（均值）	温暖理解	惩罚严厉	拒绝否认	过分干涉	不闻不问	样本量
总体	3.08	1.47	1.65	2.15	1.42	2079
性别						
男生	3.10	1.51	1.69	2.17	1.39	1196
女生	3.03	1.42	1.58	2.12	1.46	878
T 检验	+	*	**	+	*	
流动情况						
深圳本地学生	3.09	1.49	1.63	2.08	1.40	539
城市流动学生	3.10	1.48	1.65	2.13	1.43	334
农村流动学生	3.08	1.45	1.65	2.21	1.42	1083
F 检验	ns	ns	ns	*	ns	
学校性质						
公办学校	3.00	1.51	1.64	2.10	1.44	1397
民办学校	3.23	1.39	1.66	2.26	1.39	681
T 检验	***	***	ns	**	+	
学校类型						
小学	3.25	1.30	1.57	2.25	1.32	1008
初中	2.91	1.36	1.71	2.06	1.52	1071
T 检验	***	**	***	***	***	

第三节　亲子关系

亲子关系是指父母子女间的关系。学生时期的亲子关系对孩子性格的形成、品质的培养、意志的磨炼、与人交往模式的建立，都起到决定性的作用，并直接影响子女的身心健康、态度行为、价值观念及未来成就等。为了更好地了解流动学生的亲子关系，从父母间关系、学生与父母亲密度两个方面进行研究。

一　父母间关系

1. 总体情况

如图 2 - 6 及表 2 - 8 所示，85.49% 的学生称父母从不或很少吵架，只有2.24% 的学生称父母经常吵架。也就是说，学生感受到的父母间关系比较融洽。

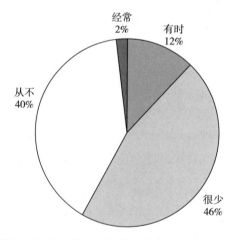

图 2 - 6　中小学生感知父母吵架频率的分布图

2. 多维度视角分析

表 2 - 8 显示了多维视角下学生感知的父母吵架频率的情况。从学校性质和学校类型两个视角分析，父母吵架频率有显著差异，而在性别和流动情况视角下不存在显著差异，具体情况如下。

从性别视角看，男女生感知父母吵架频率基本一致，不存在统计学意义上的显著差异，略有不同的是女生感知父母吵架频率略高于男生，也许是女生比较敏感所致。

从流动情况视角看，城市流动学生感知父母经常吵架的比例最高，而农村流动学生感知父母吵架的比例最低。城市流动学生父母都在职场打拼，容易焦虑，可能会经常吵架，而农村流动学生家庭主要是父亲打工，母亲照顾生活的模式，分工明确，不容易产生矛盾和吵架。

从学校性质视角看，公办学校学生比民办学校学生感知父母吵架频率更高。公办学校学生父母自身条件较好，对自己的职业发展、家庭经济条件和学生的成长期望更高，夫妻工作压力都大，容易产生急躁情绪，进而出现争吵现象。而民办学校学生父母的自我期望值较低，幸福感相对较高，不容易争吵。

从学校类型视角看，中学生比小学生感知父母吵架的频率更高，也许随着学生年龄的增长，夫妻之间在生活态度、未来发展、对待学生的学习等方面分歧会更多，更容易吵架。

表 2-8　不同学生群体父母吵架频率的差异

项目（%）	经常	有时	很少	从不	样本量	LR 检验
总体	2.24	12.27	46.14	39.35	2094	
性别						ns
男生	1.99	11.99	45.66	40.36	1209	
女生	2.61	12.61	46.71	38.07	880	
流动情况						+
深圳本地学生	2.03	12.34	49.72	35.91	543	
城市流动学生	3.29	11.98	46.11	38.62	334	
农村流动学生	1.65	12.56	44.09	41.70	1091	
学校性质						***
公办学校	2.34	13.13	49.47	35.06	1409	
民办学校	2.04	10.51	39.27	48.18	685	
学校类型						***

续表

项目（%）	经常	有时	很少	从不	样本量	LR 检验
小学	1.98	9.11	41.39	47.52	1010	
中学	2.49	15.23	50.55	31.73	1084	

二　学生与父母亲密度

1. 总体情况

图 2 - 7 及表 2 - 9、表 2 - 10 显示，学生非常爱妈妈的比例是
78.42%，非常爱爸爸的比例是 72.98%，略低于妈妈；而不太爱或一点不
爱父母的学生极少，只有 2% 左右。说明多数学生对父母的爱是真诚而炙
热的，但也有少数学生对父母缺乏感情。

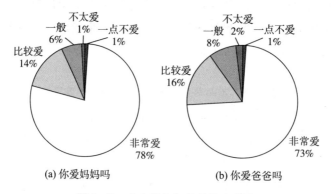

(a) 你爱妈妈吗　　　　　(b) 你爱爸爸吗

图 2 - 7　中小学生与父母的亲密度

2. 多维度视角分析

（1）学生对妈妈的感情

表 2 - 9 显示了学生对妈妈的情感。从性别和学校类型两个视角分析发
现，学生对妈妈的感情存在显著差异，而在流动情况和学校性质视角下不
存在显著差异，具体情况如下。

从性别视角看，女生非常爱妈妈的比例高于男生，男生比较爱妈妈的
比例高于女生，充分体现了中国那句老话"女儿是妈妈的小棉袄"，女生
对妈妈的爱更炽烈，而男生对妈妈的爱比较收敛。

从流动情况视角看，深圳本地学生非常爱妈妈的比例略高，农村流动学生一点不爱妈妈的比例略高，但不存在统计学意义上的显著差异。

从学校性质视角看，公办学校学生比民办学校学生爱妈妈的比例略高，但不存在统计学意义上的显著差异。结合之前学生感知母亲的教养方式，虽然公办学校学生多认为妈妈比较严厉，但并没有因此而影响对妈妈的感情。

从学校类型视角看，小学生非常爱妈妈的比例远远高于中学生。小学生年龄小，对母亲比较依赖，因此对妈妈的感情更深。而中学生正值叛逆期，最讨厌妈妈的干涉和唠叨，容易和妈妈产生分歧和矛盾，因此非常爱妈妈的比例有所下降。

表 2-9　不同学生群体对"你爱妈妈吗"的感知差异

项目（%）	非常爱	比较爱	一般	不太爱	一点不爱	样本量	LR 检验
总体	78.42	13.68	6.36	1.01	0.53	2091	
性别							*
男生	76.53	14.43	7.21	1.08	0.75	1207	
女生	81.02	12.73	5.11	0.91	0.23	880	
流动情况							ns
深圳本地学生	80.26	13.65	4.98	0.74	0.37	542	
城市流动学生	76.42	14.63	6.87	1.78	0.30	335	
农村流动学生	78.70	13.13	6.52	1.01	0.64	1089	
学校性质							ns
公办学校	78.58	13.94	5.91	1.14	0.43	1406	
民办学校	78.10	13.14	7.30	0.73	0.73	685	
学校类型							***
小学	85.43	10.01	2.97	0.99	0.50	1009	
初中	71.81	17.10	9.52	1.02	0.55	1082	

（2）学生对爸爸的情感

表 2-10 显示了学生对爸爸的情感。从性别、流动情况、学校性质和学校类型四个视角分析发现，学生对爸爸的感情都存在显著差异，具体情

况如下。

从性别视角看，女生非常爱爸爸的比例高于男生，男生比较爱爸爸的比例高于女生，说明女生对爸爸的感情更热烈，而男生对爸爸的感情比较收敛。

从流动情况视角看，农村流动学生非常爱爸爸的比例最高，其次是深圳本地学生，而城市流动学生非常爱爸爸的比例最低。

学校性质视角看，公办学校学生比民办学校学生非常爱爸爸的比例略低，结合之前父亲的教养方式，公办学校学生更多认为爸爸是惩罚严厉型的，也许这是他们非常爱爸爸比例略低的原因。

学校类型视角看，小学生非常爱爸爸的比例远高于中学生，和对妈妈的情感非常类似，原因也应该基本相同。

表 2-10 不同学生群体对"你爱爸爸吗"的感知差异

项目（%）	非常爱	比较爱	一般	不太爱	一点不爱	样本量	LR 检验
总体	72.98	16.56	8.01	1.76	0.69	2047	
性别							*
男生	70.81	17.87	9.11	1.54	0.68	1175	
女生	75.89	14.88	6.57	1.97	0.69	867	
流动情况							+
深圳本地学生	73.30	15.91	7.58	2.27	0.94	528	
城市流动学生	68.29	19.51	9.45	2.44	0.31	328	
农村流动学生	75.42	15.23	7.76	1.31	0.28	1070	
学校性质							*
公办学校	70.90	17.63	8.71	1.89	0.87	1378	
民办学校	77.28	14.35	6.58	1.49	0.30	669	
学校类型							***
小学	79.82	12.11	5.95	1.61	0.51	991	
初中	66.57	20.74	9.95	1.89	0.85	1056	

以上调查结果显示，绝大多数学生感知的亲子关系比较融洽。由于女生情感细腻，她们比男生对父母的感情更热烈；深圳本地学生、城市流动

学生和农村流动学生对妈妈的爱基本上是一样的，没有什么差异。但对爸爸的爱略有差别，农村流动学生对爸爸的情感最深，而城市流动学生对爸爸的情感最淡薄；民办学校学生非常爱妈妈和非常爱爸爸的比例都比公办学校学生略高；小学生由于年龄小，对父母更加依恋，情感表达更直率，他们爱爸爸妈妈的比例都远高于初中生。

本章小结

本章主要分析了深圳学生的家庭教育、父母教养方式和亲子关系，并从性别、流动情况、学校性质和学校类型四个视角得出如下结论。

总体上看，学生父母普遍比较关注学生的学习，经常过问学生学习和参加家长会的比例都较高，且主要承担辅导学生作业的重任。当学生做错事时，绝大多数父母采用科学温和的教育方式，如讲道理，但也有少数父母采用简单粗暴的教育方式，如大吼、打骂。学生经常感知父母的教养方式是温暖理解型，有时也觉得父母过分干涉自己的生活。

从性别视角看，由于女生比较乖巧，男生比较调皮，女生比男生获得父母的关注更多，亲子关系更和谐。主要表现为：女生在学习上获得父母更多的辅导，但男生获得辅导的频率更高。女生做错事时，父母更多采用讲道理、安慰的方式，而男生更容易被打骂。男生感觉爸爸更严厉，距离感更强。女生对爸爸妈妈的情感更强烈，男生略弱，女生非常爱妈妈和爸爸的比例高，而男生比较爱爸爸的比例高。

从流动情况视角看，农村流动学生父母对学生家庭教育投入最少，亲子关系最好，深圳本地学生的家庭教育投入最多，城市流动学生的亲子关系最弱。具体如下：农村流动学生父母参加家长会比例最低，深圳本地学生父母参加家长会比例最高。深圳本地学生有人辅导作业的情况较好，除了父母外，20%的学生依靠家教、课外机构辅导作业，这个比例远高于城市流动学生和农村流动学生。农村流动学生感知的父母关系最和谐，很少吵架。城市流动学生、农村流动学生和深圳本地学生一样热爱自己的妈妈，但农村流动学生对爸爸的情感更深，而城市流动学生对爸爸的情感

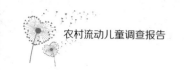

最淡。

从学校性质视角看，由于公办学校中深圳本地学生多，而民办学校中农村流动学生多，所以，学校性质视角的分析结果和流动情况视角的结果具有高度一致性，主要表现为公办学校学生家庭教育和亲子关系更好，而民办学校学生略弱。具体表现如下：民办学校学生父母参加家长会的比例远低于公办学校学生家长。民办学校学生通过课外机构辅导作业的比例远低于公办学校学生，但获得父母的辅导比例更高，做错事时被大吼和打骂的频率更低。民办学校学生非常爱妈妈和非常爱爸爸的比例都略高，但民办学校学生家长认为和学生的亲密感较低。

从学校类型视角看，由于小学生年龄小，比较乖，对父母比较依赖，而中学生到了青春叛逆期，自主意识增强，总想摆脱父母的管教，和父母的关系比较微妙和紧张，所以，小学生比中学生获得的关注更多，亲子关系更好。主要表现为：小学生父母比中学生父母更经常过问学生学习情况，更经常参加家长会，也更少吵架。犯错误时，小学生被父母打骂多，但被安慰也多。小学生非常爱妈妈和爸爸的比例远远高于中学生，小学生父母也明显感觉和学生更亲密。

总之，农村流动学生父母对学生家庭教育的投入略少，更少过问学生的学习生活，但亲子关系最融洽。尽管农村流动学生父母和城市流动学生父母、深圳本地学生父母一样过问学生的学习情况，但由于种种主客观原因，他们参加家长会的比例远低于城市流动学生父母和深圳本地学生父母，这样很容易引起任课老师和学生的不满，认为他们的父母对学生的学习不够关注和上心。20%的农村流动学生和城市流动学生根本无人辅导作业，即使有人辅导也是由教育水平比较低的父母承担；当子女做错事时，农村流动学生父母和其他学生父母一样，主要采用讲道理的方式。农村流动学生感知的父母关系最和谐，很少吵架。农村流动学生和城市流动学生、深圳本地学生一样热爱自己的妈妈，但对爸爸的情感更深。尽管农村流动学生父母的教养方式也主要是温暖理解型，但是，农村流动学生和城市流动学生比深圳本地学生更少感知母亲温暖理解，而更多感知母亲和父亲的不闻不问。

第三章
学校教育与校园生活

学校是学生除家庭之外的主要活动场所，学校教育是人一生中所受教育最重要的组成部分，是指个人在学校里进行目的明确、组织严密、系统完善、计划性强的以影响学生身心发展为直接目标的社会实践活动。从某种意义上讲，学校教育决定着个人社会化的水平和性质，是个体社会化的重要基地。本章主要从学校学习、学校关系和父母对学校满意度三个方面进行研究讨论。

第一节　学生学习

学生既是受教育者，又是学习的主体。学生的学习态度、学习行为对其学习成绩和未来发展具有重要影响，为了更好地了解流动学生的学习情况，本节从学习态度和意愿、学习行为与表现以及在校综合表现三个主要方面进行研究。

一　学习态度和意愿

1. 总体情况

图 3 - 1 及表 3 - 1、表 3 - 2、表 3 - 3、表 3 - 4 表明，80.04% 的学生喜欢上学，71.29% 的学生喜欢学习，一半左右的学生认为学习不困难，87.29% 的学生想要考大学，这表明深圳市中小学生对学习的态度比较积极。但值得关注的是，10% 左右的学生认为学习困难，有 3% 左右的学生

不喜欢上学或不喜欢学习。

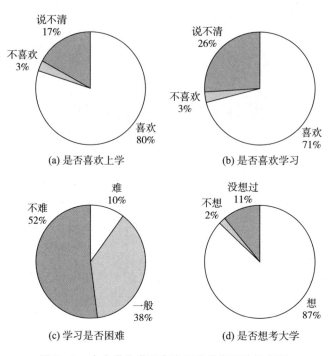

(a) 是否喜欢上学

(b) 是否喜欢学习

(c) 学习是否困难

(d) 是否想考大学

图 3 - 1　中小学生学习态度和升学意愿的分布图

2. 多维视角分析

表 3 - 1 显示了多维视角下学生的上学意愿。从性别、流动情况和学校类型三个视角分析发现，学生上学意愿存在显著差异，但在学校性质视角下不存在显著差异，具体情况如下。

从性别视角看，女生比男生更喜欢上学，和实际情况相符。

从流动情况视角看，城市流动学生和农村流动学生比深圳本地学生更喜欢上学。

从学校性质视角看，民办学校学生比公办学校学生喜欢上学的比例略高，但是不存在统计学意义上的显著差异。

从学校类型视角看，小学生明显比中学生更喜欢上学。

表 3-1　不同学生群体对"是否喜欢上学"的感知差异

项目（%）	喜欢	不喜欢	说不清	样本量	LR 检验
总体	80.04	2.83	17.13	2084	
性别					*
男生	78.75	3.67	17.58	1200	
女生	81.91	1.59	16.50	879	
流动情况					**
深圳本地学生	75.37	4.26	20.37	540	
城市流动学生	82.09	1.79	16.12	335	
农村流动学生	82.69	2.49	14.82	1086	
学校性质					ns
公办学校	79.10	2.71	18.19	1402	
民办学校	81.96	3.08	14.96	682	
学校类型					***
小学	86.03	1.49	12.48	1010	
初中	74.39	4.10	21.51	1074	

表 3-2 显示了多维视角下学生的学习态度。从流动情况、学校性质和学校类型三个视角分析发现，学生学习态度存在显著差异，但在性别视角下不存在显著差异，具体情况如下。

从性别视角看，男生和女生对学习的态度基本一致，没有太大差异。

从流动情况视角看，农村流动学生比深圳本地学生和城市流动学生更喜欢学习。

从学校性质视角看，民办学校学生明显比公办学校学生更喜欢学习。

从学校类型视角看，小学生明显比初中生更喜欢学习。

表 3-2　不同学生群体对"是否喜欢学习"的感知差异

项目（%）	喜欢	不喜欢	说不清	样本量	LR 检验
总体	71.29	2.83	25.88	2083	
性别					ns
男生	71.81	3.25	24.94	1199	

项目（%）	喜欢	不喜欢	说不清	样本量	LR 检验
女生	70.53	2.16	27.31	879	
流动情况					+
深圳本地学生	67.91	3.15	28.94	539	
城市流动学生	69.85	3.28	26.87	335	
农村流动学生	74.75	2.49	22.76	1085	
学校性质					***
公办学校	68.40	2.57	29.03	1402	
民办学校	77.24	3.38	19.38	681	
学校类型					***
小学	84.16	1.49	14.35	1010	
初中	59.18	4.10	36.72	1073	

表 3-3 显示了多维视角下学生感觉学习困难的情况。从性别、流动情况、学校性质和学校类型四个视角分析发现，学生对学习困难感知都存在显著差异，具体情况如下。

从性别视角看，女生觉得学习更轻松，而男生觉得学习更难。

从流动情况视角看，深圳本地学生中认为学习一般难的人居多，认为学习难或不难的人较少；而城市和农村流动学生在这个问题上呈现"两头多中间少"的现象，即认为学习困难或不困难的比例都比本地学生高，认为一般难的比例较少。

从学校性质视角看，民办学校学生明显比公办学校学生觉得学习困难。

从学校类型视角看，初中生明显比小学生觉得学习困难得多。

表 3-3   不同学生群体对学习困难程度的感知差异

项目（%）	难	一般	不难	样本量	LR 检验
总体	10.61	37.64	51.75	2083	
性别					***
男生	10.85	40.78	48.37	1199	

项目（%）	难	一般	不难	样本量	LR 检验
女生	10.24	33.45	56.31	879	
流动情况					***
深圳本地学生	7.42	46.57	46.01	539	
城市流动学生	10.15	32.54	57.31	335	
农村流动学生	11.98	34.66	53.36	1085	
学校性质					***
公办学校	8.63	43.51	47.86	1402	
民办学校	14.68	25.55	59.77	681	
学校类型					***
小学	2.18	44.95	52.87	1010	
初中	18.55	30.75	50.70	1073	

表 3-4 显示了多维视角下学生考大学的意愿。从性别、流动情况、学校性质和学校类型四个视角分析发现，学生考大学意愿都存在显著差异，具体情况如下。

从性别视角看，女生比男生更想考大学。

从流动情况视角看，深圳本地学生比城市流动学生和农村流动学生更想考大学，且目标更明确。

从学校性质视角看，公办学校学生比民办学校学生更想考大学。

从学校类型视角看，90%的小学生想要考大学，而初中生这一比例为80%，且小学生表示"没想过"的比例比初中生少。

表 3-4　不同学生群体对"将来想考大学吗"的感知差异

项目（%）	想	不想	没想过	样本量	LR 检验
总体	87.29	2.26	10.45	2077	
性别					***
男生	84.25	2.43	13.32	1194	
女生	91.46	1.94	6.60	878	
流动情况					***

项目（%）	想	不想	没想过	样本量	LR 检验
深圳本地学生	93.30	1.49	5.21	537	
城市流动学生	88.29	1.20	10.51	333	
农村流动学生	84.78	2.58	12.64	1084	
学校性质					***
公办学校	90.55	1.22	8.23	1397	
民办学校	80.59	4.41	15.00	680	
学校类型					***
小学	92.75	1.19	6.06	1007	
初中	82.15	3.27	14.58	1070	

以上的调查结果表明，多数学生的学习态度积极向上，但也有少部分学生不喜欢上学或学习。女生的学习态度比男生好、学习意愿也更强烈。与同龄男生相比，女生"早熟"，且乖巧听话，上课注意听讲，所以在学习上遇到的困难比男生少，也就比男生更爱学习；深圳本地学生比流动学生更不爱学习，但想要考大学的意愿却最强烈，流动学生虽然认为学习很难，但比较爱学习，可考大学的意愿却比较弱。可能的原因是深圳本地学生父母的教育程度高，对孩子期望高，早早帮孩子规划了考大学的发展路径，在这种压力下，深圳本地学生虽然不爱学习却仍旧想考大学；而流动学生的父母学历较低，对学生"考大学"没有那么强烈的期望，自然也不会给学生那么大的学习压力，因此流动学生在学习上没有压力也就学得很开心，但考大学的意愿相对薄弱；同样的，以深圳本地学生居多的公办学校学生也呈现"不喜欢学习－想考大学"的特点，以流动学生居多的民办学校则表现出"喜欢学习－不想考大学"的特点；小学生普遍比中学生更喜欢学习，也更想要考大学，可能是因为小学教学内容少且浅，学生学习相对轻松，对学习不反感，这时如果父母提出"考大学"的要求时，学生会倾向并认同考大学；而初中时学生中所谓的"优等生"和"后进生"日趋分化，不喜欢学习的比例显著上升，这时学生对考大学的困难程度有了比较准确的估计，同时也知道除了考大学外的其他选择，因此考大学的意

愿也没那么强烈了。

二　学习行为与表现

1. 总体情况

图3-2及表3-5、表3-6表明，87.61%的学生上课能听懂或多数能听懂老师讲课内容；遇到听不懂的内容时一半以上学生会选择问家长，25%的学生选择问同学，还有4.90%的学生谁都不问，但选择问老师的仅占1.39%。

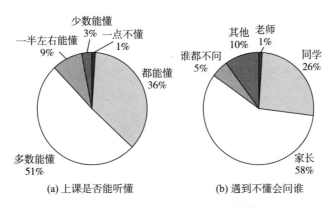

(a) 上课是否能听懂　　　　(b) 遇到不懂会问谁

图3-2　学习行为与表现分布图饼图

2. 多维视角分析

表3-5显示了多维视角下学生上课能听懂的情况，从性别、流动情况、学校性质视角和学校类型四个视角分析发现，学生听课情况均存在显著差异。

从性别视角看，男生都能听懂的比例比女生高，女生多数能听懂的比例比男生高，男生少数能听懂或听不懂的比例比女生高。总体而言，女生听课掌握情况比男生好。

从流动情况视角看，深圳本地学生上课能懂的情况最好，城市流动学生次之，农村流动学生最差。

从学校性质视角看，民办学校学生都能听懂的比例比公办学校学生高，公办学校多数能听懂的比例比民办学校学生高，民办学校学生一半能听懂，少数能听懂和都不懂的比例比公办学校学生高。总体而言，公办学

校学生听课掌握情况比民办学校学生好。

从学校类型视角看，小学生一半以上全部能懂，初中生这一比例仅有22.91%。随着年龄的增长，学习内容难度加大，学生对学习的掌握度呈现下降趋势。

表3-5　不同学生群体对"上课能听懂吗"情况的感知差异

项目（%）	都能懂	多数能懂	一半左右能懂	少数能懂	一点不懂	样本量	LR 检验
总体	36.36	51.25	9.32	2.59	0.48	2082	
性别							*
男生	37.73	49.08	9.35	3.26	0.58	1198	
女生	34.58	54.27	9.22	1.70	0.23	879	
流动情况							***
深圳本地学生	40.74	52.59	5.00	1.48	0.19	540	
城市流动学生	37.01	51.94	7.46	2.99	0.60	335	
农村流动学生	34.59	50.55	11.63	2.58	0.65	1084	
学校性质							***
公办学校	35.95	53.92	8.35	1.64	0.14	1402	
民办学校	37.20	45.74	11.32	4.56	1.18	680	
学校类型							***
小学	50.69	43.95	3.87	1.29	0.20	1008	
初中	22.91	58.10	14.43	3.82	0.74	1074	

表3-6显示了多维视角下学生遇到不懂会问谁的情况，从性别、流动情况和学校类型三个视角分析发现，学生遇到不懂的问题时寻求帮助的情况存在显著差异，但在学校性质视角下不存在显著差异。

从性别视角看，大多数学生遇到不懂的问题时都会问家长，但男生问老师或谁都不问的比例高于女生，而女生问同学的比例高于男生。

从流动情况视角看，深圳本地学生选择问家长的比例最高，其次是城市流动学生和农村流动学生，但农村流动学生选择问同学和老师的比例高于城市流动学生和深圳本地学生。城市流动学生选择谁都不问的比例高于农村流动学生和深圳本地学生。

从学校性质视角看，当遇到不懂的问题时，公办学校学生和民办学校学生选择求助对象基本一致，不存在统计学意义上的显著差异。

从学校类型视角看，小学生遇到不懂的问题选择问家长的比例远远高于初中生，而初中生选择问同学的比例远远高于小学生。可能是初中知识比较深奥，一些家长已经不能答疑解惑了。

表 3-6 不同学生群体对"遇到不懂会问谁"的感知差异

项目（%）	老师	同学	家长	谁都不问	其他	样本量	LR 检验
总体	1.39	26.13	58.17	4.90	9.41	2082	
性别							*
男生	1.92	25.13	58.09	5.68	9.18	1198	
女生	0.68	27.31	58.48	3.75	9.78	879	
流动情况							*
深圳本地学生	1.12	22.22	64.44	4.07	8.15	540	
城市流动学生	0.60	23.65	59.28	6.29	10.18	334	
农村流动学生	1.57	28.39	55.48	5.16	9.40	1085	
学校性质							ns
公办学校	1.07	26.58	57.99	4.56	10.20	1402	
民办学校	2.06	26.03	58.53	5.59	7.79	680	
学校类型							***
小学	1.68	9.81	77.70	2.58	8.23	1009	
初中	1.13	41.47	39.79	7.08	10.53	1073	

以上调查结果表明，多数学生能理解所学内容，但也有少数学生理解不了。当学生遇到不懂的问题时，多数学生向父母求教，仅有1%左右的学生会问老师，这种现象不符合人们对老师传道、授业、解惑的传统印象，值得我们进一步关注。女生对所学知识掌握得更好，遇到不懂的问题时，倾向于问同学，而男生对所学知识掌握得略差，遇到不懂问题时，倾向于问老师或谁都不问；深圳本地学生对所学内容掌握得最好，农村流动学生对所学内容掌握得最差。遇到不懂的问题时，深圳本地学生倾向于问家长，农村流动学

生倾向于问同学和老师，而城市流动学生选择谁都不问；公办学校学生对所学内容掌握得更好，但遇到不懂问题时，公/民办学校学生求助倾向基本一样，没有什么差别。小学生对所学内容掌握情况远远好于初中生，且当遇到不懂的问题时，更倾向于问父母，而初中生却倾向于问同学。

三 学习综合效果

1. 总体情况

图3－3及表3－7、表3－8表明，一多半学生受到过老师表扬，经常或很少被表扬的各占20%，但仍有1.06%的学生从来没受到过表扬。36.71%的学生在班级担任各类班干部，绝大部分学生没有担任过"一官半职"。

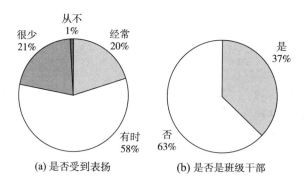

图3－3 中小学生在校综合表现情况

2. 多维视角分析

表3－7显示了多维视角下学生受到表扬的情况，从性别、学校性质和学校类型三个视角分析发现，学生受到表扬存在显著差异，而在流动情况视角下不存在显著差异，具体情况如下。

从性别视角看，女生比男生受到表扬的机会略多一些。

从流动情况视角看，深圳本地学生、城市流动学生和农村流动学生受到表扬的比例基本一致，没有什么差异。

从学校性质视角看，民办学校学生经常受到表扬的比例高于公办学校学生，但有时受到表扬的比例低于公办学校学生。但总的来讲，民办学校学生受到表扬的比例更高。

从学校类型视角看，小学生经常受到表扬的比例高于初中生，而有时受到表扬的比例低于初中生。但总的来讲，小学生受到表扬比例更高。

表 3-7 不同学生群体是否经常受到表扬的情况的差异

项目（%）	经常	有时	很少	从不	样本量	LR 检验
总体	20.11	57.43	21.40	1.06	2079	
性别						*
男生	19.45	56.51	22.62	1.42	1198	
女生	21.01	58.90	19.63	0.46	876	
流动情况						Ns
深圳本地学生	17.41	61.11	20.74	0.74	540	
城市流动学生	18.32	58.56	21.92	1.20	333	
农村流动学生	22.44	55.31	21.14	1.11	1083	
学校性质						***
公办学校	14.65	60.97	23.74	0.64	1399	
民办学校	31.32	50.15	16.62	1.91	680	
学校类型						***
小学	25.84	55.07	18.49	0.60	1006	
初中	14.72	59.65	24.14	1.49	1073	

表 3-8 显示了多维视角下学生担任班干部的情况，从性别、流动情况、学校性质和学校类型四个视角分析发现，学生担任班干部存在显著差异，具体情况如下。

从性别视角看，女生担任班干部的比例高，比男生多出 15 个百分点。

从流动情况视角看，深圳本地学生担任班干部的比例最高，其次是城市流动学生，他们都比农村流动学生高出近 7 个百分点。

从学校性质视角看，公办学校里 38.67% 的学生担任班干部，比民办学校高 6 个百分点。

从学校类型视角看，39.82% 的小学生担任班干部，比初中生高 6 个百分点。

表 3 – 8　不同学生群体是否担任班干部情况的差异

项目（％）	是	否	样本量	LR 检验
总体	36.71	63.29	2070	
性别				***
男生	30.65	69.35	1194	
女生	45.12	54.88	871	
流动情况				**
深圳本地学生	41.74	58.26	539	
城市流动学生	40.66	59.34	332	
农村流动学生	33.64	66.36	1076	
学校性质				**
公办学校	38.67	61.33	1394	
民办学校	32.69	67.31	676	
学校类型				**
小学	39.82	60.18	1007	
初中	33.77	66.23	1063	

以上调查结果表明，大多数学生综合表现良好，经常受到表扬，且担任班级的"一官半职"，但也有部分学生没受到过表扬，也没担任过班干部。女生比男生综合表现好，受到表扬和担任班干部的比例都高于男生；深圳本地学生、城市流动学生和农村流动学生受到表扬的比例基本一致，但深圳本地学生担任班干部的比例最高，而农村流动学生担任班干部的比例最低；民办学校学生比公办学校学生受到表扬的比例更高，但有机会担任班干部的比例更低；小学生比初中生受到表扬和有机会担任班干部的比例都高。

第二节　人际关系

中小学生正处于知、情、意发展的关键时期，良好的人际关系有利于学生健康发展和学业进步，也有利于教师教学工作的顺利开展。因此，良好的师生关系和同学关系是教育教学活动开展的前提和基础，对教育教学质量起着决定性作用。为了更好地了解流动学生的人际关系情况，本节从师生关系和生生关系进行研究。

一 师生关系

1. 总体情况

图 3 - 4 及表 3 - 9 显示，92.09% 的学生认为老师都很友好或大部分很友好。这表明深圳市中小学生与老师的关系比较融洽。

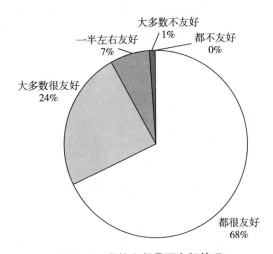

图 3 - 4 学校老师是否友好情况

2. 多维视角分析

表 3 - 9 显示了多维视角下学生和老师的关系。从性别和流动情况两个维度分析发现，师生关系存在显著差异，而在学校性质和学校类型两个视角下不存在显著差异，具体情况如下。

从性别视角看，女生认为老师都很友好的比例高于男生。也许是女生的个性使然，女生天性细腻，对情感的感受力强，更能感知教师的友好。

从流动情况视角看，城市和农村流动学生比深圳本地学生更认同老师是友好的。也许在流动学生眼里，深圳学校老师比老家的老师素质更高，更耐心负责，更友好。

从学校性质视角看，民办学校学生比公办学校学生更认同老师是友好的，可能的原因是公办学校老师对学生要求高，比较严厉，而民办学校老

师更具有亲和力。

从学校类型视角看，小学生比初中生更认同老师是友好的。可能的原因是小学生年龄小，老师在传授知识之余更多地教他们为人处事之道，比初中老师更关心他们的日常生活，因此小学生会感到老师很友好。而到了中学后老师对学生的要求更加严格，尤其是学业方面的要求提高，因此中学生感受到的老师友好程度会下降。

表3-9 不同学生群体对"老师对你友好吗"情况的感知差异

项目（%）	都很友好	大多数很友好	一半左右友好	大多数不友好	都不友好	样本量	LR检验
总体	68.25	23.84	6.67	0.92	0.34	2085	
性别							*
男生	66.69	23.98	7.58	1.33	0.42	1201	
女生	70.30	23.78	5.35	0.34	0.23	879	
流动情况							*
深圳本地学生	63.33	27.41	8.15	0.74	0.37	540	
城市流动学生	71.34	19.40	7.16	1.49	0.61	335	
农村流动学生	70.63	22.74	5.43	0.92	0.28	1086	
学校性质							***
公办学校	64.36	27.22	7.06	1.00	0.36	1403	
民办学校	76.25	16.86	5.87	0.73	0.29	682	
学校类型							***
小学	74.26	18.32	6.23	0.79	0.40	1010	
初中	62.60	29.03	7.07	1.02	0.28	1075	

二 同学关系

1. 总体情况

图3-5及表3-10显示，89.96%的学生觉得同学都很友好或大多数友好，这表明深圳市中小学生和同学的关系比较融洽。

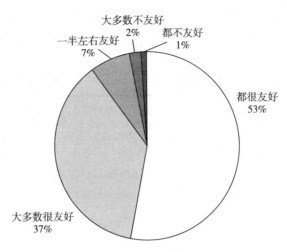

图 3-5 同学是否友好情况

2. 多维视角分析

表 3-10 显示了多维视角下同学的关系，从性别和学校性质两个视角分析发现，同学关系存在显著差异，而在流动情况和学校类型视角下不存在显著差异，具体情况如下。

从性别视角看，女生认为同学都很友好的比例高于男生。女生由于性格温和细腻，通常不太会和其他同学争吵或打架，而男生话不投机有时会产生矛盾或肢体冲突，因此女生比男生更认同同学是友好的。

从流动情况视角看，深圳本地学生、城市流动学生和农村流动学生认为同学友好度基本一致，没有什么差别。进一步访谈的结果也表明，学生交往的时候重视的是友谊，而不是家庭背景，他们很少关注或者根本没想过自己的同学兼朋友是城市的还是农村的，是本地的还是外地的，他们不像成年人那么功利，通常不会戴着有色眼镜甄别朋友，他们只是单纯地相处并建立友谊。

从学校性质视角看，公办学校学生认为同学都很友好的比例远远高于民办学校学生。可能的主要原因是公办学校学生相对稳定，容易建立起亲密友谊，而民办学校学生流动性比较大，很难和同学建立起亲密关系，总是在适应新的学校和人际关系。

从学校类型视角看，中小学生认为同学友好度基本一致，没有什么差别，并没有因为年龄增长，同学关系出现亲密或疏远的现象。

表 3-10 不同学生群体对"同学对你友好吗"情况的感知差异

项目（%）	都很友好	大多数很友好	一半左右友好	大多数不友好	都不友好	样本量	LR 检验
总体	53.38	36.58	7.15	2.31	0.58	2083	
性别							***
男生	50.75	37.50	7.75	3.17	0.83	1200	
女生	56.95	35.42	6.38	1.02	0.23	878	
流动情况							ns
深圳本地学生	50.19	38.52	8.33	2.22	0.74	540	
城市流动学生	49.10	38.32	9.28	3.29	0.01	334	
农村流动学生	57.24	34.56	5.44	2.02	0.74	1085	
学校性质							***
公办学校	63.38	30.74	4.41	1.18	0.29	1401	
民办学校	48.54	39.42	8.48	2.85	0.71	680	
学校类型							ns
小学	53.45	37.42	6.98	1.68	0.47	1009	
初中	53.32	35.68	7.34	2.97	0.69	1074	

本章小结

本章主要分析了学校教育与校园生活两个方面内容，并从性别、流动情况、学校性质和学校类型四个视角得出如下结论。

总体来看，大多数学生喜欢上学和学习，且认为学习不难、上课能听懂老师讲的内容，当遇到不懂的问题，绝大多数学生会选择问父母，也有一部分学生选择问同学。深圳市中小学的师生关系和同学关系都比较融洽，绝大多数学生认为老师和同学比较友好。但学生经常受到表扬的比例较低，且担任班干部的机会较少。

　　从性别视角看，虽然女生和男生一样喜欢上学，但女生比男生更喜欢学习，考大学的意愿也更强烈，而且女生比较乖巧听话，上课注意听讲，所以在学习上遇到的困难比男生少，担任班干部比例比男生高，也更经常受到老师表扬。同时，女生情感细腻，更能够感知老师和同学是友好的。

　　从流动情况视角看，虽然流动学生比深圳本地学生认为学习更难，但他们更喜欢上学和学习，只是考大学的意愿相对较低。深圳本地学生课程内容掌握最好，其次是城市流动学生和农村流动学生。当遇到不会的问题，绝大多数学生选择问父母，也有部分学生选择问同学和老师，其中深圳本地学生问家长的比例最高，农村流动学生选择问同学和老师的比例最高。深圳本地学生、城市流动学生和农村流动学生受到表扬的情况没有差别，但深圳本地学生和城市流动学生担任班干部的比例远高于农村流动学生；农村流动学生比城市流动学生和深圳本地学生更认同老师都很友好，但对同学的友好度评价基本一致，没有差别。

　　从学校性质视角看，民办学校学生比公办学校学生更喜欢学习和上学，但民办学校学生明显感到学习困难得多，考大学的意愿也不甚强烈。由于公办学校竞争激烈、压力大、要求高、管教严厉，公办学校学生较难得到老师表扬，也较少感到老师和同学的友好。

　　从学校类型视角看，小学生由于年纪小、学习内容浅，在学习态度和意愿、学校关系方面都比中学生好。中学生更多地感到学习困难，不爱学习，考大学的意愿也没有小学生强烈。中学生遇到问题时从问家长转而变成问同学，因为这时候家长的能力也许不足以解答课业问题。小学生的校园关系比较单纯，与老师和同学相处得更加友善，也经常受老师表扬。

　　总之，农村流动学生的学习态度积极乐观，但学习效果差强人意。良好的师生关系和同学关系成为他们成长的重要社会支持。从学习态度看，尽管他们比深圳本地学生和城市流动学生认为学习更难一些，但不影响对上学和学习的热情，只是因为种种主客观原因，他们考大学的意愿相对比较低；从学习行为看，他们与城市流动学生和深圳本地学生一样，当遇到不懂的问题时，通常选择问父母，其次选择问同学和老师，他们问父母的

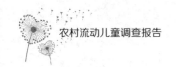

比例低于城市流动学生和深圳本地学生，而问同学和老师的比例高于这两个群体；从学习效果看，85%的农村流动学生能听懂老师讲授的内容，但比城市流动学生和深圳本地学生比例低，他们担任班干部的比例也比城市流动学生和深圳本地学生低；从学校关系看，农村流动学生更能真切地感知老师和同学都很友好。

第四章
心理、行为与价值观

人本主义心理学家马斯洛认为心理健康的一条标准是："是否具有一种正确合理的哲学观。"认知疗法的创始人艾利斯也说过："一个人只要有了合情合理的哲学观，那么他就不容易受各种情绪的困扰。"①协调、稳定和正确的价值观是心理健康的重要保障。中小学阶段是价值观形成的重要时期，也是心理健康发展的重要阶段。本章主要从心理健康、问题行为和价值观三个方面进行研究讨论。

第一节　心理健康

本研究从心理失范和生活满意度两个方面分析中小学生心理健康状态。心理失范是指个体与社会之间无法整合或功能失调（Leo Srole，1966）②。心理失范量表采用 Travis（1993）的心理失范量表（The MOS Alienation Scale），包含 7 个题项，并根据中小学生特点稍微做了修改。总分在 7 ~ 35 分，得分越高，代表心理失范程度越高；得分越低说明心理失范程度越低。生活满意度量表采用 Huebner（1991）的学生总体生活满意度量表（Student's Life Satisfaction Scale）。总分在 10 ~ 40 分，得分越高，说明生活

---

① 王红时、范晓玲：《价值观与大学生心理健康关系的研究》，《长春大学学报》2008 年第 4 期，第 73 ~ 75 页。

② L. Srole. "Social Integration and Certain Corollaries：An Exploratory Study", *American Sociological Review*, Vol. 21, No. 6（Dec.，1956），pp. 709 – 716.

满意度越高；反之，越低。

一　心理失范

1. 总体情况

表4-1所示，中小学生的心理失范均值为13.65分，说明中小学生心理失范程度较低，与社会整合较好，几乎没有功能失调。

2. 多维视角分析

表4-1显示了多维视角下学生心理失范情况，从学校性质和学校类型两个视角分析发现，心理失范存在显著差异，而在性别和流动视角下无显著差异，具体情况如下。

从性别视角看，男生和女生的心理失范程度差不多，不存在显著的性别差异。

从流动情况视角看，深圳本地学生、城市流动学生和农村流动学生心理失范程度基本一致，流动学生并没有因为流动经历而产生严重的心理失范现象。

从学校性质视角看，公办学校学生的心理失范均值为13.84分，而民办学校的学生均值13.25分，虽然均值分值差异不大，但是存在统计学意义上的显著差异。可能有两种主要原因：一是公办学校有较高比例的深圳本地学生，他们大多数是独生子女，父母工作较忙，又缺少兄弟姐妹，因此可能产生较强烈的孤独感。二是在公办学校里，外来流动学生与深圳本地学生生活在一起，更容易产生经济、交往等方面的相对剥夺感，因此心理失范倾向可能会比较高。

从学校类型视角看，中小学学生的心理失范存在显著差异，初中生的心理失范均值得分为14.69分，而小学生的均值得分12.53分，初中生心理失范度显著高于小学生，可能因为初中生进入青春叛逆期，情绪波动较大，加之学习压力大，容易产生负面情绪，并导致较高的心理失范倾向。

表 4 - 1　不同学生群体心理失范的差异

项目	均值	标准差	样本量	T 检验
总体	13.65	4.55	2058	
性别				ns
男生	13.58	4.60	1178	
女生	13.72	4.47	875	
流动情况				ns
深圳本地学生	13.56	4.47	530	
城市流动学生	13.53	4.76	331	
农村流动学生	13.59	4.43	1075	
学校性质				**
公办学校	13.84	4.54	1381	
民办学校	13.25	4.54	677	
学校类型				***
小学	12.53	4.44	996	
初中	14.69	4.40	1062	

二　生活满意度

1. 总体情况

表 4 - 2 所示，中小学学生的生活满意度平均得分为 31.09 分，表明中小学学生生活满意度水平较高。

2. 多维视角分析

表 4 - 2 显示了多维视角下学生生活满意度情况，从学校性质和学校类型两个视角分析发现，生活满意度存在显著差异，而在性别和流动视角下不存在显著差异，具体情况如下。

从性别视角看，男女生的生活满意度基本一致，不存在显著的性别差异。

从流动情况视角看，深圳本地学生、城市流动学生和农村流动学生生活的满意度水平差不多，不存在统计学意义上的显著差异。但从得分上看，农村流动学生和深圳本地学生比城市流动学生的生活满意度水平略高一点。

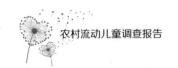

从学校性质看，公办学校学生的生活满意度得分略低于民办学校学生，虽然均值得分差异较小，但存在统计学意义上的显著差异。

从学校类型看，小学生的生活满意度得分为 32.06 分，比初中生高出将近 2.0 分，T 检验结果也非常显著，表明小学生的生活满意度明显高于初中生。也许，随着年龄的增长，遇到的学习和生活问题越来越多，学生的生活满意度也随之降低。

表 4 - 2　不同学生群体生活满意度的差异

项目	均值	标准差	样本量	T 检验
总体	31.09	5.06	2045	
性别				ns
男生	30.95	5.20	1175	
女生	31.30	4.86	865	
流动情况				ns
深圳本地学生	31.17	5.01	529	
城市流动学生	30.93	5.47	326	
农村流动学生	31.24	4.85	1068	
学校性质				**
公办学校	30.86	5.19	1376	
民办学校	31.57	4.78	669	
学校类型				***
小学	32.06	4.83	986	
初中	30.19	5.12	1059	

第二节　问题行为

问题行为指个体表现出的妨碍其社会适应的异常行为[1]，与正常行为相比较，它是指那些表现过度、不足或不适当的行为。目前学者对问题行为主要从三个方面来界定：一是从观察者的角度看，指违背观察者的期望

---

[1]　林崇德、杨治良、黄希庭主编《心理学大辞典》，上海教育出版社，2005，第 1317 页。

和观察者希望停止的各种过分的、长期偏离正常的任性冲动、忧郁和退缩行为。二是从行为产生的结果看，指学生在行为和情绪两方面出现的异常，表现为各种违纪行为和神经症行为。三是从社会适应不良的角度看，指由心因性和外因性，而非内心性（神经生理性）引起的适应困难，不能从事学习活动和接受正常教育①。本研究的问题行为分类属于第二种，包括异常行为和不良行为。异常行为是指学生自身的情绪障碍和认知障碍，包括社会退缩、恐惧、焦虑（考试焦虑）、游戏成瘾等；不良行为指学校不允许学生出现的违纪行为，如欺负同学、去网吧、早恋、抽烟、喝酒、赌博等。本研究借鉴了 Achenbach 的学生问题行为自评量表（YSR）和心理健康诊断测验量表（MHT），按照不同维度，把流动学生常见的问题行为各抽出一道题组成异常行为和不良行为进行测量。

一　异常行为

（一）社会退缩

社交退缩，也称社交焦虑，在心理障碍分类上的正式用语是社交敏感性障碍，泛指社会情境下的独处行为，指在同伴或他人在场的情境下，不参与同伴交往或游戏活动，而且这种行为不是暂时的，具有跨时间情境的一致性，即无论在陌生环境还是熟悉环境均表现出一贯的孤独行为。②本研究通过两道题项测量，即"只想一个人待着"和"不想跟别人玩"。

1. 总体情况

图 4 - 1 及表 4 - 3、表 4 - 4 显示，51.16% 的学生从不想一个人待着，67.91% 的学生从没想不跟别人玩，经常有两类想法的学生占少数，9.22% 的学生经常有独处行为，3.23% 的学生经常不跟别人玩，经常有独处和不想交往行为的学生，是社会退缩的高危群体，虽然尚不能诊断为心理障碍，但需要关注。

---

① 陈旭：《留守儿童的社会性发展问题与社会支持系统》，人民出版社，2013，第 1~2 页。
② 叶平枝：《儿童社会退缩的概念、分型及干预研究述评》，《调查与研究》2005 年第 11 期，第 22~24 页。

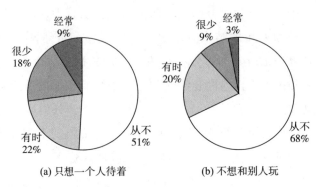

(a) 只想一个人待着   (b) 不想和别人玩

图 4 - 1   中小学生退缩行为

2. 多维视角分析

表 4 - 3 显示了多维视角下学生独处行为，从性别、流动情况、学校性质和学校类型四个视角分析发现，学生独处行为都存在显著差异，具体情况如下。

从性别视角看，女生比男生更喜欢一个人待着。也许是女生天性使然，她们天生比男生文静、内向、敏感。

从流动情况视角看，深圳本地学生、城市流动学生和农村流动学生，从不想一个人待着的比例依次逐渐上升，说明流动学生与深圳本地学生相比，更不喜欢独处。也许深圳本地学生多是独生子女，习惯了一个人成长，而农村流动学生多有兄弟姐妹，习惯一起成长。

从学校性质视角看，民办学校学生比公办学校学生更不愿意一个人待着，与流动视角情况相似，主要的原因是民办学校的学生以农村流动学生为主。

从学校类型视角看，小学生比中学生更不愿意独处。随着年龄的增长，中学生慢慢形成自己的价值理念，加上课业负担重，面临升学的压力，所以没有小学生那样无忧无虑，容易产生独处的想法。

表 4 - 3   不同学生群体"独处"行为的差异

项目（%）	从不	有时	很少	经常	样本量	LR 检验
总体	51.16	21.38	18.24	9.22	2072	

续表

项目（%）	从不	有时	很少	经常	样本量	LR 检验
性别						***
男生	55.12	20.22	16.44	8.22	1192	
女生	45.94	22.97	20.69	10.40	875	
流动情况						*
深圳本地学生	47.01	22.20	21.64	9.15	536	
城市流动学生	52.85	18.02	19.82	9.31	333	
农村流动学生	53.47	22.11	15.63	8.79	1081	
学校性质						***
公办学校	47.09	22.29	20.06	10.56	1391	
民办学校	59.47	19.53	14.54	6.46	681	
学校类型						***
小学	63.71	18.94	11.07	6.28	1003	
初中	39.38	23.67	24.98	11.97	1069	

表4-4显示了多维视角下学生不想与人交往的情况，从流动情况、学校性质和学校类型三个视角分析发现，学生不想与人交往存在显著差异，而在性别视角下不存在显著差异，具体情况如下。

从性别视角看，男生和女生不想与人交往的情况基本一致，不存在显著的性别差异。

从流动情况视角看，农村流动学生和城市流动学生比深圳本地学生选择从不"不想和别人玩"的比例高，说明多数流动学生比深圳本地学生喜欢与人交往，但是，农村流动学生经常"不想和别人玩"的比例高于深圳本地学生和城市流动学生，说明农村流动学生有社交退缩行为倾向的比例更高。

从学校性质视角看，民办学校的学生比公办学校学生选择从不"不想和别人玩"的比例高得多，公办学校学生选择经常的比例略高。这与民办学校学生多是流动学生有关。

从学校类型视角看，小学生比中学生选择从不"不想和别人玩"的比例高得多，初中生比小学生选择经常的比例略高，说明人际交往退缩随着年龄增长有增加的趋势。

表4-4 不同学生群体"不想和别人玩"行为的差异

项目（%）	从不	有时	很少	经常	样本量	LR 检验
总体	67.91	19.64	9.22	3.23	2072	
性别						ns
男生	69.13	18.37	8.89	3.61	1192	
女生	66.40	21.26	9.71	2.63	875	
流动情况						*
深圳本地学生	65.11	21.64	11.01	2.24	536	
城市流动学生	69.97	17.72	10.21	2.10	333	
农村流动学生	69.57	18.69	7.77	3.97	1081	
学校性质						***
公办学校	65.13	21.28	10.28	3.31	1391	
民办学校	73.57	16.30	7.05	3.08	681	
学校类型						***
小学	74.68	16.45	6.28	2.59	1003	
初中	61.55	22.64	11.97	3.84	1069	

以上调查结果表明，绝大多数学生喜欢与人交往，但也有少数学生有人际交往退缩倾向。由于女生天性安静、羞涩、内向，她们比男生更愿意独处，男女生人际交往退缩倾向基本一致；由于深圳本地学生多是独生子女，习惯了一个人成长，所以，深圳本地学生比城市流动学生和农村流动学生更喜欢独处，但农村流动学生有人际交往退缩倾向的比例高于城市流动学生和深圳本地学生；公办学校学生比民办学校学生更喜欢独处，且有人际交往退缩倾向的比例略高；由于中学生正处于青春叛逆期，他们比小学生更喜欢独处，且有人际交往退缩倾向的比例略高，说明人际交往退缩倾向有随着年龄增长而增长的趋势。

（二）恐惧倾向

恐惧倾向是过分和不合理地惧怕客体或处境。本研究通过两道题项测量，即"总觉得被人跟着"和"做噩梦"。

1. 总体情况

图 4 – 2 及表 4 – 5、表 4 – 6 显示，70.40% 的学生从不"总觉得被人跟着"，44.55% 的学生从不"做噩梦"。经常有两类想法的学生相对较少，4.80% 的学生经常"总觉得被人跟着"，5.79% 的学生经常"做噩梦"。经常有此类行为的学生是恐惧倾向的高危群体，虽然尚不能诊断为心理障碍，但需要关注。

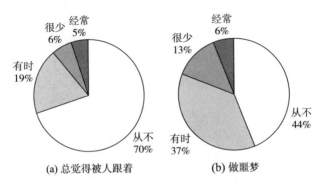

(a) 总觉得被人跟着　　　(b) 做噩梦

图 4 – 2　中小学生恐惧行为

2. 多维视角分析

表 4 – 5 显示了多维视角下学生"总觉得被人跟着"的情况，从流动情况视角、学校性质和学校类型视角分析发现，"总觉得被人跟着"的行为存在显著差异，而在性别视角下不存在显著差异，具体情况如下。

从性别视角看，男生从不"总觉得被人跟着"的比例和"总觉得被人跟着"的比例都略高于女生，但男女生不存在统计学意义上的显著差异。

从流动情况视角看，深圳本地学生觉得经常被人跟着的比例高于城市流动学生和农村流动学生。说明深圳本地学生比流动学生恐惧倾向更高，与其他学者发现流动学生恐惧感更强相悖，具体原因值得进一步深入探讨。

从学校性质视角看，公办学校学生觉得经常被人跟着的比例高于民办学校学生。这与公办学校主要是深圳本地学生有关。

从学校类型视角看，小学生觉得经常被人跟着的比例显著高于初中生。

表 4-5 不同学生群体"总觉得被人跟着"行为的差异

项目（%）	从不	有时	很少	经常	样本量	LR 检验
总体	70.40	18.50	6.30	4.80	2072	
性别						ns
男生	71.06	17.79	5.79	5.36	1192	
女生	69.49	19.43	7.09	3.99	875	
流动情况						+
深圳本地学生	65.11	20.90	7.09	6.90	536	
城市流动学生	71.17	18.32	6.31	4.20	333	
农村流动学生	72.34	17.85	5.83	3.98	1081	
学校性质						***
公办学校	66.36	21.14	6.89	5.61	1391	
民办学校	78.56	13.07	5.14	3.23	681	
学校类型						***
小学	70.89	15.75	6.58	6.78	1003	
初中	69.88	21.05	6.08	2.99	1069	

表 4-6 显示了学生"做噩梦"的情况，从学校性质和学校类型两个视角分析发现，学生做噩梦行为存在显著差异，但在性别和流动情况视角下不存在显著差异，具体情况如下。

从性别视角看，男女生在"做噩梦"的行为上基本一致，都有 40% 以上的学生从不做噩梦，都有差不多 5% 的学生经常"做噩梦"。说明"做噩梦"的行为没有性别差异。

从流动情况视角看，"做噩梦"的行为在深圳本地学生、城市流动学生和农村流动学生之间基本一致，不存在显著差异。

从学校性质视角看，公办学校的学生"做噩梦"的比例高于民办学校学生。说明公办学校学生恐惧倾向更强。

从学校类型视角看，小学生经常"做噩梦"的比例显著高于初中生。

表 4 - 6 不同学生群体"做噩梦"行为的差异

项目（%）	从不	有时	很少	经常	样本量	LR 检验
总体	44.55	36.58	13.08	5.79	2072	
性别						ns
男生	46.22	35.33	12.75	5.70	1192	
女生	42.29	38.51	13.49	5.71	875	
流动情况						ns
深圳本地学生	42.72	36.57	15.11	5.60	536	
城市流动学生	45.95	36.04	12.31	5.70	333	
农村流动学生	45.24	36.54	12.30	5.92	1081	
学校性质						*
公办学校	43.13	38.25	12.37	6.25	1391	
民办学校	47.42	33.19	14.54	4.85	681	
学校类型						***
小学	43.07	35.49	12.77	8.67	1003	
初中	45.93	37.60	13.38	3.09	1069	

以上调查结果表明，绝大多数学生没有恐惧倾向，但也有少数学生有恐惧倾向。男女生的恐惧倾向基本一致，不存在显著的性别差异；深圳本地学生恐惧倾向高于城市流动学生和农村流动学生，可能的原因是深圳本地学生从小被呵护，并反复接受安全教育，他们对社会更缺乏安全感，而农村长大的学生从小自由成长，胆子更大、性子更野，较少对外界事物有恐惧感；公办学校的学生恐惧倾向高于民办学校的学生，与公办学校的深圳本地学生多有关；小学生恐惧倾向高于初中生，随着年龄的增长，学生对客观事物的看法越来越理性，恐惧倾向呈下降趋势。

（三）考试焦虑倾向

焦虑是指一种缺乏明显客观原因的提心吊胆和紧张不安，并有显著的植物神经症状、肌肉紧张及运动性不安等。考试焦虑属于焦虑的一种与考

试环境相关的特殊类型①。考试焦虑是一种情境状态下的特质焦虑，是学生在学习过程中产生的一种最为普遍的消极情绪反应。②本研究通过"想到考试就紧张"来测量。

1. 总体情况

图4-3及表4-7显示，30.56%的学生想到考试从不紧张，19.80%的学生经常"想到考试就紧张"。经常有此类行为的学生是考试焦虑倾向的高危群体，虽然尚不能诊断为心理障碍，但值得关注。

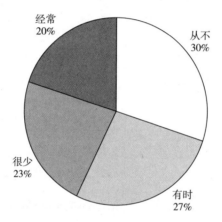

图4-3 中小学生考试焦虑行为

2. 多维视角分析

表4-7显示了多维视角下学生考试焦虑情况，从性别和学校类型视角分析发现，考试焦虑存在显著差异，而在流动情况和学校性质视角下不存在显著差异，具体情况如下。

从性别视角看，男生有考试焦虑的比例高于女生。由于女生比男生踏实稳重，成绩好，考试焦虑情绪略低，而男生晚熟，贪玩，成绩不好还容易挨打，因此男生比女生考试焦虑更严重。

从流动情况视角看，深圳本地学生、城市流动学生和农村流动学生之

---

① Aberg, KC, Clarke, AM, Sandi, C, et al. , "Trait Anxiety and Post-learning Stress do not Affect Perceptual Learning", *Neurobiol Learn Mem*, 2012, 98（3）：46-53

② Keogh, E, French, C. C. , "Test anxiety, Evaluative Stress, and Susceptibility to Distraction from Threat", *European Journal of Personality*, 2001, 15（2）：123-141.

间基本一致，不存在显著差异。三类群体中都有30%左右的人认为从来没有害怕考试的行为，但也有20%左右的人经常有想到考试就紧张的行为。

从学校性质视角看，公办学校和民办学校之间不存在显著差异，但民办学校中经常害怕考试的人比公办学校的多。民办学校以流动学生为主，在调查中我们也发现流动学生普遍没有本地学生成绩好，这与学术研究中的结论也相符合，所以流动学生更会存在害怕考试的行为。

从学校类型视角看，初中生从不怕考试和经常怕考试的比例都低于小学生，说明随着年龄增长，越来越多的学生把考试当成重要的事情，越来越多的学生出现想到考试就紧张的行为。但同时初中生越来越理性，更能控制情绪，经常有考试焦虑的比例有所降低。

表4-7 不同学生群体"想到考试就紧张"行为的差异

项目（%）	从不	有时	很少	经常	样本量	LR检验
总体	30.56	26.94	22.69	19.81	2071	
性别						***
男生	32.94	23.89	22.46	20.71	1193	
女生	27.49	31.16	22.91	18.44	873	
流动情况						ns
深圳本地学生	29.29	29.29	24.44	16.98	536	
城市流动学生	32.32	24.47	23.87	19.34	331	
农村流动学生	30.53	26.18	21.92	21.37	1081	
学校性质						ns
公办学校	30.29	28.49	22.01	19.21	1390	
民办学校	31.13	23.79	24.08	21.00	681	
学校类型						***
小学	34.76	22.58	19.88	22.78	1001	
初中	26.64	31.03	25.33	17.00	1070	

（四）游戏成瘾倾向

成瘾是反复使用某种精神活性物质导致躯体或心理方面对某种物质的

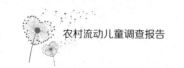

强烈渴求与耐受性。这种渴求导致的行为已极大地优先于其他重要活动。游戏成瘾是一种冲动性的过度玩,并因此导致明显的社会、心理功能损害的现象。本研究通过"打游戏上瘾"测量。

1. 总体情况

图4-4及表4-8显示,71.96%的学生从未有打游戏上瘾的行为,2.41%的学生经常打游戏上瘾,尽管经常打游戏上瘾的学生比较少,但经常有此类行为的学生是游戏成瘾的高危群体,虽然尚不能诊断为心理障碍,但需要关注。他们可能因为过分依赖网络和游戏,而失去对现实生活的兴趣,导致出现学习和心理问题。

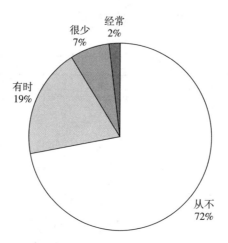

图4-4 中小学生游戏成瘾行为

2. 多维视角分析

表4-8显示了多维视角下学生游戏成瘾倾向的情况,从性别、流动情况、学校类型和学校性质四个视角分析发现,学生游戏成瘾倾向都存在显著差异,具体情况如下。

从性别视角看,男生经常打游戏上瘾的比例高于女生。

从流动情况视角看,农村流动学生经常打游戏上瘾的比例高于城市流动学生和深圳本地学生。由于农村流动学生从农村流动到城里,对城市新鲜事物好奇,易被网吧、游戏等吸引,加之父母工作强度大,没时间监管他们,他们很容易出现网络成瘾或游戏成瘾倾向,而城市学生,伴随着网络和游戏长大，把其视为生活中正常的部分，再加上父母监管严格，不容易出现游戏成瘾现象。

从学校性质视角看，民办学校学生经常打游戏上瘾的比例高于公办学校学生，与民办学校主要是农村流动学生有关。

从学校类型视角看，小学生从未有游戏成瘾的比例高于初中生，随着年龄的增长，中学生接触游戏的机会更多，因而从未有游戏成瘾行为的比例下降。而中小学学生经常有游戏成瘾的比例基本一致，并没有随着年龄增长，发生显著变化。

表 4-8　不同学生群体"游戏成瘾"行为的差异

项目（%）	从不	有时	很少	经常	样本量	LR 检验
总体	71.96	18.53	7.09	2.42	2072	
性别						***
男生	60.94	25.06	10.48	3.52	1193	
女生	87.30	9.50	2.40	0.80	874	
流动情况						*
深圳本地学生	75.75	17.35	5.78	1.12	536	
城市流动学生	68.98	18.37	10.24	2.41	332	
农村流动学生	71.79	18.87	6.19	3.15	1081	
学校性质						+
公办学校	71.60	19.05	7.48	1.87	1391	
民办学校	72.69	17.47	6.32	3.52	681	
学校类型						*
小学	74.25	17.86	5.49	2.40	1002	
初中	69.81	19.16	8.60	2.43	1070	

二　不良行为习惯

（一）攻击行为

攻击行为是出于某种目的有意伤害同学而被伤害同学不愿接受的伤害

行为。本研究通过"欺负同学"和"打架"来测量。

1. 总体情况

图4－5及表4－9、表4－10显示，82.14%的学生从不欺负同学，82.38%从来没打过架。只有0.92%的学生经常欺负同学，0.48%的学生经常打架，由此看来，绝大多数学生比较温和听话，不具有攻击性。

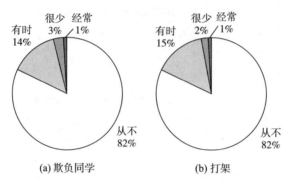

(a) 欺负同学　　　　　　　　(b) 打架

图4－5　中小学生攻击行为

2. 多维视角分析

表4－9显示了多维视角下学生欺负同学的情况。从性别、流动情况和学校性质视角看，学生欺负同学的行为存在显著差异，而在学校类型视角下不存在显著差异，具体情况如下。

从性别视角看，女生从不欺负同学的行为比男生高了6个百分点，而男生经常欺负同学比女生高了1个百分点，说明男生比女生爱欺负同学。

从流动情况视角看，城市流动学生从不欺负同学的比例高于深圳本地学生和农村流动学生，而农村流动学生经常欺负同学的比例高于城市流动学生和深圳本地学生。说明农村流动学生更爱欺负同学。

从学校性质视角看，民办学校学生从不欺负同学的比例比公办学校学生高5个百分点，而经常欺负同学的比例也比公办学校学生高。说明民办学生两极分化，欺负同学和不欺负同学的比例都高。

从学校类型视角看，中学生从不欺负同学的比例有所增加，经常欺负同学的比例有所降低，但是这种差异不具有统计学意义。

表 4 - 9　不同学生群体"欺负同学"行为的差异

项目（%）	从不	有时	很少	经常	样本量	LR 检验
总体	82.14	13.95	2.99	0.92	2072	
性别						***
男生	78.78	16.28	3.51	1.43	1192	
女生	86.97	10.51	2.29	0.23	875	
流动情况						+
深圳本地学生	82.28	13.99	3.54	0.19	536	
城市流动学生	85.29	12.31	2.10	0.30	333	
农村流动学生	82.50	13.52	2.50	1.48	1080	
学校性质						**
公办学校	80.39	15.37	3.45	0.79	1392	
民办学校	85.74	11.02	2.06	1.18	680	
学校类型						ns
小学	80.86	14.66	3.39	1.09	1003	
初中	83.35	13.28	2.62	0.75	1069	

　　表 4 - 10 显示了多维视角下学生打架的情况，从性别、学校性质和学校类型视角看，学生打架行为都存在显著差异，因为城市流动学生经常打架的比例为零，不能进行 LR 检验，故流动视角只能进行百分比分析。

　　从性别视角看，女生从不打架的比例比男生高了近 20 个百分点，而男生有时打架、很少打架和经常打架的比例都比女生高。说明男生比女生爱打架。

　　从流动情况视角看，城市流动学生从不打架的比例高于深圳本地学生和农村流动学生，而经常打架的比例低于深圳本地学生和农村流动学生。说明城市流动学生两极分化，打架和不打架的比例都比深圳本地学生和农村流动学生高。

　　从学校性质视角看，民办学校学生从不打架的比例高于公办学校学生，而公办学校学生经常打架的比例高于民办学校学生。说明公办学校学生更容易打架。

　　从学校类型视角看，初中生从不打架的比例比小学生高了 8 个百分点，经常打架的比例也高于小学生。说明初中生两极分化，打架和不打架的比

例都比小学生高。

表 4 - 10　不同学生群体"打架"行为的差异

项目（%）	从不	有时	很少	经常	样本量	LR 检验
总体	82.38	15.06	2.08	0.48	2072	
性别						***
男生	74.10	22.05	3.10	0.75	1193	
女生	93.94	5.26	0.69	0.11	874	
流动情况						
深圳本地学生	82.65	14.74	2.05	0.56	536	
城市流动学生	84.04	14.46	1.50	0.00	1413	
农村流动学生	82.42	14.71	2.31	0.56	1081	
学校性质						**
公办学校	80.66	16.68	2.01	0.65	1391	
民办学校	85.90	11.75	2.20	0.15	681	
学校类型						***
小学	78.24	18.96	2.10	0.70	1002	
初中	86.26	11.40	2.06	0.28	1070	

　　以上调查结果表明，多数学生没有攻击行为，但也有少数学生有攻击行为，表现为经常欺负同学和经常打架。男生攻击行为比女生显著高，这个结果与很多学者的研究结果一致，如 Crick 和 Grotpeter（1993）[1]，覃玉宇（2003）[2]的研究都表明男孩比女孩有更多的攻击性；城市流动学生最不具攻击性，他们从不欺负同学和从不打架的比例都高于深圳本地学生和农村流动学生，而农村流动学生经常欺负同学的比例高于深圳本地学生和城市流动学生，深圳本地学生和农村流动学生经常打架的比例略高于城市流动学生；民办学校学生比公办学校学生攻击性小，他们从不欺负同学和从

---

① Crick, N. R., & Grotpeter, J. K., "Relational Aggression, Gender and Social-psychological Adjustment", *Child Development*, 66, 1995, pp. 710 – 722.
② 覃玉宇：《童年中期的攻击行为对同伴关系的影响研究》，华中师范大学硕士学位论文，2003。

不打架的比例都高于公办学校学生；随着年龄的增长，中学生更趋于理性，他们会用更理智温和的办法解决问题，而不仅仅依靠武力，所以，中学生比小学生攻击性小。他们从不欺负同学和从不打架的比例都高于小学生，经常欺负同学和经常打架的比例都低于小学生。

（二）去网吧

本研究通过"去网吧"来测量。

1. 总体情况

图 4 - 6 及表 4 - 11 显示，90.01% 的学生从不去网吧，只有 0.97% 的学生经常去网吧。一方面可能是学生比较遵守学校规定，不去网吧；另一方面，也可能是家长、学校和深圳政府对网吧管理比较严格，未成年的学生没有机会去网吧。

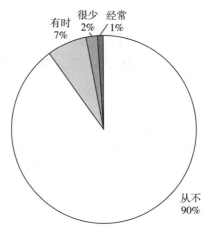

图 4 - 6　中小学生去网吧行为

2. 多维视角分析

表 4 - 11 显示了多维视角下学生去网吧的情况。从性别、学校性质和学校类型三个视角看，学生去网吧的行为都存在显著差异。因为流动情况视角下深圳本地学生和城市流动学生在经常选项都为 0，不能做 LR 检验，只能通过百分比角度分析，具体情况如下。

从性别视角看，女生从不去网吧的比例比男生高了 12 个百分点，而男

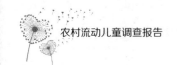

生贪玩，好奇心重，容易受到各种诱惑，男生去网吧的比例远高于女生。学校和学生父母应该关注男生，尽量不要让他们去网吧这种比较乱的公共场所。

从流动情况视角看，深圳本地学生和城市流动学生从不去网吧的比例远高于农村流动学生，且这两个群体没有经常去网吧的学生，而农村流动学生经常去网吧的比例为1.67%。除了农村流动学生父母忙于工作疏于对学生监管和教育，还有一个重要的原因可能是深圳本地学生和城市流动学生家庭中都拥有电脑，学生想上网没必要去网吧，在家里就可以实现。

从学校性质视角看，公办学校学生从不去网吧的比例比民办学校学生高了近20个百分点，且经常去网吧的比例比民办学校学生低。主要的原因是民办学校以流动学生为主，且学校管理可能不如公办学校严格，因而，民办学校学生去网吧的比例高于公办学校学生。

从学校类型视角看，初中生从不去网吧的比例比小学生低了12个百分点，而经常去网吧的比例略高。随着年龄增长，中学生群体呈现两极分化，一部分学生更加自律，从不去网吧；另一部分学生，对网络和游戏更痴迷，不去网吧和去网吧的比例都高于小学生。

表4-11 不同学生群体"去网吧"行为的差异

项目（%）	从不	有时	很少	经常	样本量	LR检验
总体	90.01	6.56	2.46	0.97	2072	
性别						***
男生	84.65	9.82	3.94	1.59	1192	
女生	97.49	2.06	0.34	0.11	875	
流动情况						
深圳本地学生	98.32	1.49	0.19	0.00	536	
城市流动学生	95.50	2.40	2.10	0.00	333	
农村流动学生	85.00	10.00	3.33	1.67	1080	
学校性质						***
公办学校	96.26	3.09	0.36	0.29	1392	
民办学校	77.21	13.68	6.76	2.35	680	

续表

项目（%）	从不	有时	很少	经常	样本量	LR 检验
学校类型						***
小学	96.41	2.19	0.70	0.70	1003	
初中	84.00	10.66	4.12	1.22	1069	

（三）早恋

1. 总体情况

早恋的数据信息只来源于初中生。图 4 – 7 及表 4 – 12 显示，82.69%的初中生从未有过早恋，但也有少部分学生情窦初开，对异性产生好感，17.31%的初中生或多或少有过早恋现象。

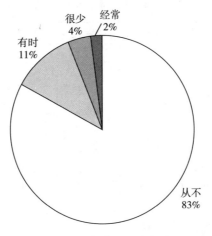

图 4 – 7　初中生早恋行为

2. 多维视角分析

表 4 – 12 显示了多维视角下初中生早恋的情况。从性别、流动情况和学校性质视角看，初中生早恋的行为存在显著差异，具体情况如下。

从性别视角看，女生从未早恋的比例比男生高 8.48%，且男生经常早恋的比例比女生高。尽管女生比男生心理和生理成熟得早，但因为女生比较乖巧，且父母管教比较严格，女生早恋行为比男生少。

从流动情况视角看，深圳本地学生从未早恋的比例比城市流动学生

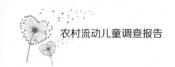

高，城市流动学生从未早恋的比例比农村流动学生高，而农村流动学生经常早恋的比例最高，高于城市流动学生和深圳本地学生。造成这种差异的原因可能有三个：一是农村流动学生父母忙于工作，疏于教管学生；二是农村人持有早婚早育观；三是农村流动学生进入陌生的城市，容易产生焦虑感和无所适从感，这个时候，有相同背景且相互关照的学生之间容易产生"爱"的情感。

从学校性质视角看，公办学校学生从未早恋的比例比民办学校学生高了近 10 个百分点，而民办学校学生经常早恋的比例高于公办学校学生。一方面可能是民办学校以流动学生为主；另一方面可能是民办学校对早恋危害宣传教育得不够，应该引起重视。

表 4 - 12   不同学生群体"早恋"行为的差异

项目（%）	从不	有时	很少	经常	样本量	LR 检验
总体	82.69	11.13	4.22	1.96	1069	
性别						**
男生	79.10	13.38	5.18	2.34	598	
女生	87.58	8.14	2.78	1.50	467	
流动情况						+
深圳本地学生	89.02	7.45	3.14	0.39	255	
城市流动学生	84.62	8.33	5.13	1.92	156	
农村流动学生	80.75	12.27	4.26	2.72	587	
学校性质						***
公办学校	86.60	8.73	3.16	1.51	664	
民办学校	76.30	15.06	5.93	2.71	405	

（四）抽烟

1. 总体情况

抽烟的数据信息只来源于初中生。图 4 - 8 及表 4 - 13 显示，96.73% 的初中生遵守学校规定从未抽烟，但也有 3.27% 的初中生出于各种原因违反学校规定有抽烟的行为。

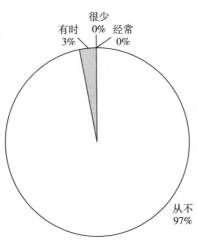

图4-8 初中生抽烟行为

2. 多维视角分析

表4-13显示了多维视角下初中生抽烟的情况。因为性别、流动情况和学校性质三个视角的经常选项中都有为0的比例，故不能做LR检验。只能从百分比的角度分析初中生抽烟的行为差异，具体情况如下。

从性别视角看，女生从不抽烟的比例高达99.57%，而选择很少和经常抽烟的比例为零。而男生从不抽烟的比例比女生少了近5个百分点，且经常抽烟的比例为0.17%。男生比女生抽烟比例高，这与常识相符。

从流动情况视角看，深圳本地学生从不抽烟的比例最高，高达100%，城市流动学生次之，为98.08%，最后是农村流动学生，为95.39%。深圳本地学生和城市流动学生经常抽烟的比例为零，而经常抽烟的农村流动学生比例为0.17%。农村流动学生抽烟的比例高于城市流动学生和深圳本地学生，可能的原因：一是农村流动学生父母忙于工作，疏于教管学生，学生容易染上坏习惯；二是农村流动学生父亲抽烟比例高，学生耳濡目染对抽烟习以为常。

从学校性质视角看，公办学校学生从不抽烟的比例比民办学校学生高了近6个百分点，且经常抽烟的比例比公办学校学生低。民办学校的学生比公办学校学生抽烟比例高，主要原因可能是民办学校以流动学生为主，但民办学校应该加强对抽烟危害的宣传和教育。

表 4 – 13　不同学生群体"抽烟"行为的差异

项目（%）	从不	有时	很少	经常	样本量
总体	96.73	2.99	0.19	0.09	1069
性别					
男生	94.82	4.68	0.33	0.17	598
女生	99.57	0.43	0.00	0.00	467
流动情况					
深圳本地学生	100.00	0.00	0.00	0.00	255
城市流动学生	98.08	1.92	0.00	0.00	156
农村流动学生	95.39	4.10	0.34	0.17	586
学校性质					
公办学校	98.95	1.05	0.00	0.00	665
民办学校	93.07	6.19	0.49	0.25	404

（五）喝酒

1. 总体情况

喝酒的数据信息只来源于初中生。图 4 – 9 及表 4 – 14 显示，87.48%的初中生从不喝酒，12.52% 的初中生或多或少有过喝酒行为。

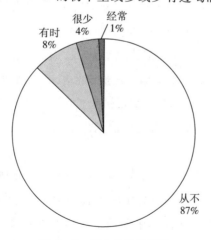

图 4 – 9　初中生喝酒行为

2. 多维视角分析

表 4-14 显示了多维视角下初中生喝酒的情况。从性别、流动情况和学校性质视角看，初中生喝酒的行为存在显著差异，具体情况如下。

从性别视角看，女生从不喝酒的比例比男生高了将近 8 个百分点，且经常喝酒的比例比男生低。男生比女生喝酒的比例高，这与常识相符。

从流动情况视角看，深圳本地学生从不喝酒的比例比城市流动学生高了近 5 个百分点，比农村流动学生高了近 10 个百分点。而且深圳本地学生和城市流动学生经常喝酒的比例为零，而农村流动学生经常喝酒的比例为 0.85%。农村流动学生喝酒的比例高于城市流动学生和深圳本地学生，可能的原因：一是农村流动学生父母忙于工作，疏于教管学生，学生容易染上坏习惯；二是农村流动学生父母经常聚在一起喝酒聊天，学生耳濡目染认为喝酒是一种联络感情的方式。

从学校性质视角看，公办学校学生比民办学校学生从不喝酒的比例高，经常喝酒的比例也略高。民办学校学生比公办学校学生喝酒的比例高，主要原因可能是民办学校以流动学生为主，因此民办学校应该加强对喝酒危害的宣传和教育。

表 4-14　不同学生群体"喝酒"行为的差异

项目（%）	从不	有时	很少	经常	样本量	LR 检验
总体	87.48	8.32	3.64	0.56	1070	
性别						***
男生	84.14	11.19	4.00	0.67	599	
女生	92.08	4.50	3.00	0.42	467	
流动情况						
深圳本地学生	94.12	3.92	1.96	0.00	255	
城市流动学生	89.74	7.05	3.21	0.00	156	
农村流动学生	84.84	10.05	4.26	0.85	587	
学校性质						+
公办学校	89.47	7.07	2.86	0.60	665	
民办学校	84.20	10.37	4.94	0.49	405	

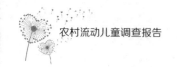

（六）赌博

1. 总体情况

赌博的数据信息只来源于初中生。图4-10及表4-15显示，98.04%的初中生从不赌博，1.96%的初中生有时有赌博行为。

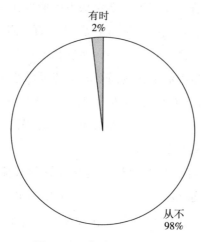

图4-10　初中生赌博行为

2. 多维视角分析

表4-15显示多维视角下初中生赌博的情况。因为男生、女生、深圳本地学生、城市流动学生、农村流动学生、公办学校学生、民办学校学生很少赌博的选项都为0，不能做LR检验，故赌博行为在性别视角、流动情况视角和学校性质视角都只能通过百分比进行分析，具体情况如下。

从性别视角看，男生比女生有赌博行为的比例略高，但女生经常赌博的比例比男生略高，产生这种结果的原因不明，有可能是误差造成的，也有可能确实有个别女生经常赌博，值得关注。

从流动情况视角看，深圳本地学生从不赌博，农村流动学生和城市流动学生参与赌博的比例比深圳本地学生高，且农村流动学生经常赌博的比例最高。可能的原因：一是农村流动学生父母忙于工作，疏于教管学生，学生容易染上坏习惯；二是农村流动学生父母可能有赌博的行为，对学生产生负面影响；三是数据误差造成的结果。

从学校性质视角看，民办学校学生比公办学校学生有赌博行为和经常赌博的比例高。主要原因可能是民办学校以流动学生为主，因此民办学校应该加强对赌博危害的宣传和教育。

表 4 – 15　不同学生群体"赌博"行为的差异

项目（%）	从不	有时	很少	经常	样本量
总体	98.04	1.87	0.00	0.09	1069
性别					
男生	97.32	2.68	0.00	0.00	598
女生	99.36	0.43	0.00	0.21	467
流动情况					
深圳本地学生	100.00	0.00	0.00	0.00	255
城市流动学生	97.44	2.56	0.00	0.00	156
农村流动学生	97.78	2.05	0.00	0.17	586
学校性质					
公办学校	99.25	0.75	0.00	0.00	665
民办学校	96.04	3.71	0.00	0.25	404

第三节　价值观

价值观是指一个人对周围的客观事物（包括人、事、物）的意义、重要性的总评价和总看法，是人们用来评价事物、行为以及从各种可能的目标中选择自己合意目标的准则。价值观是推动并指引一个人采取决定和行动的原则、标准，是个性心理结构的核心因素之一。

本研究所指的价值观包括积极的价值观和消极的价值观两大类。积极的价值观主要包括公平感、奉献精神、拼搏意识和知识观；消极的价值观主要包括享乐主义、拜金主义、唯利是图和不公平感。价值观的数据信息只来源于初中生，选项"非常赞同、比较赞同、一般、不赞同、非常不赞同"，分别赋值为 1，2，3，4，5。

一 积极的价值观

（一）公平感

公平感通过"社会对我是公平的"来测度。

1. 总体情况

图 4 - 11 及表 4 - 16 所示，72.92% 的初中生比较赞同或非常赞同社会是公平的，21.01% 的初中生无所谓赞同不赞同，而 6.07% 的初中生不赞同或非常不赞同社会是公平的。

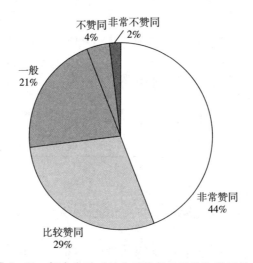

图 4 - 11　初中生对"社会对我是公平的"赞同情况

2. 多维视角分析

表 4 - 16 显示了多维视角下公平感的情况。从性别视角看，学生对公平的感知存在显著差异，而流动视角和学校性质视角不存在显著差异，具体情况如下。

从性别视角看，由于男生比较理性，爱憎分明，情绪表达更强烈，他们非常赞同和非常不赞同的比例都高于女生。

从流动情况视角看，尽管深圳本地学生比城市流动学生和农村流动学生赞同社会是公平的比例高，但三类学生公平感之间不存在统计学意义上的显著差异。

从学校性质视角看，公办学校和民办学校学生公平感不存在显著差异。

表4－16 不同学生群体对"公平感"的感知差异

项目（%）	非常赞同	比较赞同	一般	不赞同	非常不赞同	样本量	LR 检验
总体	44.16	28.76	21.01	3.92	2.15	1071	
性别							*
男生	48.08	26.04	19.37	3.84	2.67	599	
女生	39.32	32.05	23.29	3.85	1.50	468	
流动情况							ns
深圳本地学生	41.41	36.33	16.80	3.52	1.95	256	
城市流动学生	50.00	21.15	21.79	4.49	2.56	156	
农村流动学生	44.46	27.77	21.81	3.92	2.04	587	
学校性质							ns
公办学校	44.44	29.28	19.82	4.05	2.40	666	
民办学校	43.70	27.90	22.96	3.70	1.73	405	

（二）奉献精神

奉献精神通过"积极地奉献，正当地索取"来测度。

1. 总体情况

图4－12及表4－17显示，82.30%的学生比较赞同或非常赞同奉献精神，13.95%的学生无所谓赞同不赞同，而3.74%的学生不赞同或非常不赞同奉献精神。

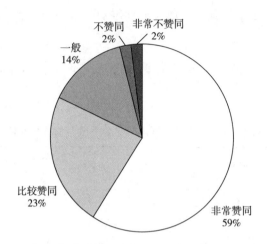

图 4 - 12　初中生对"积极地奉献，正当地索取"的赞同情况

2. 多维视角分析

表 4 - 17 显示多维视角下学生对奉献精神的认同情况。从性别和学校性质两个视角看，学生奉献观存在显著差异，而流动视角不存在显著差异，具体情况如下。

从性别视角看，女生赞同"积极地奉献，正当地索取"的比例略高于男生，男生不赞同的比例高于女生，但由于男生比较理性，爱憎分明，情绪表达更强烈，他们非常赞同和非常不赞同的比例都高于女生，女生的选择结果相对比较集中。

从流动情况视角看，尽管深圳本地学生和城市流动学生非常赞同的比例远高于农村流动学生，但三类学生奉献观认知不存在统计学意义上的显著差异。

从学校性质看，公办学校学生非常赞同的比例高于民办学校学生，而民办学校学生选择"赞同"和"一般"的比例高于公办学校学生。也许公办学校对奉献和索取进行过正确的教育和引导，学生对奉献精神笃定地赞同，而民办学校可能对奉献精神教育和引导得少，所以民办学校学生不那么坚定地赞同。

表4-17　不同学生群体对"奉献精神"的感知差异

项目（%）	非常赞同	比较赞同	一般	不赞同	非常不赞同	样本量	LR检验
总体	59.27	23.04	13.95	2.15	1.59	1068	
性别							*
男生	60.54	20.23	14.21	2.51	2.51	598	
女生	58.15	26.18	13.73	1.51	0.43	466	
流动情况							ns
深圳本地学生	64.31	21.57	12.16	0.78	1.18	255	
城市流动学生	64.11	19.87	12.82	1.28	1.92	156	
农村流动学生	56.92	24.79	13.85	2.90	1.54	585	
学校性质							***
公办学校	63.61	21.80	11.73	1.35	1.51	665	
民办学校	52.11	25.06	17.62	3.47	1.74	403	

（三）拼搏意识

拼搏意识通过"努力才能成功"来测度。

1. 总体情况

图4-13及表4-18显示，91.87%的学生比较赞同或非常赞同拼搏意

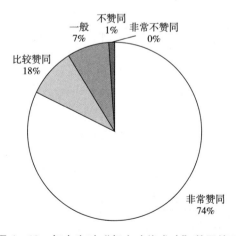

图4-13　初中生对"努力才能成功"赞同情况

识，6.92%的学生无所谓赞同不赞同，而1.21%的学生不赞同或非常不赞同拼搏意识。

2. 多维视角分析

表4-18显示多维视角下学生对拼搏意识的认同情况。从性别、流动和学校性质三个视角看，都不存在显著差异，具体情况如下。

从性别视角看，女生赞同的比例略高，男生不赞同的比例略高，但男女生间不存在统计学意义上的显著差异。

从流动情况视角看，农村流动学生赞同和不赞同的比例都略高，但不存在统计学意义上的显著差异。

从学校性质看，公办学校学生赞同的比例略高，而民办学校学生不赞同的比例略高，但不存在统计学意义上的显著差异。

不论是男生女生、本地学生还是流动学生、公办学校还是民办学校，对拼搏意识的看法都比较一致。也许学生对此价值观确实比较赞同，也有可能这个价值观跟学生息息相关，他们更能领会其中的内涵。

表4-18　不同学生群体对"拼搏意识"的感知差异

项目（%）	非常赞同	比较赞同	一般	不赞同	非常不赞同	样本量	LR检验
总体	74.21	17.66	6.92	0.65	0.56	1070	
性别							ns
男生	75.63	15.53	7.18	0.99	0.67	599	
女生	72.38	20.34	6.64	0.21	0.43	467	
流动情况							ns
深圳本地学生	72.66	18.75	7.81	0.39	0.39	256	
城市流动学生	69.87	19.87	8.97	0.64	0.65	156	
农村流动学生	76.79	16.38	5.47	0.68	0.68	586	
学校性质							ns
公办学校	73.83	18.35	6.77	0.60	0.45	665	
民办学校	74.82	16.54	7.16	0.74	0.74	405	

（四）知识观

知识观通过"知识可以改变命运"来测度。

1. 总体情况

图 4 - 14 及表 4 - 19 所示，84.18% 的学生比较赞同或非常赞同"知识可以改变命运"，10.58% 的学生无所谓赞同不赞同，而 5.25% 的学生不赞同或非常不赞同。

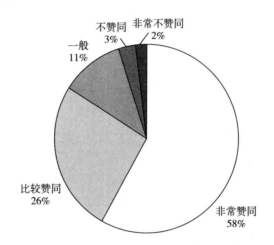

图 4 - 14　初中生对"知识可以改变命运"的赞同情况

2. 多维视角分析

表 4 - 19 为我们显示了多维视角下学生对"知识改变命运"的认同情况。从性别、流动和学校性质三个视角看，都不存在显著差异，具体情况如下。

从性别视角看，女生赞同的比例略高，男生不赞同的比例略高，但男女生间不存在统计学意义上的显著差异。

从流动情况视角看，城市流动学生赞同和不赞同的比例都略高，但二者之间不存在统计学意义上的显著差异。

从学校性质看，公办学校学生赞同的比例略高，而民办学校学生不赞同的比例略高，但二者之间不存在统计学意义上的显著差异。

不论是男生女生、本地学生还是流动学生、公办学校还是民办学校，

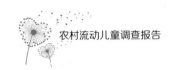

对"知识可以改变命运"的看法都比较一致。多数学生持有比较正确的知识观。

表 4 - 19　不同学生群体对"知识观"的感知差异

项目（%）	非常赞同	比较赞同	一般	不赞同	非常不赞同	样本量	LR 检验
总体	57.68	26.49	10.58	2.72	2.53	1068	
性别							ns
男生	57.29	26.13	10.05	3.35	3.18	597	
女生	58.24	26.98	11.13	1.93	1.72	467	
流动情况							ns
深圳本地学生	54.69	30.08	11.33	1.56	2.34	256	
城市流动学生	58.71	27.10	8.39	3.22	2.58	155	
农村流动学生	60.34	24.79	9.23	2.74	2.90	585	
学校性质							ns
公办学校	56.17	28.31	10.84	2.12	2.56	664	
民办学校	60.15	23.51	10.15	3.71	2.48	404	

二　消极的价值观

（一）享乐主义

享乐主义通过题目"人生在世，吃喝二字"来测度。

1. 总体情况

图 4 - 15 及表 4 - 20 所示，13.85% 的学生比较赞同或非常赞同享乐主义，20.02% 的学生无所谓赞同不赞同，而 66.14% 的学生不赞同或非常不赞同享乐主义。

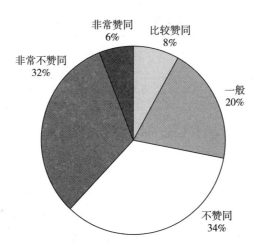

图 4 - 15　初中生对"人生在世，吃喝二字"的赞同情况

2. 多维视角分析

表 4 - 20 显示了多维视角下学生对享乐主义的认同情况。从性别、流动和学校性质三个视角看，学生享乐主义观念都存在显著差异，具体情况如下。

从性别视角看，男女生享乐主义存在显著差异。由于男生从小被"穷养"，社会责任和家庭责任感强，他们不赞同的比例高于女生，而女生从小被"富养"，不能吃苦，更喜欢享乐，她们赞同的比例高于男生。

从流动情况视角看，三类学生享乐主义观存在显著差异。城市流动学生和农村流动学生不赞同的比例接近 70%，比深圳本地学生不赞同的比例高了10 个百分点左右；而深圳本地学生赞同的比例高于城市流动学生和农村流动学生。也许是深圳本地学生比流动学生家庭条件好，父母给深圳本地学生提供了各种优渥的物质条件，学生们从小不缺乏吃喝玩乐，容易形成享乐主义观念。

从学校性质视角看，公办学校和民办学校学生享乐主义存在显著差异。民办学校学生不赞同的比例和赞同的比例都高于公办学校学生，而公办学校学生无所谓赞同不赞同的比例高于民办学校学生。

在社会浮躁、享乐主义大行其道的今天，学校如何引导学生摒弃享乐主义观点，树立正确的、积极向上的价值观，值得思考。

表 4-20　不同学生群体对"享乐主义"观念的感知差异

项目（%）	非常赞同	比较赞同	一般	不赞同	非常不赞同	样本量	LR 检验
总体	6.27	7.58	20.01	33.68	32.46	1069	
性别							*
男生	5.52	7.19	18.06	33.11	36.12	598	
女生	7.28	8.13	22.27	34.48	27.84	467	
流动情况							*
深圳本地学生	8.59	9.77	23.05	25.78	32.81	256	
城市流动学生	5.13	4.49	21.15	33.33	35.90	156	
农村流动学生	5.30	7.00	17.78	37.78	32.14	585	
学校性质							***
公办学校	6.62	6.92	22.10	29.32	35.04	665	
民办学校	5.69	8.66	16.58	40.84	28.23	404	

（一）拜金主义

拜金主义通过"有了钱就有了一切"来测度。

1. 总体情况

图 4-16 及表 4-21 所示，9.55% 的学生比较赞同或非常赞同拜金主

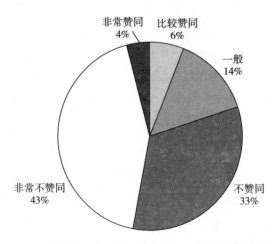

图 4-16　初中生对"有了钱就有了一切"的赞同情况

义，14.23%的学生无所谓赞同不赞同，而76.22%的学生不赞同或非常不赞同拜金主义。

2. 多维视角分析

表4-21显示了多维视角下学生对拜金主义的认同情况。从学校性质视角看，学生拜金主义观念存在显著差异，而性别视角和流动视角不存在显著差异，具体情况如下。

从性别视角看，男女生对拜金主义观念的认知几乎一致，尽管男生反对得更强烈，非常不赞同的比例更高，而女生反对得更温和，比较不赞同的比例更高，但男女生间不存在统计学意义上的显著差异。

从流动情况视角看，尽管城市流动学生非常不赞同拜金主义观念的比例高于农村流动学生，农村流动学生不赞同的比例高于深圳本地学生和城市流动学生，而深圳本地学生赞同的比例高于城市和农村流动学生，但二者不存在统计学意义上的显著差异。

从学校性质视角看，民办学校学生不赞同拜金主义观念的比例高于公办学校学生，其中公办学校学生非常不赞同的比例更高，而民办学校学生比较不赞同的比例更高，这种差异主要表现在程度上的不同。

在社会转型期，拜金主义大行其道的今天，学校如何引导学生摒弃拜金主义观点，树立正确的、积极向上的价值观，值得思考。

表4-21　不同学生群体对"拜金主义"观念的感知差异

项目（%）	非常赞同	比较赞同	一般	不赞同	非常不赞同	样本量	LR检验
总体	3.46	6.09	14.23	33.43	42.79	1068	
性别							ns
男生	3.69	6.69	13.74	30.82	45.06	597	
女生	3.21	5.35	14.99	36.41	40.04	467	
流动情况							ns
深圳本地学生	3.91	8.59	13.67	29.69	44.14	256	
城市流动学生	3.85	3.85	14.73	29.49	48.08	156	
农村流动学生	2.74	5.48	13.70	36.47	41.61	584	

续表

项目（％）	非常 赞同	比较 赞同	一般	不赞同	非常 不赞同	样本量	LR 检验
学校性质							**
公办学校	4.06	6.47	14.59	29.47	45.41	665	
民办学校	2.48	5.46	13.65	39.95	38.46	403	

（三）唯利是图

唯利是图通过题目"为了钱能不择手段"来测度。

1. 总体情况

图 4-17 及表 4-22 显示，3.47％的学生比较赞同或非常赞同"为了钱能不择手段"，2.91％的学生无所谓赞同不赞同，而 93.62％的学生不赞同或非常不赞同。

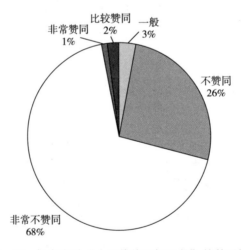

图 4-17 初中生对"为了钱能不择手段"的赞同情况

2. 多维视角分析

表 4-22 显示了多维视角下学生对唯利是图观念的认同情况。从流动情况视角看，学生唯利是图观念存在显著差异，而性别视角和学校性质视角不存在显著差异，具体情况如下。

从性别视角看，男女生对唯利是图观念的认知几乎一致，尽管男生反对得更强烈，非常不赞同的比例更高些，而女生反对得更温和，比较不赞同的比例更高些，但男女生间不存在统计学意义上的显著差异。

从流动情况视角看，农村流动学生不赞同和非常不赞同的比例最高，为95.73%；其次是城市流动学生，为94.84%；最后是深圳本地学生，为90.98%。相反，深圳本地学生赞同的比例高于农村流动学生和城市流动学生。

从学校性质视角看，公办学校学生和民办学校学生对唯利是图观念的认知几乎一致，尽管公办学校学生反对得更强烈，非常不赞同的比例更高些，而民办学校学生反对得更温和，比较不赞同的比例更高些，但公办和民办学校学生间不存在统计学意义上的显著差异。

在经济社会转型、拜金主义大行其道的今天，学校如何引导学生摒弃拜金主义观点，树立正确的积极向上的价值观，值得思考。

表 4-22　不同学生群体对"唯利是图"观念的感知差异

项目（%）	非常赞同	比较赞同	一般	不赞同	非常不赞同	样本量	LR 检验
总体	1.50	1.97	2.91	26.05	67.57	1067	
性别							ns
男生	1.67	2.01	3.01	25.08	68.23	598	
女生	1.29	1.94	2.80	27.09	66.88	465	
流动情况							+
深圳本地学生	2.35	3.14	3.53	24.71	66.27	255	
城市流动学生	0.00	0.65	4.51	23.87	70.97	155	
农村流动学生	1.03	1.70	1.54	27.18	68.55	585	
学校性质							ns
公办学校	1.51	1.96	3.02	23.68	69.83	663	
民办学校	1.49	1.98	2.72	29.95	63.86	404	

（四）不公平感

不公平感通过"这是一个拼爹的时代"来测度。

1. 总体情况

图 4-18 及表 4-23 显示，25.16% 的学生比较赞同或非常赞同 "这是一个拼爹的时代"，24.13% 的学生无所谓赞同不赞同，而 50.70% 的学生不赞同或非常不赞同。

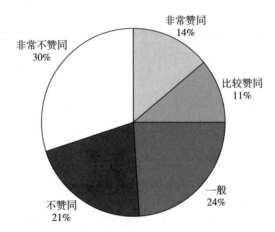

图 4-18　初中生对 "这是一个拼爹的时代" 的赞同情况

2. 多维视角分析

表 4-23 显示了多维视角下学生对不公平感的认同情况。从性别、流动视角和学校性质三个视角看，学生不公平感都存在显著差异，具体情况如下。

从性别视角看，女生相对同龄男生比较成熟，受外界观念影响比较大，她们赞同 "这是一个拼爹的时代" 的比例高于男生，而男生不赞同的比例高于女生。

从流动情况视角看，城市流动学生赞同 "这是一个拼爹的时代" 的比例最高，为 27.27%；其次是农村流动学生，为 24.7%；最后是深圳本地学生，为 22.66%。由于深圳本地学生家境殷实，更少有不公平的焦虑感，他们不赞同的比例高于农村流动学生和城市流动学生。而城市流动学生随父母到深圳后，近距离地比较了自己和深圳本地学生的衣食住行，更深刻地体会到社会不公平，他们赞同 "这是一个拼爹的时代" 的比例最高。奇怪的是很多农村流动学生好像并没有听过，也不太懂 "拼爹" 的意思，因此他们的选择较为集中。

从学校性质视角看，民办学校学生赞同"这是一个拼爹的时代"的比例高于公办学校学生，而公办学校学生不赞同的比例高于民办学校学生。一方面可能的原因是公办学校学生中深圳本地学生比较多，而民办学校中流动学生比例多；另一方面可能是公办学校在思想道德教育中澄清过这个观念，而民办学校很少帮助学生澄清这种观念，具体原因，有待进一步调查研究。

表 4-23　不同学生群体对"不公平感"的感知差异

项目（%）	非常赞同	比较赞同	一般	不赞同	非常不赞同	样本量	LR 检验
总体	14.08	11.08	24.14	20.56	30.14	1065	
性别							**
男生	11.76	9.41	23.03	22.52	33.28	595	
女生	16.95	13.09	25.75	17.82	26.39	466	
流动情况							*
深圳本地学生	12.11	10.55	23.05	17.19	37.10	256	
城市流动学生	20.13	7.14	24.03	18.18	30.52	154	
农村流动学生	12.69	12.01	24.19	22.81	28.30	583	
学校性质							***
公办学校	13.29	11.03	23.42	17.82	34.44	662	
民办学校	15.38	11.17	25.31	25.06	23.08	403	

本章小结

本章主要分析了学生的心理、问题行为和价值观。鉴于学生的认知水平，其中部分问题行为和价值观的调查对象只是中学生，而其他问题调查对象包括中小学生，并从性别、流动情况、学校性质和学校类型四个视角得出如下结论。

总体来看，学生的心理失范程度较低，与社会整合较好，且生活满意度较高。大多数学生的行为正常有序，但有少部分学生有情绪问题倾向和失范行为。多数学生赞同积极的价值观，反对消极的价值观，但也有少部

分学生赞同享乐主义、拜金主义、唯利是图等消极价值观。少部分心理、行为和价值观失范的学生值得社会和学校进一步关注，应加强对他们的教育和引导。

从性别视角看，男女生的心理失范程度和生活满意度差不多，不存在显著的性别差异。由于女生比较敏感、内向、胆小，她们的社交退缩倾向高于男生，表现为更喜欢独处；男生比较贪玩，不爱学习，考试焦虑倾向高于女生，表现为"想到考试就紧张"，又因为男生比较冲动、贪玩，他们违反学校规定的不良行为普遍高于女生，表现为更容易去网吧、游戏成瘾、打架、更爱虐待小动物、欺负同学、早恋、抽烟、喝酒等。男女生对拼搏意识、知识观、拜金主义和唯利是图四个价值观的认同基本一致，不存在显著差异。女生对公平感和奉献精神认同度更高，男生对享乐主义和不公平感反对度更高。也许是男生比较理性，爱憎分明，情绪表达更强烈，他们非常赞同和非常不赞同的比例都高于女生，女生的选择结果相对比较集中。

从流动情况视角看，深圳本地学生、城市流动学生和农村流动学生心理失范程度和生活满意度差不多，不存在显著差异。由于农村流动学生、城市流动学生和深圳本地学生家庭条件、所处环境、成长经历等不同，他们的问题行为存在一定的差异。深圳本地学生退缩行为和恐惧感都比城市流动学生和农村流动学生高，具体表现为更喜欢独处、更不喜欢跟别人玩、总觉得被人跟着。而农村流动学生游戏成瘾倾向、欺负同学、去网吧、早恋、抽烟、喝酒、赌博等问题行为的比例都高于深圳本地学生和城市流动学生，但三类学生的考试焦虑倾向、做噩梦、打架等问题行为不存在显著差异。深圳本地学生、城市流动学生和农村流动学生对积极价值观的认同基本一致，不存在显著差异。但他们对消极价值观的认同存在显著差异，深圳本地学生比城市流动学生和农村流动学生更赞同享乐主义和唯利是图观念，城市流动学生更认同不公平感。

从学校性质视角看，公办学校和民办学校学生的心理失范度和满意度存在显著差异，具体表现为公办学校学生的心理失范度高，民办学校学生的生活满意度高。公办学校学生和民办学校学生的问题行为存在显著差异，公办学校学生的退缩行为、恐惧感和打架行为更多，具体表现为更喜欢独处、更不喜欢跟别人玩、经常做噩梦、总觉得被人跟着及与同学打架。而民办学校学生游戏成瘾、欺负同学、去网吧、早恋、抽烟、喝酒、赌博等问题行为更多。公办和民办学校学生的考试焦虑基本一致，不存在显著差异。公办学校学生和民办学校学生对待公平感、拼搏意识和知识观三个积极价值观的态度基本一致，不存在显著差异，但公办学校学生更赞同奉献精神。民办学校学生对待享乐主义价值观存在两极分化，赞同和不赞同的比例都高于公办学校学生。民办学校学生更赞同不公平感，更不赞同拜金主义。两类学校学生对待享乐主义的态度基本一致。

从学校类型视角看，由于中学生处于青春叛逆期，学习压力大，所以与小学生存在较大差异，主要表现为：心理失范度更高、生活满意度更低，有退缩行为，考试焦虑。而小学生恐惧感更高、总觉得被人跟着、经常做噩梦。中学生随着年龄增长，在打架、欺负同学、去网吧、游戏成瘾等问题行为方面，出现两极分化，选择从不和经常的比例都高于小学生，表明一部分中学生随着年龄增长越来越自律，不再出现失范行为；另一部分中学生随着年龄增长问题行为更突出。

总之，农村流动学生的心理失范度和生活满意度都较好。由于流动学生成长空间比较自由，且有兄弟姐妹陪伴，他们不像深圳本地学生那样有较强烈的退缩行为和恐惧感，他们更喜欢与人交往，更喜欢跟别人玩。但因为缺少监管，自由散漫，受周围环境影响，他们的不良行为更加突出，主要表现为游戏成瘾倾向、欺负同学、去网吧、早恋、抽烟、喝酒、赌博等。农村流动学生和深圳本地学生、城市流动学生一样对积极价值观都比较认同，但与深圳本地学生和城市流动学生相比对消极价值观更不认同。也许传统观念和相对封闭的生活圈子，使得农村流动学生比深圳本地学生和城市流动学生受到享乐主义、拜金主义等思潮的影响小，他们更坚守和保持了中国传统而珍贵的价值取向。

第五章
社会融合

社会融合（Social Integration/Social Adaptation）是社会学的重要概念。"社会融合"是指迁入（或流入）人口在迁入地逐步接受与适应迁入地的社会文化，以此构建良性的互动交往，并最终形成相互认可、相互"渗透、交融、互惠、互补"（周皓，2012）。[①]流动儿童的社会融合主要指流动儿童与迁入地间的融合，它包含两方面内容：一是迁入地对流动儿童的接受程度，即迁入地居住社区、学校与同伴群体对流动儿童的接受程度；二是流动儿童对迁入地的接受与适应程度，体现在儿童与迁入地居住社区群体、在学校与同伴群体的互动状况（周皓，2003）。本章主要从第二个方面对流动学生的社会融合进行研究，且从社会网络、心理融合、文化融合和社会距离来测量学生的社会融合现状，在具体分析的时候融入了性别、流动、学校性质和学校类型的视角。

第一节　社会网络

社会网络是指社会个体成员之间因为互动而形成的相对稳定的关系体系，社会网络关注的是人们之间的互动和联系，社会互动会影响人们的社会行为。学生的社会网络是指学生的社会关系，包括家庭、亲属、同学、朋友及邻居等关系。通过题项"在过去几个月里经常和你一起做作业、玩

---

① 周皓：《流动儿童社会融合的代际传承》，《中国人口科学》，2012 年第 1 期，第 70 页。

要、说心里话的各类人的数目是多少"来获取学生的社会网络信息,并追问"其中深圳本地人大约多少个"以考察学生与深圳本地人的关系。

一　总体情况

表5-1显示了学生在深圳由亲属关系、同学关系以及邻居关系等构成的网络的总体规模。总体看,学生的社会网络规模主要集中在6~10人,学生的总体社会网络的平均值为30.74人,标准差达到33.39人,表明学生的社会网络数量差异较大,也就是说学生社会关系的存量不均匀。

表5-1　全部样本学生的社会网络情况

项目	亲属关系		同学关系		邻居关系		总体规模	
	总人数	深圳本地	总人数	深圳本地	总人数	深圳本地	总人数	深圳本地
规模分布（%）								
0	6.04	52.29	2.86	31.83	34.22	57.84	0.86	24.73
1~5	54.18	32.92	39.09	41.96	36.73	29.39	13.73	30.53
6~10	18.65	8.89	20.88	11.63	14.52	8.18	20.31	15.27
11~15	7.72	2.62	6.75	4.91	5.33	1.62	12.87	8.88
15~20	5.84	1.54	4.38	2.43	3.87	1.35	9.57	4.79
>21	7.57	1.75	26.05	7.24	5.33	1.62	42.65	15.80
均值（人）	8.14	2.75	16.87	6.17	5.75	2.48	30.74	11.27
标准差	11.04	5.41	19.54	11.97	10.29	6.13	33.39	18.75
合计（人）	2021	1947	2031	1935	1990	1919	1974	1880

在亲属关系中,60.22%的学生经常联系的亲属规模在5人以下,10人以下的占近八成（78.87%）,同时有6.04%的学生在深圳没有亲属可以交往。一半左右（52.29%）学生的亲属中没有深圳本地人,亲属中有5人以下深圳本地人的占绝大多数（85.21%）,也就是说大多数学生在深圳的亲属中很少是深圳本地人。

在同学关系中,学生经常联系的同学规模的均值达到16人,规模在20人以下的达到了总体网络的70%以上,这表明同学是学生的主要交往和

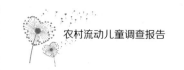

联系对象。而经常联系的同学中深圳本地同学的规模较小，四成以上的学生集中在 1～5 人，31.83% 的学生经常联系的同学中没有深圳本地学生，比亲属关系略有下降。这说明虽然同学关系是学生在深圳的主要关系构成，但仍有较高比例的流动学生没有机会同深圳本地学生交往，这在一定程度上降低了学生融入城市的可能性。

在经常往来的邻居中，深圳本地人规模较小。5 人以下的规模占总数的 70%，一半以上学生的邻居中没有深圳本地人。说明就居住环境看，大部分学生并不是同深圳本地人混合居住，他们很可能住在流动人口聚集的出租房，这可能对流动学生融入城市和市民有一定的阻碍。

二 多维视角分析

学生的社会网络构成主要包括亲属、同学和邻居。

1. 亲属

表 5-2 显示了多维视角下学生的亲属网络情况。从总体上看，学生在深圳的亲属平均值为 8.14 个，且存量差异较大。而亲属为深圳本地人的平均值为 2.75 个，说明学生亲属中深圳本地人较少。

从性别和学校类型视角看，学生亲属网络存在显著差异，从流动情况、学校性质、学校类型视角看，学生亲属为深圳本地人存在显著差异，具体情况如下。

从性别视角看，男女生的亲属网络规模存在显著差异，男生的亲属网络规模大于女生，但亲属中深圳本地人的数量不存在显著性别差异。

从流动情况视角看，流动人口喜欢和亲朋好友一起结伴出去务工，因此，流动学生在深圳的亲属规模比深圳本地学生大，但不存在统计学意义上的显著差异。深圳本地学生的亲属是深圳本地人的数量高于城市流动学生和农村流动学生。

从学校性质视角看，公办学校和民办学校的学生的亲属网络规模相当，不存在显著差异，但公办学校学生的亲属中深圳本地人的数量多于民办学校学生，主要原因是公办学校学生中深圳本地学生比例较高。

从学校类型视角看，不管是亲属规模还是亲属中深圳本地人数量，小学生都比初中生拥有的规模大。

表 5 – 2　不同学生群体亲属关系的差异

项目	全部样本				深圳本地			
	均值	标准差	样本量	T检验	均值	标准差	样本量	T检验
总体	8.14	11.04	2021		2.75	5.41	1947	
性别				**				ns
男生	8.73	12.03	1157		2.77	5.58	1112	
女生	7.35	9.52	859		2.70	5.17	831	
流动情况				ns				***
深圳本地学生	7.68	10.47	518		3.73	5.59	513	
城市流动学生	8.39	11.62	326		2.58	5.57	313	
农村流动学生	8.36	11.34	1062		2.32	5.28	1015	
学校性质				ns				**
公办学校	8.24	11.33	1356		2.97	5.59	1314	
民办学校	7.93	10.43	665		2.27	4.98	633	
学校类型				***				***
小学	9.60	12.76	988		3.30	6.10	950	
初中	6.75	8.88	1033		2.22	4.59	997	

2. 同学

表 5 – 3 显示了多维视角下学生的同学网络情况。总体看，各类学生经常交往的同学平均数量为 16.87 人，其中深圳本地同学的平均数量为 6.17 人，说明学生经常交往的同学规模比较大，且有相当部分是深圳本地同学。

从性别、流动情况和学校类型视角看，学生的同学网络存在显著差异，从流动情况、学校性质和学校类型角度看，在学生经常交往的同学中的深圳本地同学方面存在显著差异；具体情况如下。

从性别视角看，男生经常交往的同学为 18 人，比女生多 3 人，男生的同学交往圈远远大于女生。男生同学中深圳本地同学数比女生略多，但是不存在统计学意义上的显著差异。

从流动情况视角看，城市流动学生和农村流动学生比深圳本地学生的同学网络规模大，与深圳本地学生也有交往和互动，但其交往对象更多为流动学生，也反映了流动学生还没有真正融入城市学生中。

从学校性质视角看，公办学校和民办学校学生的同学规模不存在显著差异，但同学中为深圳本地同学的规模差异非常显著。由于民办学校以流动学生为主，教育环境限制了流动学生的交往对象，民办学校学生更多地与流动学生交往，与深圳本地学生的交往相对较少。

从学校类型视角看，中小学生的同学规模差异非常显著，小学生经常交往的同学数比中学生多4人，而且小学生的深圳本地同学数量也多于初中生。

表 5 - 3 不同学生群体同学关系的差异

项目	全部样本				深圳本地			
	均值	标准差	样本量	T检验	均值	标准差	样本量	T检验
总体	16.87	19.54	2031		6.17	11.97	1935	
性别				**				ns
男生	18.09	20.47	1167		6.47	12.29	1106	
女生	15.24	18.13	859		5.78	11.54	825	
流动情况				*				+
深圳本地学生	14.87	17.85	524		7.20	11.27	508	
城市流动学生	17.23	19.06	329		5.81	10.68	307	
农村流动学生	17.74	20.41	1062		5.66	12.48	1016	
学校性质				ns				***
公办学校	16.45	19.39	1364		7.02	6.34	1301	
民办学校	17.72	19.83	667		4.43	10.55	634	
学校类型				***				+
小学	18.91	20.48	993		6.82	13.34	939	
初中	14.91	18.39	1038		5.57	10.47	996	

3. 邻居

表5-4显示了多维视角下学生的邻居网络情况。总体看，学生在深圳

经常联系的邻居平均值为 5.75 人，而邻居为深圳本地人的平均值为 2.48 人，说明学生和邻居交往较少，且邻居中深圳本地人更少。

从性别、流动情况、学校性质和学校类型四个视角看，学生的邻居网络都存在显著差异，从学校类型角度看，学生邻居为深圳本地人存在显著差异，具体情况如下。

从性别视角看，男女生的邻居网络存在显著差异，男生经常交往的邻居为 6.24 人，比女生多 1 人，但男女生邻居中深圳本地人数量差不多，不存在显著差异。

从流动情况视角看，农村流动学生居住地以工厂、出租房等流动人口聚集地为主，人口密度大，人与人之间更加熟悉，学生们茶余饭后也经常在一起玩耍，因此更容易建立起良好亲密的邻里关系，因此农村流动学生的邻居网络规模最大，高于深圳本地学生和城市流动学生，但深圳本地学生、城市流动学生和农村流动学生的邻居中深圳本地人的规模基本相同，不存在显著差异。

从学校性质视角看，公办学校和民办学校学生的邻居网络存在显著差异，民办学校学生的邻居网络规模比公办学校学生大，可能与民办学校以流动学生为主有关。但公办学校和民办学校学生的邻居是深圳本地人的数量基本相当，不存在显著差异。

从学校类型视角看，中小学生的邻居网络存在显著差异。小学生年龄小，经常和邻居小朋友一起玩耍，小学生的邻居网络规模大于中学生，且小学生邻居中深圳本地人的数量也大于初中生。

表 5 - 4　不同学生群体邻居关系的差异

项目	全部样本				深圳本地			
	均值	标准差	样本量	T 检验	均值	标准差	样本量	T 检验
总体	5.75	10.29	1990		2.48	6.13	1919	
性别				*				ns
男生	6.24	11.07	1148		2.65	6.43	1104	
女生	5.11	9.12	837		2.26	5.70	811	

续表

项目	全部样本				深圳本地			
	均值	标准差	样本量	T检验	均值	标准差	样本量	T检验
流动情况				**				ns
深圳本地学生	4.90	10.34	516		2.65	6.82	504	
城市流动学生	4.75	8.34	317		2.13	4.47	305	
农村流动学生	6.52	10.65	1044		2.45	5.78	1002	
学校性质				***				ns
公办学校	5.12	9.76	1337		2.49	6.19	1293	
民办学校	7.04	11.21	653		2.47	6.01	626	
学校类型				***				**
小学	6.96	10.97	979		2.93	6.41	931	
初中	4.58	9.45	1011		2.07	5.82	988	

第二节　心理融合

心理融合主要通过感知融合、身份认同和居住意愿进行测量。感知融合包括归属感和对城市的情感，归属感反映了个体在多大程度上认为自己是整个群体的一名成员，它反映了个体对个体与群体的互动效果的感知；从对城市的情感中也可以间接地看出学生和城市的融合情况；身份认同则是在融合研究中都会用到的可以反映人群的心理融合水平的指标；居住意愿则直观地反映了学生是否愿意住在城市，也是测量心理融合的指标之一。本节中所有数据只包括流动学生，因此在流动情况视角下分为城市流动学生和农村流动学生。

一　感知融合

感知融合利用 Bollen 和 Hoyle（1990）的 PCS（Perceived Cohesion Scale）量表测量学生对深圳的情感融合状况。感知融合量表包括两个维度，每个维度包括 3 个题项，第一个维度为归属感，三个题项分别为"我觉得我是深圳的一员""我希望别人把我看作深圳人"和"我把自己看作深圳的一部分"；第二个维度为感情维度，三个题项分别为"我对深圳充满感情""居住在深圳令我感到很高兴"和"与其他地方相比，我更喜欢生活在深圳"。6 个题项均请被访者从"非常同意"到"非常不同意"的里克特 5 级量表中选择答案。在分析中，我们将每个题项的答案从"非常同意"到"非常不同意"分别赋值为 1、2、3、4 和 5。将每个维度的 3 个题项的得分总和作为我们对归属感和感情维度的测量，最低分为 3 分，满分为 15 分，得分越高代表归属感越低；反之，得分越低代表归属感越高。

（一）归属感

1. 总体情况

如表 5 - 5 所示，流动学生对深圳的归属均值为 5.60 分（中值为 9 分），说明流动学生对深圳有较强的归属感。

2. 多维视角分析

表 5 - 5 显示了多维视角下流动学生对深圳的归属感，从流动情况、学校性质和学校类型三个视角看，学生的归属感存在显著差异，但不存在显著的性别差异，具体情况如下。

从性别视角看，男女生的得分只有细微差异，说明不论男生还是女生，对深圳的归属感几乎相同，不存在性别差异。

从流动情况视角看，城市流动学生虽然也是深圳的"外来人"，但他们从小生活在城市，因此对城市有较高的归属感和熟悉度；另外，他们父母在经济、居住等方面的情况明显好于农村流动学生，因此对深圳有更高的归属感。

从学校性质视角看，公办学校的学生比民办学校的学生对深圳的归属感高，这也与公办学校有较高比例的深圳本地学生、而民办学校几乎都是流动学生有关，同时这也进一步反映了流动学生对深圳的归属感不如深圳本地学生。

从学校类型视角看，小学生对深圳的归属感高于初中生，因为小学生比初中生来到深圳的年龄更小，对家乡的印象更为模糊，因而对深圳的归属感更高。

表 5 - 5　不同学生群体对深圳归属感的感知差异

项目	均值	标准差	样本量	T 检验
总体	5.60	2.47	1418	
性别				ns
男生	5.53	2.47	835	
女生	5.69	2.45	580	
流动情况				**
城市流动学生	5.21	2.32	335	
农村流动学生	5.71	2.50	1083	
学校性质				***
公办学校	5.23	2.28	792	
民办学校	6.06	2.62	626	
学校类型				***
小学	5.26	2.51	675	
初中	5.90	2.39	743	

（二）对深圳的情感

1. 总体情况

如表 5 - 6 所示，流动学生对深圳的情感均值为 5.37 分（9 分是中值），说明流动学生对深圳是有感情的。

2. 多维视角分析

表 5 - 6 显示了多维视角下流动学生对深圳的情感，从性别、流动情况、学校性质和学校类型四个视角看，流动学生对深圳的情感都存在显著差异，具体情况如下。

从性别视角看，女生比男生更喜欢深圳，也许女生更喜欢现代化、干净、时尚的生活环境。

从流动情况视角看，城市流动学生对深圳的情感比农村流动学生更深。

从学校性质视角看，公办学校学生对深圳的情感比民办学校学生更深。

从学校类型视角看，小学生比初中生对深圳的情感更深。

表 5 - 6　不同学生群体对城市情感的感知差异

项目	均值	标准差	样本量	T 检验
总体	5.37	2.31	1417	
性别				+
男生	5.45	2.35	835	
女生	5.26	2.25	579	
流动情况				+
城市流动学生	5.22	2.27	334	
农村流动学生	5.41	2.32	1083	
学校性质				*
公办学校	5.26	2.21	791	
民办学校	5.50	2.42	626	
学校类型				***
小学	5.07	2.25	674	
初中	5.63	2.33	743	

二　身份认同

身份认同通过两个题项进行测量，一个是"你觉得你是城里人还是农村人"，选项分别是城里人、农村人、都是。另一个题目是"你觉得你是深圳人还是外地人"，选项也分为三类，分别是深圳人、外地人、都是。

1. 总体情况

图 5 - 1 及表 5 - 7、表 5 - 8 显示了流动学生身份认同的总体情况。图 5 - 1（a）显示了流动学生的城乡身份认同情况，总体看，有 22% 的流动学生认为自己是城里人，认为自己是农村人的占 31%，有将近一半的流动学生觉得自己既是城里人也是农村人。图 5 - 1（b）显示了流动学生的深圳和外地认同情况，总体看，认为自己是深圳人、外地人、既是深圳人又是外地人的分布较均匀，接近四成的流动学生认为自己是外地人。说明流动学生对于身份认同的判断不是很清晰，大部分流动学生分辨不出自己是哪

里人。这可能是由于年龄的限制，他们对身份认同的理解不够。

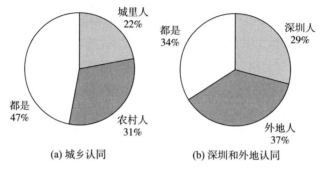

(a) 城乡认同   (b) 深圳和外地认同

图 5 - 1　学生自我身份认同情况

2. 多维视角分析

表 5 - 7 显示了多维视角下流动学生城乡身份认同情况，性别、流动、学校性质和学校类型四个视角都存在显著差异，具体情况如下。

从性别视角看，男女生身份认同存在显著差异。男女生中都有 20% 左右认为自己是城里人，但男生认为自己是农村人的比例高于女生，女生认为自己既是农村人又是城里人的比例高于男生。

从流动情况视角看，农村流动学生认为自己是农村人的比例远高于城市流动学生，城市流动学生认为自己是城里人的比例高于农村流动学生。

从学校性质视角看，公办学校学生认为自己是城里人的比例显著高于民办学校学生，民办学校学生认为自己是农村人的比例远高于公办学校学生。公办学校学生认为自己既是农村人又是城里人的比例略高于民办学校学生。

从学校类型视角看，小学生认为自己是城里人的比例高于初中生，初中生认为自己是农村人的比例高于小学生。

表 5 - 7　不同学生群体对城乡身份认同的感知差异

项目（%）	城里人	农村人	都是	样本量	LR 检验
总体	21. 45	31. 29	47. 26	1352	
性别					***
男生	21. 78	35. 16	43. 06	785	
女生	20. 74	25. 89	53. 37	564	

续表

项目（%）	城里人	农村人	都是	样本量	LR 检验
流动情况					***
城市流动学生	37.06	17.25	45.69	313	
农村流动学生	16.75	35.51	47.74	1039	
学校性质					***
公办学校	27.07	20.97	51.96	739	
民办学校	14.68	43.72	41.60	613	
学校类型					**
小学	20.59	35.45	43.96	646	
初中	22.24	27.48	50.28	706	

表 5－8 显示了多维视角下流动学生身份认同感知情况，流动学生的身份认同在性别、流动、学校性质和学校类型四个视角下都存在显著差异，具体情况如下。

从性别视角看，女生认同自己是深圳人和既是深圳人又是外地人的比例略高于男生，男生认同自己是外地人的比例略高于女生。

从流动情况视角看，城市流动学生认同自己是深圳人的比例远高于农村流动学生，但也有相当比例的城市流动学生认同自己是外地人。城市流动学生和农村流动学生中都有33%以上的比例认同自己既是深圳人又是外地人，这可能是由对概念认识的不到位所导致。

从学校性质视角看，公办学校学生认同自己是深圳人的比例显著高于民办学校学生，民办学校学生认同自己是外地人的比例远高于公办学校学生。公办学校学生认同自己既是深圳人又是外地人的比例略高于民办学校学生。

从学校类型视角看，小学生认同自己是深圳人和外地人的比例都高于初中生，而初中生认同自己既是深圳人又是外地人的比例高于小学生。

表 5 - 8　不同学生群体对本地人、外地人身份认同的感知差异

项目（%）	深圳人	外地人	都是	样本量	LR 检验
总体	29.29	36.83	33.88	1352	
性别					+
男生	28.03	38.98	32.99	785	
女生	30.85	33.87	35.28	564	
流动情况					***
城市流动学生	34.82	31.63	33.55	313	
农村流动学生	27.62	38.41	33.97	1039	
学校性质					***
公办学校	35.18	28.15	36.67	739	
民办学校	22.19	47.31	30.50	613	
学校类型					***
小学	31.42	40.25	28.33	646	
初中	27.34	33.71	38.95	706	

综上所述，由于流动学生年龄较小，对身份没有很清晰的认识，所以，有 1/3 到一半的学生认为自己既是城里人又是农村人、既是深圳人又是外地人。男生认为自己是农村人和外地人的比例略高于女生，女生认为自己既是城里人又是农村人、既是深圳人又是外地人的比例高于男生；35% 左右的城市流动学生认为自己是城里人或深圳人，农村流动学生中认为自己是城里人或深圳人的比例较低；公办学校学生认为自己是城里人或者深圳人的比例显著高于民办学校学生，因为公办学校以本地学生为主；小学生中认为自己是城里人或者深圳人的比例要高于初中生，但在学生内部中，认为自己是城里人的比例要高于是深圳人的比例，他们对于两个概念的认同度差异较大。

三　居住意愿

居住意愿是通过题项"你更喜欢在哪里生活"来测量的，回答分为三类：深圳、老家、都可以。

1. 总体情况

如图 5 - 2 及表 5 - 9 显示，33% 的流动学生愿意居住在深圳，20% 的流动学生想回老家，剩下 47% 的流动学生觉得住在深圳或老家都可以。这说明想回老家的流动学生相对较少，与老家比，流动学生可能更喜欢深圳大都市的生活环境，因此更愿意在深圳居住。

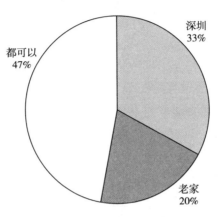

图 5 - 2 中小学生居住意愿

2. 多维视角分析

表 5-9 显示了多维视角下流动学生居住意愿的情况，学生居住意愿在性别、流动、学校性质和学校类型四个视角下都存在显著差异，具体情况如下。

从性别视角看，女生愿意居住在深圳与住在老家和深圳都可以的比例均比男生略高，男生希望回老家居住的比例高于女生。

从流动情况视角看，农村流动学生愿意居住在深圳和老家的比例都高于城市流动学生。

从学校性质视角看，公办学校学生愿意居住在深圳的比例高于民办学校学生，而民办学校学生愿意回老家居住的比例高于公办学校学生。

从学校类型视角看，初中生比小学生更想居住在深圳，小学生比初中生更想居住在老家。

表 5 - 9 不同学生群体居住意愿的差异

项目（%）	深圳	老家	都可以	样本量	LR 检验
总体	33.01	19.50	47.49	1354	
性别					**

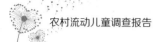

续表

项目（%）	深圳	老家	都可以	样本量	LR 检验
男生	32.57	22.52	44.91	786	
女生	33.45	15.40	51.15	565	
流动情况					+
城市流动学生	31.84	17.20	50.96	314	
农村流动学生	33.37	20.19	46.44	1040	
学校性质					***
公办学校	34.73	13.92	51.35	740	
民办学校	30.94	26.23	42.83	614	
学校类型					***
小学	27.98	24.88	47.14	647	
初中	37.62	14.57	47.81	707	

综上所述，一半左右的流动学生觉得居住在深圳或是老家都行，没有特别的偏好。女生更愿意居住在深圳，男生更愿意居住在老家。农村流动学生两极分化，愿意居住在深圳和老家的比例都高于城市流动学生，而城市流动学生的想法相对集中，觉得住在深圳和老家都无所谓。公办学校学生更愿意居住在深圳，而民办学校学生更愿意居住在老家。这也许是因为公办学校的流动学生长期和深圳本地学生相处，已经深深地喜欢上了深圳。初中生更喜欢居住在深圳，小学生更喜欢居住在老家。也许随着年龄的增长，初中生的思想更成熟，他们能了解到老家与深圳的差别，觉得深圳更发达、更开放，对未来发展更好，所以更希望居住在深圳。

第三节　文化融合

文化融合是以方言掌握情况和当地话掌握情况来测度的。方言掌握情况是通过"你会说老家话吗"来测量的，当地话掌握情况是通过"你会说粤语吗"进行测量，两个题项的回答都分为会说、仅能听懂和听不懂三类。本节中的所有数据均来源于流动学生，流动视角是从城市流动学生和农村流动学生角度分析。

一 方言掌握情况

1. 总体情况

图 5 - 3 及表 5 - 10 显示了流动学生对方言掌握的总体情况。75% 的流动学生会说老家话，17% 的流动学生能听懂但不会说老家话，也有少数流动学生压根儿听不懂老家话。

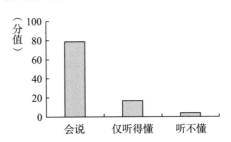

图 5 - 3 中小学生对方言掌握的情况

2. 多维视角分析

表 5 - 10 显示了多维视角下流动学生对方言的掌握情况。方言掌握情况在性别、流动、学校性质和学校类型四个视角下都存在显著差异，具体情况如下。

从性别视角看，男生会说老家话的比例比女生高了 6%，女生不会说但能听得懂老家话的比例比男生高。

从流动情况视角看，农村流动学生会说老家话的比例最高，约为81.5%；城市流动学生次之，约为 69.8%。

从学校性质视角看，民办学校的学生会说老家话的比例比公办学校学生高了约 14%。

从学校类型视角看，初中生会说老家话的比例高于小学生，小学生仅能听得懂和听不懂老家话的比例均高于初中生。

表 5 - 10 不同学生群体对老家话掌握情况的差异

项目（%）	会说	仅听得懂	听不懂	样本量	LR 检验
总体	78.75	17.12	4.13	1355	

续表

项目（%）	会说	仅听得懂	听不懂	样本量	LR 检验
性别					*
男生	81.58	14.74	3.68	787	
女生	74.87	20.35	4.78	565	
流动情况					***
城市流动学生	69.75	22.93	7.32	314	
农村流动学生	81.46	15.37	3.17	1041	
学校性质					***
公办学校	72.51	22.64	4.85	742	
民办学校	86.30	10.44	3.26	613	
学校类型					+
小学	77.01	17.75	5.25	648	
初中	80.34	16.55	3.11	707	

综上所述，大多数流动学生会说老家话，也有极少数流动学生听不懂老家话。男生会说老家话的比例比女生要高；农村流动学生从家乡流动到城市，加之他们的父母多以家乡话交流为主，因此，他们会说老家话的比例最高。而城市流动学生自幼生活在城市，周围人说普通话的比例更高，因此他们掌握家乡语言的程度相对较低；民办学校以流动学生为主，因此与公办学校相比会说老家话的比例自然更高；目前，"举家迁移"成为流动人口的主要趋势，小学生年龄小，且早早跟随父母流动到城市，在老家生活的时间较短，加之幼儿园、上学都要求讲普通话，从而他们对家乡话的掌握程度较低，而初中生在家乡生活时间长，对家乡话掌握情况较好。

二　当地语言掌握情况

1. 总体情况

图 5-4 及表 5-11 显示了流动学生对粤语掌握的总体情况。一半左右的流动学生听不懂粤语，28% 的流动学生仅能听懂但不会说，而 22% 的学生会说粤语，说明学生对粤语掌握得不是很好。

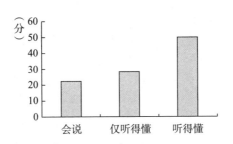

图 5 – 4 中小学生对粤语掌握的情况

2. 多维视角分析

表 5 – 11 显示了多维视角下学生掌握粤语的情况。学生掌握粤语的情况在性别、流动情况、学校性质和学校类型四个视角下都存在显著差异，具体情况如下。

从性别视角看，女生会说粤语和能听得懂但不会说的比例都高于男生，而男生听不懂粤语的比例高于女生。

从流动情况视角看，农村流动学生会说和听不懂粤语的比例都略高，而城市流动学生能听懂但不会说的比例略高。

从学校性质视角看，公办学校学生会说粤语和能听懂粤语的比例都高于民办学校学生，民办学校学生听不懂粤语的比例高于公办学校学生。

从学校类型视角看，初中生会说粤语和能听得懂粤语的比例都比小学生高，小学生听不懂粤语的比例高于初中生。

表 5 – 11 不同学生群体粤语掌握情况的差异

项目（%）	会说	仅听得懂	听不懂	样本量	LR 检验
总体	22.39	28.01	49.59	1353	
性别					+
男生	20.87	27.23	51.91	786	
女生	24.47	29.26	46.28	564	
流动情况					+
城市流动学生	21.73	31.31	46.96	313	
农村流动学生	22.60	27.02	50.38	1040	
学校性质					***

续表

项目（%）	会说	仅听得懂	听不懂	样本量	LR 检验
公办学校	25.00	33.51	41.49	740	
民办学校	19.25	21.37	59.38	613	
学校类型					***
小学	17.18	21.98	60.84	646	
初中	27.16	33.52	39.32	707	

综上所述，流动学生掌握粤语的情况不是很好，主要的原因可能是学校老师和学生都说普通话，父母在家说家乡话，因而，他们没有太多的机会接触粤语。女生会说粤语和能听得懂但不会说的比例都高于男生，说明女生的语言天赋确实比男生好；农村流动学生会说粤语和听不懂粤语的比例都略高，可能是由于农村流动学生中会说粤语的都是广东省内流动到深圳的学生，而听不懂粤语的大多是从其他省农村流动到深圳的学生。公办学校学生会说粤语和能听得懂粤语的比例都高于民办学校学生，民办学校学生听不懂粤语的比例高于公办学校学生，从语言掌握的情况看，在公办学校读书的流动学生掌握粤语情况更好。初中生相对小学生而言对语言的接受能力更强，因此会说粤语的比例较高。

第四节 社会距离

社会距离采用博格达斯的社会距离量表进行测量，根据学生社会融合实际情景，我们将量表进行了修正，包括四个题项。在实际测量的时候，社会距离被分为与深圳学生的社会距离和与外地学生的社会距离。要求被访者"根据你的第一反应，回答下面的问题，如果你可以自愿选择的话"：①我愿意和深圳（外地）学生共同居住在一个社区；②我愿意与深圳（外地）学生做同学；③我愿意与深圳（外地）学生做邻居；④我愿意与深圳（外地）学生做朋友。备选答案为由"非常同意"到"非常不同意"的五级里克特量表，在分析中，被分别赋值为1、2、3、4和5，将5个题项的得分加总作为社会距离的最终指标，总分为4~20分，数值越大说明学生与深圳或者外地学生的社会距离越大。其中，在分析流动学生与深圳本地学生的社会距离的时候，流动视角包括城市流动学生和农村流动学生，但在分析深圳本地学生与流动学生的社会距离时，没有流动视角。

一　流动学生与深圳本地学生的社会距离

1. 总体情况

表 5 – 12 显示了流动学生与深圳本地学生的社会距离情况。总体而言，流动学生对深圳本地学生的社会距离较小，均值为 6.45 分（中值为 12 分）。

2. 多维视角分析

流动学生对深圳本地学生的社会距离在学校性质和学校类型两个视角下存在显著差异，但在性别视角和流动视角下都不存在显著差异，具体情况如下。

从性别视角看，男女流动学生对深圳本地学生的社会距离感差不多，不存在显著差异。

从流动情况视角看，农村流动学生对深圳本地学生的社会距离感比城市流动学生略强，但不存在统计学意义上的显著差异。

从学校性质视角看，民办学校的流动学生对深圳本地学生的社会距离感比公办学校流动学生略强，且存在统计学意义上的显著差异。

从学校类型视角看，初中流动学生对深圳本地学生的社会距离感比小学流动学生强。

表 5 – 12　流动学生感知到与深圳本地学生的社会距离的差异

项目	均值	标准差	样本量	T 检验
总体	6.45	2.74	1534	
性别				ns
男生	6.45	2.75	831	
女生	6.30	2.61	578	
流动情况				ns

续表

项目	均值	标准差	样本量	T检验
城市流动学生	6.21	2.70	332	
农村流动学生	6.45	2.69	1080	
学校性质				+
公办学校	6.30	2.68	786	
民办学校	6.52	2.71	626	
学校类型				***
小学	5.89	2.48	671	
初中	6.85	2.80	741	

综上所述，流动学生对深圳本地学生的社会距离感较低，说明流动学生在与同学交往时没有明显的"外地人"和"深圳人"的界限，他们在与深圳本地学生交往时并没有功利地考虑"户籍身份"标签。男女流动学生对深圳本地学生的社会距离感差不多，没什么差异；农村流动学生和城市流动学生对深圳本地学生的社会距离感差不多，没什么差异；民办学校的流动学生对深圳本地学生的社会距离感比公办学校流动学生略高，且存在统计学意义上的显著差异。初中流动学生对深圳本地学生的社会距离感比小学流动学生强，说明随着年龄增长，流动学生感知的社会距离有加剧的趋势。

二 深圳本地学生与流动学生的社会距离

1. 总体情况

表5-13显示了深圳本地学生对流动学生的社会距离情况。总体而言，深圳本地学生对流动学生的社会距离感比流动学生对深圳本地学生的社会距离感略强，但差异也不算大，均值为7.13分（中值为12分）。

2. 多维视角分析

深圳本地学生对流动学生的社会距离感在学校类型视角下存在显著差异，但在性别视角和学校性质视角下都不存在显著差异，具体情况如下。

从性别视角看，深圳本地学生中男生对流动学生的社会距离感略强于女生，但不存在统计学意义上的显著差异。

从学校性质视角看，公办学校的深圳本地学生对流动学生的社会距离感比民办学校略强，但不存在统计学意义上的显著差异。

从学校类型视角看，小学深圳本地学生对流动学生的社会距离感比初中深圳本地学生略强，且存在显著差异。

表 5-13　深圳本地学生感知与外地学生社会距离的差异

项目	均值	标准差	样本量	T检验
总体	7.13	3.40	535	
性别				ns
男生	7.24	3.58	284	
女生	7.00	3.18	251	
学校性质				ns
公办学校	7.13	3.42	519	
民办学校	7.00	2.53	16	
学校类型				*
小学	7.42	3.65	280	
初中	6.81	3.07	255	

综上所述，深圳本地学生对流动学生的社会距离感较弱，但比流动学生对深圳本地学生的社会距离感略强，说明深圳本地学生对流动学生的接纳度不如流动学生对深圳本地学生的接纳度。深圳本地学生中的男女生与流动学生的社会距离感差不多，没什么差异；民办学校的深圳本地学生与流动学生的社会距离感与公办学校深圳本地学生差不多，没什么差异。小学深圳本地学生与流动学生的社会距离感比初中生强，这个发展趋势与流动学生同深圳本地学生的社会距离感刚好相反，表明深圳本地学生越小，越防备与流动学生交往，这也许是家庭和学校安全教育的后果。

本章小结

本章主要分析了各类学生的社会网络以及流动学生的心理融合、文化

融合和社会距离，并从性别、流动情况、学校性质和学校类型四个视角得出如下结论。

总体来看，对于学生而言，同学是学生交往的重要群体，学生的同学网络比亲属网络和邻居网络都大，但学生经常交往的同学、亲属和邻居中深圳本地人都较少，且不同学生的社会网络存量不均匀，差异较大。总的来看，流动学生对深圳的归属感和情感都较高，但由于年龄较小，他们对自己是城里人还是农村人，是深圳人还是外地人的身份认识较模糊。大部分流动学生想要居住在深圳，想要回老家居住的流动学生数量较少。大多数学生会说老家话，而对粤语的掌握情况较差。学生们在与同学交往时没有受到"户籍身份"标签的影响，相处较融洽，社会距离感较弱。但深圳本地学生对流动学生的社会距离感比流动学生对深圳本地学生的社会距离感略强，说明深圳本地学生对流动学生的接纳度不如流动学生对深圳本地学生的接纳度高。

从性别视角看，男生的亲属网络、同学网络和邻居网络规模都大于女生，但男女生的社会网络中深圳本地人数量基本一致，没有显著差异。男女生对城市的归属感差不多，但女生对深圳的情感更深。男生较认同自己是外来者的身份，认为自己是农村人和外地人的比例略高于女生；女生较认同自己的双重身份，认为自己既是城里人又是农村人、既是深圳人又是外地人的比例高于男生。女生更愿意居住在深圳，而男生更希望回老家居住。男生会说老家话的比例高于女生，而女生对粤语的掌握程度高于男生。男女生的社会距离感差不多，没什么差异。

从流动情况视角看，深圳本地学生、城市流动学生和农村流动学生的社会网络存在显著差异，他们的亲属网络规模差不多，但深圳本地学生中其亲属是深圳本地人的数量高于流动学生。农村流动学生的邻居网络规模大于深圳本地学生和城市流动学生，但三者的邻居中是深圳本地人的规模基本一致。流动学生比深圳本地学生的同学网络规模大，但其交往对象更多为流动学生。城市流动学生比农村流动学生对深圳的归属感和对城市的情感都要高。农村流动学生认同自己外来人的身份，并且认为自己是农村人和外地人的比例高于城市流动学生。城市流动学生和农村流动学生的居住意愿基本差不多，不存在显著差异。农村流动学生会说老家话的比例远高于城市流动学生，且会说粤语的比例也略高，但同时听不懂粤语的比例也高。城市流动学生和农村流动学生对深圳本地学生的社会距离感差不多，没有显著差别。

从学校性质视角看，公办学校和民办学校学生的亲属网络和同学网络的规模都差不多，但公办学校学生经常交往的亲属和同学中深圳本地人的数量更多。民办学校学生的邻居网络规模更大，但两者的邻居中深圳本地人的数量基本相当。公办学校学生对深圳的归属感和情感都更强，且更认同自己当地人的身份，认为自己是城里人或者深圳人的比例显著高于民办学校学生。公办学校学生更愿意居住在深圳，而民办学校学生更愿意回老家居住。公办学校学生会说粤语和能听懂粤语的比例都高于民办学校学生。民办学校的流动学生对深圳本地学生的社会距离感比公办学校流动学生强，但公办学校和民办学校的深圳本地学生对流动学生的社会距离感基本一致，不存在显著差距。

从学校类型视角看，小学生的亲属网络、同学网络和邻居网络的规模都大于初中生，且社会网络中深圳本地人数量也都高于初中生。小学生对深圳的归属感和情感均高于初中生。小学生更认同自己当地人的身份，认为自己是城里人或深圳人的比例都更高。初中生更想居住在深圳，而小学生更想回老家。初中生会说老家话和粤语的比例都高于小学生。初中流动学生对深圳本地学生的社会距离感比小学流动学生强。

总之，农村流动学生在深圳的社会融合较好，主要原因是学生比较单纯，在与同学交往时没有明显的"外地人"和"深圳人"的界限，不会功利地考虑"户籍身份"标签，因而融合得较好。但在社会融合的过程中也存在一些小问题：农村流动学生经常交往的对象主要是农村流动学生，他们对深圳的归属感和情感相对较低，更认同自己外来人的身份，他们想回老家居住的比例略高，掌握老家话的比例高，但听不懂粤语的比例高，对深圳本地学生的接纳度高，社会距离感较弱。

中等职业学生篇

第六章
样本基本信息

第一节　样本的学校信息

本研究的职业中学是深圳市坪山新区 F 技校。F 技校是由深圳市某教育集团投资、经深圳市劳动和社会保障局批准成立的一所集技工教育、技能培训、技能鉴定、产品研发于一体，突出模具、数控、汽修等专业技术的全日制技工学校。校园占地 300 亩，在校学生达万人，教职工 500 余人。学校下设模具设计与制造、数控加工技术、模具制造与数控加工、电子应用技术、汽车运用与维修、财务会计、电子商务、计算机应用、广告设计

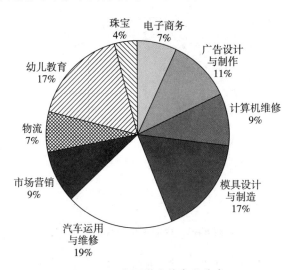

图 6-1　中职学生的专业分布

与制作、服装设计与工艺、幼儿教育等专业。

图 6 - 1 显示了调查样本中学生的专业分布。研究采用整群抽样的方法，抽取了 F 技校 9 个专业共 512 名学生进行了问卷调查，9 个专业分别为电子商务、广告设计与制作、计算机维修、模具设计与制造、汽车运用与维修、市场营销、物流、幼儿教育、珠宝。

第二节　样本的个人基本信息

调查样本学生的个人基本信息包括性别、年龄、户籍、流出地、生源校、政治面貌六个方面。

图 6 - 2 显示了调查样本中学生的性别比例。调查的样本量为 512 人，其中男生 326 人，占总数的 64%；女生 186 人，占总数的 36%，男女生性别比约为 1.8∶1。表明 F 技校学生性别比例比较失衡，男生人数显著多于女生，可能有两个主要原因：一是女生学习普遍较好，大多数女生能够考取普通高中，少部分成绩较差的女生会进入职业学校；二是职业学校的专业偏工程技术，可能更适合男生学习，因而在职业中学中男生的人数显著多于女生。

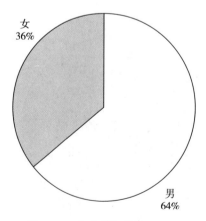

图 6 - 2　中职学生的性别分布

图 6 - 3 显示了调查样本中学生的年龄分布。按照正常的 6 岁入小学推算，高一和高二的学生年龄应该为 16 ~ 17 岁，然而本次调查结果显示的年

龄分布却比较分散：有 20 人小于或等于 14 岁，140 人年龄为 15 岁，197
人年龄为 16 岁，110 人年龄为 17 岁，34 人年龄为 18 岁，11 人大于或等
于 19 岁。其中，年龄最大的出生在 1993 年 4 月，最小的出生在 1999 年 12
月，可见 F 技校的学生年龄差距较大。

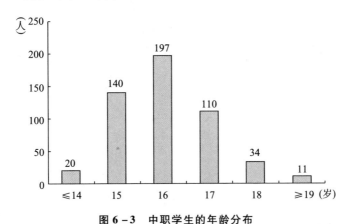

图 6 - 3　中职学生的年龄分布

　　图 6 - 4 显示了调查样本中学生的户籍分布。其中，深圳本地学生有
36 人，占总数的 7%，其他城市学生 56 人，占总数的 11%，农村学生 417
人，占总数的 82%。由此可见，F 技校的学生以农村户籍学生为主，也反
映了职业中学对解决农村学生的教育问题起着不可小觑的作用。

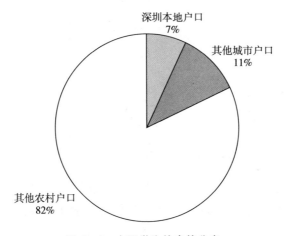

图 6 - 4　中职学生的户籍分布

表 6 - 1 显示了调查样本中学生的流出地分布情况。数据显示，68.30%学生来自广东省，说明 F 技校生源主要是省内学生。此外，来自湖南、四川、江西、广西、河南、湖北的学生相对较多，这些省份大多邻近广东省，说明就近入学是学生选择职业学校的重要因素。

表 6 - 1　样本学生的流出地分布

省份	频次	百分比（%）
东部	353	70.30
广东	343	68.30
浙江	3	0.60
福建	5	1.00
海南	2	0.40
中部	96	19.13
河南	16	3.19
湖北	16	3.19
湖南	36	7.17
江西	25	4.98
安徽	3	0.60
西部	53	10.57
陕西	1	0.20
重庆	1	0.20
云南	2	0.40
吉林	1	0.20
四川	28	5.58
广西	17	3.39
贵州	3	0.60
合计	502	100.00

图 6 - 5 显示了调查样本中学生的生源校分布。数据显示，F 技校77.21%的学生来自深圳某初中，说明 F 技校的生源主要是深圳的流动学生。

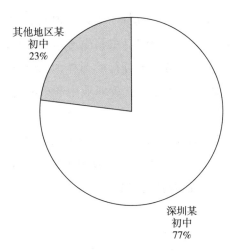

图 6 - 5　中职学生的生源校分布

深圳市目前正处于异地中考政策的过渡期，过渡期政策为："凡已在深圳市初三年级就读且具有就读学校学籍的随迁子女，符合《深圳市人民政府印发深圳市关于加强和完善人口管理工作的若干意见及五个配套文件的通知》（深府〔2005〕125 号，简称 1 + 5 文件）规定的义务教育就读条件的，可以在深圳市报名参加中考，按照深圳当年高中阶段学校招生计划所列户籍类型，报考相应的公办普高、民办普高和中职学校。不符合上述条件，但具有深圳初三学籍的随迁子女，可以在深圳参加中职学校自主招生，也可以在深圳参加中考，但仅限于参加民办普高自主招生，或回户籍地就读高中。"根据《深圳市 2014 - 2016 年非本市户籍就业人员随迁子女接受义务教育后在我市参加中考的工作方案》（简称《方案》），2014 年到2015 年，深圳将继续实行过渡期政策。2016 年，非深圳市户籍就业人员在深圳具有合法稳定职业、合法稳定住所（含租赁），连续持有深圳有效居住证满 3 年，在本市缴纳社会保险累计满 3 年，其随迁子女符合深圳义务教育就读条件并在深圳具有 3 年完整初中学籍，可以在深圳报名参加中考，按照深圳当年高中阶段学校招生计划所列户籍类型，报考相应的公办普高、民办普高和中职学校。具有深圳 3 年完整初中学籍但不符合上述其他条件的随迁子女，可以在深圳参加中职学校自主招生，也可以在深圳参加中考，但仅限于参加深圳民办普高自主招生，或回户籍地就读高中。

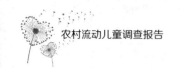

从《方案》可看出，不符合深圳中考条件但具有深圳初三学籍的流动学生，都可以参加深圳中职学校的自主招生考试。这个政策对想要继续留在深圳读书的流动学生来说是一个可行的选择，同时也是职业中学的流动学生比例较高的重要原因。可见，就读职业中学确实是解决流动学生教育问题的重要方式。

图 6 - 6 显示了调查样本中学生的政治面貌分布情况。其中，中共党员 3 人，占总数的 1%；团员 192 人，占总数的 37%；群众 316 人，占总数的 62%。可见，F 技校学生的政治力量较弱。

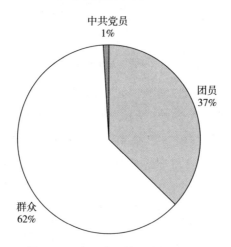

图 6 - 6　中职学生的政治面貌分布

第三节　样本的家庭基本信息

表 6 - 2 显示了调查样本中学生父母的基本信息，包括户口类型、现居住地、受教育程度、职业类型、经济收入、婚姻状况，具体情况如下。

户口类型。83.47% 的学生家长是农村户口，和学生的农村户籍比例基本相当；87.28% 的学生父母现居深圳，对应学生数据，可推测 F 技校多数学生是跟随父母举家流动到深圳的。

受教育程度。学生父亲的受教育水平整体偏低，以初中为主。约 50% 为初中，约 20% 为小学及以下，20% 为普通高中。母亲的受教育水平更低，一多半为初中，约1/3为小学及以下。

职业类型。学生父亲主要是个体、私营经营者，占总数的49.08%，其次是技术人员和非技术人员，分别占总数的19.35%和16.09%。母亲的职业类型中，39.21%的母亲为个体、私营经营者，但不容忽视的是，约20%的母亲处于失业或半失业状态。

经济收入。父亲的平均月收入为5000元左右，母亲的平均月收入为3000元左右，但学生父亲间的月收入差异较大，呈差异曲线U字形，23.71%的父亲月收入为1809~2500元，20.26%的父亲月收入为2501~3400元，23.28%的父亲月收入在5000元以上。学生母亲的月收入相对比较集中，约75%的母亲月收入低于3400元。

婚姻状况。92.56%的学生父母为初婚（只结过一次婚），也有少量学生的父母是再婚、离婚、丧偶和从未结婚状态。

表6-2　样本学生父母的基本特征

项目（%）	父亲		母亲	
	频次	百分比	频次	百分比
户口类型				
深圳城市户口	34	7.11	33	6.83
其他城市户口	45	9.41	51	10.56
农村户口	399	83.47	399	82.61
样本量（人）	478	100.00	483	100.00
现居住地				
深圳	439	87.28	430	86.52
家乡	39	7.75	45	9.05
其他地区	25	4.97	22	4.43
样本量（人）	503	100.00	497	100.00
受教育程度				
不识字或较少识字	7	1.40	26	5.21
小学	88	17.56	130	26.05
初中	250	49.90	260	52.10

续表

项目（%）	父亲		母亲	
	频次	百分比	频次	百分比
普通高中	108	21.56	62	12.42
中等职业学校（含中专、技校）	29	5.79	13	2.61
大专及以上	19	3.79	8	1.60
样本量（人）	501	100.00	499	100.00
职业类型				
企事业单位负责人	26	5.30	9	1.87
技术人员	95	19.35	51	10.58
非技术人员	79	16.09	91	18.88
个体、私营经营者	241	49.08	189	39.21
商业服务业劳动者	25	5.09	34	7.05
其他	25	5.09	108	22.41
样本量（人）	491	100.00	482	100.00
经济收入（平均月收入）（元）				
1808 以下	39	8.41	129	28.17
1809～2500	110	23.71	148	32.31
2501～3400	94	20.26	79	17.25
3401～4300	57	12.28	31	6.77
4301～5000	56	12.07	31	6.77
5000 及以上	108	23.28	40	8.73
样本量（人）	464	100.00	458	100.00
婚姻状况				
初婚	460	92.56	460	93.50
再婚	20	4.02	10	2.03
丧偶	2	0.40	4	0.81
离婚	9	1.81	16	3.25
从未结过婚	6	1.21	2	0.41
样本量（人）	497	100.00	492	100.00

第七章
家庭教育与亲子关系

父母是学生的第一任老师，家庭教育和亲子关系在中职生的成长过程中具有非常重要的作用。本章主要从家庭教育、父母教养方式和亲子关系三个方面进行研究讨论。

第一节　家庭教育

这部分主要从父母关注学生学习情况以及父母教育方式两个方面进行分析。

一　父母关注学生学习情况

1. 总体情况

图 7-1 及表 7-1 显示，职业中学学生的父母对学生学习关注差异较大。经常过问学习情况的父母不到一半，仅占 41.02%；42.19% 的父母有时会过问；还有共计 16.79% 的父母从不或很少过问学生学习。普通中小学学生父母有 68.43% 会经常过问学习，仅 5.83% 很少或从不过问。说明职业中学学生父母对学生学习的关注不足，不管不问的家长较多，这一点应该引起学校和家长的注意。

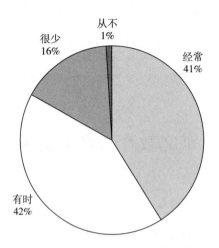

图7-1 中职生感知的父母过问学习情况分布

2. 多维视角分析

表7-1显示了多维视角下中职生父母过问学习情况。由于深圳本地学生父母从不过问学习的比例为0，不能做LR检验，因此父母关注学生学习情况在流动情况视角下的差异只能通过百分比比较，但在性别视角下不存在差异，具体情况如下。

从性别视角看，中职男女生父母过问学生学习情况基本一致，不存在显著性别差异，而普通中小学男生父母比女生父母更频繁地过问学生学习。

从流动情况视角看，中职深圳本地学生家长最关注学生学习，52.78%会经常过问学生学习情况，比流动学生家长高10多个百分点。而对普通中小学学生家长的调查结果显示，46.21%的深圳本地中小学学生父母经常过问学生学习。说明，无论是普通中小学还是职业中学，深圳本地学生家长都是最关心孩子学习的。而中职城市流动学生的父母5.36%从不过问学生学习，对普通中小学学生家长的调查也显示城市流动学生父母从不过问学生学习的比例最高（0.60%），可能的原因是城市流动学生父母的工作比较忙，或者他们不像农村流动学生父母那样热切期盼学生通过学习改变命运，因而不如农村流动学生父母那样重视学生的学习成绩。

表 7 - 1　不同学生群体父母过问学生学习情况的差异

项目（%）	经常	有时	很少	从不	样本量	LR 检验
总体	41.02	42.19	15.62	1.17	512	
性别						ns
男生	44.00	40.62	14.15	1.23	325	
女生	36.02	44.62	18.28	1.08	186	
流动情况						
深圳本地学生	52.78	30.56	16.66	0.00	36	
城市流动学生	41.07	32.14	21.43	5.36	56	
农村流动学生	40.05	44.84	14.63	0.48	417	

二　父母教育方式

1. 总体情况

图 7 - 2 及表 7 - 2 显示，和普通中小学学生父母一样，当学生做错事时，绝大多数职业中学学生父母会采取讲道理的方式进行教育。略有差异的是，职业中学学生父母大吼、不管的比例比中小学生父母高，而打骂的比例比中小学生父母低。随着学生年龄的增长，当学生做错事时，父母更少采用"打骂"的粗暴教育方式。

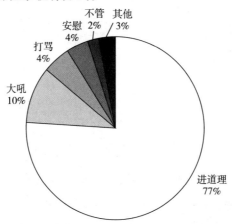

图 7 - 2　中职生感知的当自己做错事时父母的教育方式

2. 多维视角分析

表7-2显示了多维视角下中职学生父母教育方式的差别。父母教育方式在性别视角下不存在显著差异；在流动情况视角下，因为城市流动学生父母在"不管"一项上比例为0，因此不能做 LR 检验，只能根据百分比来比较，具体情况如下。

从性别视角看，中职女生父母选择讲道理的比男生父母多了近5个百分点，而男生父母选择大吼、打骂和安慰的比例都比女生父母高，但是男女生父母教育方式不存在统计学意义上的显著差异。

从流动情况视角看，中职深圳本地学生父母选择讲道理的比例高于流动学生父母，农村流动学生父母选择大吼的比例高于深圳本地学生和城市流动学生。

表7-2　不同学生群体父母在学生做错事时教育方式的差异

项目（%）	讲道理	大吼	打骂	安慰	不管	其他	样本量	LR 检验
总体	76.56	9.96	4.49	4.30	1.76	2.93	512	
性别								ns
男生	74.77	11.08	4.92	5.54	1.54	2.15	325	
女生	79.57	8.06	3.76	2.15	2.15	4.31	186	
流动情况								ns
深圳本地学生	80.56	8.32	2.78	2.78	2.78	2.78	36	
城市流动学生	75.00	7.14	5.36	7.14	0.00	5.36	56	
农村流动学生	76.50	10.31	4.56	4.08	1.91	2.64	417	

第二节　父母教养方式

与研究中小学生父母教养方式一样，主要借鉴 C. Perris 等（1980）开发的 EMBU（Egma Minnen av Bardndosnappforstran）量表。本研究从父母教养方式中抽取了相同的4个主要因素：温暖理解型、惩罚严厉型、过分干涉型、拒绝否认型。同时，根据前期研究，增加了一个新的因子——不闻不问型。9个题项，采用四级量表。在计算中，"从不、很少、有时、经常"分别被赋值1~4分，均值在1~4分，均值越高，说明学生感知的父母教养方式越强烈；反之，越低。

一　母亲的教养方式

1. 总体情况

图7-3显示，和中小学生情况一样，绝大多数职业中学学生经常感知母亲是温暖理解型。略有不同的是，普通中小学学生在"温暖理解"一项的均值为3.44分，而职业中学学生为3.18分，说明普通中小学学生感知母亲的温暖理解更多一些；普通中小学学生在"不闻不问"一项的平均值为1.34分，而职业中学学生为1.63分，说明普通中小学学生感知母亲的关注更多一些。

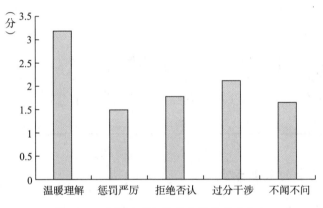

图7-3　中职生感知的母亲教养方式分布

2. 多维度视角分析

表7-3显示了多维视角下中职学生感知母亲教养方式的情况。母亲教养方式在性别视角的温暖理解型中存在显著差异，在其他类型中不存在性别差异；在流动情况视角下均不存在显著差异，具体情况如下。

从性别视角看，与中小学生一样，中职男生比女生更强烈地感知到母亲是温暖理解型。与中小学生略有不同，在惩罚严厉、拒绝否认、过分干涉、不闻不问型中，中职男生和女生感知的母亲教养方式基本一致，不存在显著差异。

从流动情况视角看，中等职业学校中的深圳本地学生、城市流动学生、农村流动学生感知的母亲教养方式基本一致，不存在显著差异。而在普通中小学生中，深圳本地学生比城市流动学生和农村流动学生更多地感知母亲是温暖理解型，而农村流动学生比城市流动学生和深圳本地学生更多地感知母亲是拒绝否认型、过分干涉型和不闻不问型。

表 7-3 不同学生群体对母亲教养方式的感知差异

项目（均值）	温暖理解	惩罚严厉	拒绝否认	过分干涉	不闻不问	样本量
总体	3.18	1.50	1.77	2.10	1.63	505
性别						
男生	3.23	1.49	1.77	2.05	1.66	320
女生	3.08	1.53	1.77	2.16	1.56	184
T 检验	*	ns	ns	ns	ns	
流动情况						
深圳本地学生	3.08	1.60	1.79	2.08	1.50	36
城市流动学生	3.21	1.48	1.62	1.95	1.76	55
农村流动学生	3.19	1.50	1.78	2.11	1.62	411
F 检验	ns	ns	ns	ns	ns	

二 父亲的教养方式

1. 总体情况

图 7-4 显示，中职生父亲教养方式均值最高的是温暖理解型，以下依次是过分干涉型、不闻不问型、拒绝否认型和惩罚严厉型。对比母亲的数据发现，学生感知母亲为"温暖理解"的均值为 3.18 分，而父亲为 2.90 分，说明学生普遍觉得母亲比父亲更加温暖理解；对比普通中小学学生父亲的教养方式，普通中小学学生在"温暖理解"一项的均值为 3.29 分，而职业中学学生为 2.90 分，说明普通中小学学生感知到的父亲的温暖理解更多一些。

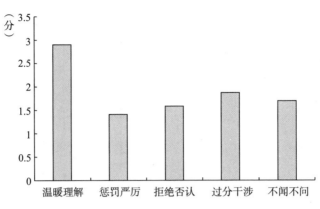

图 7 - 4　中职生感知的父亲教养方式分布

2. 多维度视角分析

表 7 - 4 显示了多维视角下中职生感知父亲教养方式的情况。父亲教养方式在性别视角的"温暖理解"方面存在显著差异，在其他类型中不存在性别差异；在流动情况视角下均不存在显著差异，具体情况如下。

从性别视角看，与中小学学生一样，中职男生比女生更强烈地感知到爸爸是温暖理解型的教养方式。略有不同的是，在惩罚严厉、拒绝否认、过分干涉、不闻不问型中，中职男女生感知的爸爸教养方式基本一致，不存在显著差异，而中小学女生比男生更多感知父亲是不闻不问型。

从流动情况视角看，中等职业学校中的深圳本地学生、城市流动学生、农村流动学生感知的爸爸教养方式基本一致，不存在显著差异。而中小学学生中的农村流动学生比城市流动学生和深圳本地学生更多地感知父亲是过分干涉型。

表 7 - 4　不同学生群体对父亲教养方式的感知差异

项目（均值）	温暖理解	惩罚严厉	拒绝否认	过分干涉	不闻不问	样本量
总体	2.90	1.39	1.58	1.87	1.70	500
性别						
男生	2.95	317	1.61	1.87	1.68	318

项目（均值）	温暖理解	惩罚严厉	拒绝否认	过分干涉	不闻不问	样本量
女生	2.78	181	1.52	1.86	1.73	181
T 检验	*	ns	ns	ns	ns	
流动情况						
深圳本地学生	2.91	1.47	1.57	1.93	1.71	35
城市流动学生	2.85	1.33	1.48	1.75	1.73	55
农村流动学生	2.89	1.39	1.59	1.88	1.69	407
F 检验	ns	ns	ns	ns	ns	

第三节　亲子关系

一　父母间关系

1. 总体情况

图 7-5 及表 7-5 显示，多数职业中学学生父母关系比较融洽，但与普通中小学学生父母关系比较，还是存在一些差异。普通中小学学生父母经常吵架的比例为 2.24%，而职业中学学生父母为 5.66%；普通中小学学生父母从不吵架的比例为 39.35%，而职业中学学生父母仅为 12.70%。可

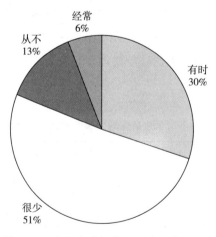

图 7-5　中职生感知的父母吵架情况分布

见，职中学生父母关系没有普通中小学学生父母关系融洽，吵架的频率比普通中小学学生父母高。可能的原因是，绝大多数职业中学学生父母是从深圳以外的农村地区来深圳打工，本身承受的各方面压力都比较大，夫妻之间容易产生摩擦。也可能是职业中学学生年龄略大，会更敏感地感知父母间的矛盾和争吵。

2. 多维度视角分析

表7－5显示了多维视角下中职学生感知父母吵架频率的情况。父母吵架频率在性别和流动视角下都不存在显著差异，具体情况如下。

从性别视角看，与中小学男女生一样，中职男女生感知父母吵架频率基本一致，不存在统计学意义上的显著差异。

从流动情况视角看，中等职业学校中的深圳本地学生、城市流动学生和农村流动学生感知父母吵架的频率基本一致，无显著差异。而普通中小学学生中的城市流动学生感知父母经常吵架的比例最高，农村流动学生感知父母吵架的比例最低。

表7－5　不同学生群体父母吵架频率的差异

项目（%）	经常	有时	很少	从不	样本量	LR 检验
总体	5.66	30.47	51.17	12.70	512	
性别						ns
男生	5.23	28.31	52.92	13.54	325	
女生	6.45	34.41	47.85	11.29	186	
流动情况						ns
深圳本地学生	8.33	33.33	44.45	13.89	36	
城市流动学生	5.36	26.79	57.14	10.71	56	
农村流动学生	5.52	30.70	51.08	12.70	417	

二　父母与学生亲密度

1. 总体情况

图7－6及表7－6、表7－7显示，与中小学学生一样，中职生和父母

的亲密度较高，尤其对妈妈的爱更强烈。与中小学学生略有不同的是，中职生非常爱妈妈的比例比中小学学生低13个百分点，非常爱爸爸的比例比中小学生低17个百分点。中职生中也有少数学生对父母缺乏感情，尤其是对爸爸更疏离，这部分学生需要重点关注。

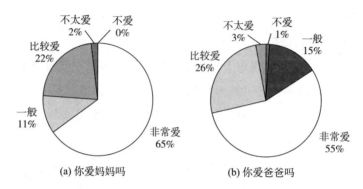

图 7 - 6　中职生与父母的亲密度

2. 多维度视角分析

表7 - 6 显示了多维视角下中职生对妈妈的情感情况。因为学生对妈妈情感在"不太爱"和"不爱"选项上都有0比例，不能做 LR 检验，故只能用百分比进行比较，具体情况如下。

从性别视角看，与中小学学生一样，中职女生对妈妈的爱更强烈，男生对妈妈的爱比较内敛。女生非常爱妈妈的比例高于男生，男生比较爱、一般爱、不太爱、不爱的比例高于女生。

从流动情况视角看，与中小学学生一样，中等职业学校中的深圳本地学生非常爱妈妈的比例高于流动学生，而农村流动学生不爱妈妈的比例高于城市流动学生和深圳本地学生。

表 7 - 6　不同学生群体对"你爱妈妈吗"的感知差异

项目（%）	非常爱	比较爱	一般	不太爱	不爱	样本量
总体	65.04	21.88	11.12	1.76	0.20	512
性别						

续表

项目（％）	非常爱	比较爱	一般	不太爱	不爱	样本量
男生	60.92	24.62	12.31	1.85	0.30	325
女生	72.04	17.21	9.14	1.61	0.00	186
流动情况						
深圳本地学生	69.44	19.44	11.12	0.00	0.00	36
城市流动学生	64.29	21.43	8.92	5.36	0.00	56
农村流动学生	64.99	22.30	11.27	1.20	0.24	417

表7-7显示了多维视角下中职生对爸爸的情感情况。学生爱爸爸情况在性别视角和流动视角下都不存在显著差异，具体情况如下。

从性别视角看，中职男女生对爸爸的情感基本一致，不存在显著差异。而普通中小学女生对爸爸的感情更强烈，男生对爸爸的感情比较内敛。也许随着年龄的增长，中职女生情感表达更趋于理性。

从流动情况视角看，中等职业学校中的深圳本地学生、城市流动学生和农村流动学生对爸爸的情感基本一致，不存在显著差异。而普通中小学中的农村流动学生比深圳本地学生和城市流动学生更爱爸爸。随着年龄的增长，学生对父亲的情感越来越趋同。

表7-7　不同学生群体对"你爱爸爸吗"的感知差异

项目（％）	非常爱	比较爱	一般	不太爱	不爱	样本量	LR检验
总体	55.56	25.99	14.88	2.58	0.99	504	
性别							ns
男生	53.62	29.15	14.10	1.88	1.25	319	
女生	58.70	20.65	16.30	3.80	0.55	184	
流动情况							ns
深圳本地学生	55.56	25.00	16.67	2.77	0.00	36	
城市流动学生	54.55	23.64	16.36	3.64	1.81	55	
农村流动学生	55.85	26.34	14.39	2.44	0.98	410	

本章小结

本章与普通中小学学生的家庭教育进行对比，着重分析了职业中学学生的家庭教育、父母教养方式和亲子关系，并从性别、流动情况两个视角得出如下结论。

总体来看，在家庭教育方面，中职生父母比普通中小学学生父母对学生关注度低。但和普通中小学学生父母一样，当学生做错事时，绝大多数职业中学学生父母会采取讲道理的方式进行教育，略有差异的是，职业中学学生父母更少选择打骂，更多选择大吼和不管。与普通中小学学生家长一致，职业中学学生父母多采用温暖理解型的教养方式，但程度略有不同：普通中小学学生家长得分更高，说明普通中小学学生更觉得自己的父母是温暖理解型的。值得注意的是，不闻不问型教养方式在职业中学中的得分均比在普通中小学中要高，说明职业中学的学生更会感到父母对自己持不管的态度。职业中学学生的父母间关系不如普通中小学学生父母那么融洽，经常吵架的频率高于普通中小学学生父母。

从性别视角看，男女生父母的教育方式和对中职生学习的关注度基本一致，不存在显著差异；男生比女生更强烈地感知妈妈和爸爸采用的是温暖理解型的教养方式，但男女生对惩罚严厉、拒绝否认、过分干涉、不闻不问四种教养方式感知基本一致，不存在显著性别差异；男女生感知父母吵架的情况基本一致，不存在显著差异；和普通中小学学生对父母的情感一样，多数职业中学学生与父母的亲密度比较高，但也有少数学生不太爱或不爱父母。

从流动情况视角看，深圳本地学生家长比流动学生家长更关注学生学习，经常过问学习的比例较高。深圳本地学生、城市流动学生和农村流动学生感知父母的教育和教养方式基本一致，感知父母间关系也基本一致，不存在显著差异。深圳本地学生非常爱妈妈的比例高于流动学生，说明中职学生中深圳本地学生与妈妈的亲密度更高，但对爸爸的情感基本一致，不存在显著差异。值得关注的是，尽管不爱爸爸妈妈的学生比例较低，但这些成长中缺爱的学生长大后可能很难和别人建立亲密关系，甚至可能会出现严重的心理问题。

　　总之，农村流动学生父母没有深圳本地学生父母对学生学习关注度高，但比城市流动学生父母对学生学习关注度高，也许是农村流动学生父母更希望学生能通过学习改变命运。当学生做错事时，农村流动学生父母跟深圳本地学生父母和城市流动学生父母一样，主要采取讲道理的方式进行教育，但也有部分父母采用粗暴的打骂、大吼等方式进行教育。农村流动学生和深圳本地学生、城市流动学生对爸爸和妈妈教养方式的感知基本一致，主要都是温暖理解型，但也有少数人感知父母的教养方式是过分干涉型、拒绝否认型、不闻不问型和惩罚严厉型。农村流动学生和深圳本地学生、城市流动学生感知的父母间融洽度和亲子关系基本一致，不存在什么差别。但值得关注的是，农村流动学生中有部分学生不爱爸爸妈妈，他们在城乡流动中本来就容易产生焦虑和不安全感，再加上和父母的疏离感，缺少父母的社会支持，很容易出现心理问题，必须引起关注。

第八章
学校教育与就业取向

对中职生而言学校是重要的生活场所，他们在学校学习专业知识和职业技能。本章主要从学校教育和就业取向两个方面进行分析。

第一节　学校教育

一　学习态度和评价

1. 总体情况

图 8 - 1 及表 8 - 1、表 8 - 2、表 8 - 3 显示，中职生中 1/3 的学生喜欢学习，10% 的学生不喜欢学习，50% 的学生感觉一般。三成的学生觉得学习困难，10% 的学生觉得学习容易，近 60% 的学生觉得学习一般困难，60% 的学生喜欢目前的专业，1/3 的学生一般喜欢，7.03% 的学生不喜欢自己的专业。由此可见，中职生对专业的喜好程度比较高，但对学习的兴趣一般，且学习起来比较吃力。与普通中小学学生相比，中职生对学习的喜好程度明显低，且更感到学习困难。

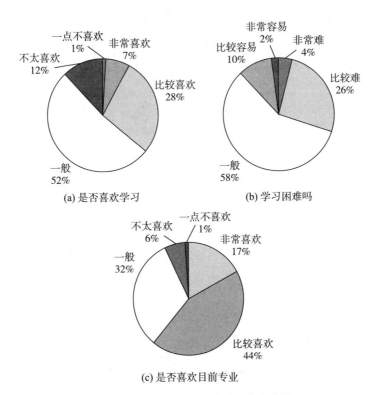

(a) 是否喜欢学习   (b) 学习困难吗

(c) 是否喜欢目前专业

图 8 - 1 中职生的学习态度和专业意愿

2. 多维视角分析

  表 8 - 1 显示多维视角下中职生对学习的喜好程度，学生学习兴趣在性别视角和流动情况视角下都不存在显著差异，具体情况如下。

  从性别视角看，与中小学生一样，中职男女学生的学习兴趣基本一致，无显著差异。

  从流动情况视角看，中职学生中深圳本地学生、城市流动学生和农村流动学生的学习兴趣基本一致，无显著差异。而普通中小学城市流动学生和农村流动学生比深圳本地学生更喜欢上学。

表 8-1　不同学生群体对"是否喜欢学习"的感知差异

项目（%）	非常喜欢	比较喜欢	一般	不太喜欢	一点不喜欢	样本量	LR 检验
总体	6.84	28.12	51.95	11.72	1.37	512	
性别							ns
男生	6.46	25.54	54.46	11.69	1.85	325	
女生	7.53	32.80	47.30	11.83	0.54	186	
流动情况							ns
深圳本地学生	8.33	19.44	52.78	16.67	2.78	36	
城市流动学生	10.71	30.36	46.43	8.93	3.57	56	
农村流动学生	6.24	28.54	52.76	11.50	0.96	417	

表 8-2 显示了多维视角下中职生对学习是否困难的感知状况，由于女生觉得非常容易的比例为零，不能做 LR 检验。在流动情况视角不存在显著差异，具体情况如下。

从性别视角看，与中小学学生相反，中职女生觉得学习更难，而男生觉得学习更容易。

从流动情况视角看，与中小学学生不同，中职学生中深圳本地学生、城市流动学生和农村流动学生觉得学习难易程度差不多，无显著差异。

表 8-2　不同学生群体对"学习困难吗"的感知差异

项目（%）	非常难	比较难	一般	比较容易	非常容易	样本量	LR 检验
总体	4.49	25.78	57.62	10.35	1.76	512	
性别							
男生	3.08	24.00	58.15	12.00	2.77	325	
女生	6.99	29.03	56.45	7.53	0.00	186	
流动情况							ns
深圳本地学生	5.56	27.78	55.56	8.32	2.78	36	
城市流动学生	3.57	21.43	57.14	16.07	1.79	56	
农村流动学生	4.32	26.14	58.03	9.83	1.68	417	

表 8-3 显示了多维视角下中职生对目前专业的喜好状况，对专业的喜好程度在性别视角下存在显著差异，但由于深圳本地学生和城市流动学生

一点不喜欢目前专业的比例为零，不能进行统计检验，故流动视角只能通过百分比判别，具体情况如下。

从性别视角看，中职女生对专业的喜爱程度显著高于男生。

从流动情况视角看，中职生中城市流动学生比深圳本地学生和农村流动学生更喜欢自己的专业。

表8-3　不同学生群体对"是否喜欢目前专业"的感知差异

项目（%）	非常喜欢	比较喜欢	一般	不太喜欢	一点不喜欢	样本量	LR 检验
总体	17.19	43.75	32.03	6.25	0.78	512	
性别							
男生	15.38	42.46	33.23	7.69	1.24	325	
女生	20.43	45.70	30.11	3.76	0.00	186	
流动情况							
深圳本地学生	19.44	33.33	41.67	5.56	0.00	36	
城市流动学生	21.43	44.64	28.57	5.36	0.00	56	
农村流动学生	16.55	44.61	31.41	6.47	0.96	417	

二　入学意愿与学校满意度

1. 总体情况

图8-2及表8-4、表8-5、表8-6显示，学生报考职业中学的最主要原因是"学习技能有利于就业"，占56.64%；其次是"成绩不好考不上普通高中"，占32.23%；而深圳职业中学免费政策只吸引了1.56%的学生报考。41.40%的学生认为学校课程设置得好；42.77%觉得一般；15.83%觉得不好。47.07%的学生认为学校的课程内容实用；41.02%觉得一般；11.91%觉得不实用。由此可见，多数中职学生以积极的态度选择职业学校，且对学校课程设置和课程内容较为满意。

2. 多维视角分析

表8-4显示了多维视角下学生报考职业中学的原因，报考原因在性别视角和流动情况视角下都不存在显著差异。

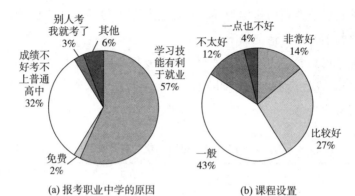

(a) 报考职业中学的原因　　　　　(b) 课程设置

(c) 课程内容是否实用

图 8 - 2　中职生对学校的满意度

表 8 - 4　不同学生群体报考职业中学的原因差异

项目（%）	学习技能有利于就业	免费	成绩不好考不上普通高中	别人考我就考了	其他	样本量	LR 检验
总体	56.64	1.56	32.23	3.51	5.86	511	
性别							ns
男生	57.41	2.16	31.79	4.01	4.63	324	
女生	55.38	0.54	33.33	2.69	8.06	186	
流动情况							ns
深圳本地学生	58.32	5.56	25.00	5.56	5.56	36	
城市流动学生	60.71	0.00	35.71	1.79	1.79	56	
农村流动学生	56.25	1.44	32.45	3.61	6.25	416	

表 8 - 5 显示了多维视角下中职生对学校课程设置的满意度，课程满意度在性别视角和流动情况视角下都不存在显著差异。

表 8 - 5　不同学生群体对"你觉得学校课程设置好吗"的感知差异

项目（%）	非常好	比较好	一般	不太好	一点也不好	样本量	LR 检验
总体	14.06	27.34	42.77	12.30	3.53	512	
性别							ns
男生	15.69	28.92	39.69	11.38	4.32	325	
女生	11.29	24.73	47.85	13.98	2.15	186	
流动情况							ns
深圳本地学生	27.78	16.67	38.89	11.11	5.55	36	
城市流动学生	12.50	25.00	44.64	16.07	1.79	56	
农村流动学生	13.19	28.54	42.92	11.75	3.60	417	

表 8 - 6 显示了多维视角下学生对课程内容实用性的满意度，课程实用性的满意度在性别视角和流动情况视角下都不存在显著差异。

表 8 - 6　不同学生群体对"你觉得学校的课程内容实用吗"的感知差异

项目（%）	非常实用	比较实用	一般	不太实用	一点不实用	样本量	LR 检验
总体	7.23	39.84	41.02	9.57	2.34	512	
性别							ns
男生	8.30	41.54	38.46	8.62	3.08	325	
女生	5.37	37.10	45.16	11.29	1.08	186	
流动情况							ns
深圳本地学生	13.89	25.00	52.78	2.78	5.55	36	
城市流动学生	7.14	41.07	35.71	12.51	3.57	56	
农村流动学生	6.71	40.77	41.01	9.59	1.92	417	

以上调查结果显示，吸引学生报考职业中学的最主要原因是他们为了学习一技之长，有利于就业，这与中等职业教育培养技能型人才的本质相同，而"成绩不好考不上普通高中"是第二位原因，也与人们的共识一致，即学习好的学生多数读普通高中和大学。尽管国家和深圳市政府出台

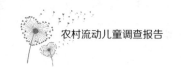

了职业中学的免费政策,但只吸引了不到 2% 的学生入学,这和我们的预期不符,看来政府和学校还应该加大对免费政策的宣传和实施力度。职业中学学生对课程设置和课程内容的满意度较高,值得关注的是,10% 左右的学生对课程设置和课程内容很不满意,需要深入调查原因。男女生选择职业中学的原因、对课程设置和课程实用性的满意度基本一致,不存在显著差异;深圳本地学生、城市流动学生和农村流动学生选择职业中学的原因、对课程设置和课程实用性的满意度也基本一致,不存在显著差异。

第二节 就业取向

就业取向主要从毕业后的地点选择与专业相关程度两个方面分析。

一 就业地点选择

1. 总体情况

图 8-3 及表 8-7 显示,83.94% 的中职生毕业后想留在深圳,4.07% 的毕业生想回老家,11.99% 的毕业生想去其他地方。看来,毕业后留在深圳工作是大多数中职生的梦想。这对深圳政府提出挑战,要不断了解技术工人在深圳的政策需求,不断完善政府的社会公共服务。

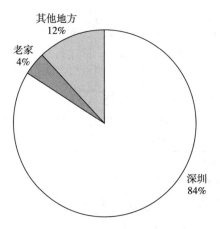

图 8-3 中职生就业地点意愿

2. 多维视角分析

表 8 - 7 显示了多维视角下中职生毕业后理想的工作地点。地点选择在性别视角下存在显著差异，但在流动情况视角下不存在显著差异，具体情况如下。

从性别视角看，男女生毕业后的地点选择存在显著差异。女生愿意留在深圳的比例高于男生，而男生愿意回到老家和去其他地方的比例高于女生。也许女生对深圳生活适应良好，更愿意留在熟悉的深圳生活，而男生可能对深圳适应不好，更愿意回到老家，也可能是"好男儿志在四方"，更愿意去陌生的地方闯荡。

从流动情况视角看，深圳本地学生、城市流动学生和农村流动学生的地点偏好不存在统计学意义上的显著差异，但有意思的是流动学生更愿意留在深圳，而深圳本地学生更希望离开深圳。

表 8 - 7　不同群体对"毕业后想去哪儿工作"的感知差异

项目（%）	深圳	老家	其他地方	样本量	LR 检验
总体	83.94	4.07	11.99	467	
性别					*
男生	81.36	5.42	13.22	295	
女生	88.31	1.75	9.94	171	
流动情况					ns
深圳本地学生	78.57	7.14	14.29	28	
城市流动学生	84.91	3.77	11.32	53	
农村流动学生	84.38	3.90	11.72	384	

二　职业与专业相关度

1. 总体情况

图 8 - 4 及表 8 - 8 显示，69.72% 的中职生毕业后愿意从事和本专业相关的工作，但也有约 9% 的学生不愿意从事和本专业相关的工作，还有21% 左右的学生觉得无所谓。

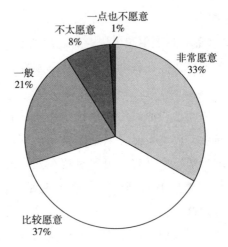

一点也不愿意 1%

不太愿意 8%

一般 21%

非常愿意 33%

比较愿意 37%

图 8 - 4   中职生是否愿意从事与专业相关的工作

2. 多维视角分析

表 8 - 8 显示了多维视角下中职生未来职业与专业相关状况，相关度在性别视角下不存在显著差异，由于城市流动学生中选择"一点也不愿意"的比例为零，不能做 LR 统计检验，在流动情况视角下只能通过百分比判别，具体情况如下。

从性别视角看，女生愿意从事与本专业相关工作的比例高于男生，男生无所谓、不愿意的比例高于女生，但男女生之间不存在统计学意义上的显著差异。

从流动情况视角看，深圳本地学生两极分化，愿意和不愿意从事与本专业相关工作的学生都比较多，流动学生无所谓的比例较高。也许是深圳本地学生有户籍优势，他们对未来工作有更多选择，除了继续从事与本专业相关的工作，也可以利用父母的社会资源选择其他职业。而流动学生只能依靠自己的技能找工作，专业就是他们的核心人力资本。

表 8 - 8   不同学生群体对"毕业后愿意从事现在专业相关工作吗"的感知差异

项目（%）	非常愿意	比较愿意	一般	不太愿意	一点也不愿意	样本量	LR 检验
总体	33.20	36.52	21.09	8.41	0.78	512	
性别							ns

项目（%）	非常愿意	比较愿意	一般	不太愿意	一点也不愿意	样本量	LR 检验
男生	30.15	35.69	22.46	10.77	0.93	325	
女生	38.17	38.17	18.82	4.30	0.54	186	
流动情况							
深圳本地学生	30.56	41.67	11.11	11.11	5.55	36	
城市流动学生	32.14	41.07	23.22	3.57	0.00	56	
农村流动学生	33.82	35.73	21.58	8.39	0.48	417	

本章小结

本章主要对照普通中小学调查结果，分析了中职学校教育和就业取向两个方面的内容，并从性别和流动情况视角进行了深入分析。

总体来看，职业中学学生对专业的喜好程度比较高，但学习兴趣一般，且学习起来觉得比较吃力。与普通中小学学生相比，职业中学学生的学习兴趣明显偏低，且更感到学习困难。学生报考职业中学的最主要原因是为了掌握一技之长，有利于就业，其次的原因是"成绩不好考不上普通高中"，这两个原因与我们平时感知的实际情况基本一致。尽管国家和深圳市政府出台了促进中等职业教育的免费政策，但对学生的吸引力并不大。职业中学生对课程设置和课程内容的满意度较高，但也有10%左右的学生对课程设置和课程内容很不满意。绝大多数职业中学的学生毕业后想留在深圳从事与所学专业相关的工作，也许是因为这些学生早早跟随父母流动到深圳，深圳已经成为他们成长和发展的第二故乡，他们希望学有所成后继续留在深圳生活。

从性别视角看，男女生的学习兴趣和对学习难易度感知基本一致，不存在显著差异，但女生对专业的喜爱程度显著高于男生。男女生选择职业中学的原因，对课程设置和课程实用性的满意度基本一致，不存在显著差异；男女生的就业地点偏好存在显著差异，女生愿意留在深圳的比例高于男生，而男生愿意回老家和去其他地方的比例高于女生。也许女生对深圳

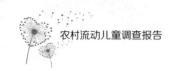

生活适应良好，更愿意留在第二故乡——深圳生活，而男生可能对深圳适应不好，更愿意回到老家，也可能是"好男儿志在四方"，更愿意去陌生的地方闯荡。

从流动情况视角看，尽管城市流动学生喜欢学习、认为学习比较容易、喜欢自己专业的比例高于农村流动学生和深圳本地学生，但三者不存在统计学意义上的显著差异。深圳本地学生、城市流动学生和农村流动学生对学习的兴趣、难易度感知、选择职业中学的原因，对课程设置和课程实用性的满意度基本一致，不存在显著差异。深圳本地学生、城市流动学生和农村流动学生的地点偏好不存在统计学意义上的显著差异，但有意思的是，外地学生更愿意留在深圳，而深圳学生更希望离开深圳。

总之，农村流动学生的学习兴趣、学习困难程度、专业喜好、报考职业中学的原因、对学校课程设置和课程实用性的满意度、职业地点选择、从事本专业相关职业等都与深圳本地学生和城市流动学生基本一致，没有什么差别。

第九章
学生的心理与行为现状

本章从学生心理、学生行为和价值观三个方面分析学生心理与行为现状。对学生心理的分析将从心理失范和生活满意度两个方面进行；对学生行为的分析将从异常行为和不良行为习惯两个方面进行；对价值观的测量将从积极和消极两个方面进行。

第一节　学生心理

与中小学生的学生心理测量一样，中职生心理也从心理失范和生活满意度两个方面进行。

一　心理失范

1. 总体情况

如表 9 - 1 所示，中职生心理失范的均值为 15.40 分，说明学生心理失范程度较低，与社会整合较好，几乎没有功能失调。但比普通学校中小学生均值得分高了将近 2 分，说明中职生比普通学校中小学生心理失范程度高，可能是学校类型不同导致的差异，也可能是年龄增长导致的差异，值得进一步研究。

2. 多维视角分析

表 9 - 1 显示了多维视角下中职生心理失范情况，心理失范程度在性别视角下存在显著差异，而在流动情况视角下不存在显著差异，具体情况

如下。

从性别视角看，中职女生心理失范程度显著高于男生，而普通中小学男女生心理失范程度基本一致。可能的原因是，中职女生正处于情窦初开的花季年龄，脆弱而敏感，容易产生负面情绪，因而心理失范程度略高。

从流动情况视角看，与普通中小学一样，中职深圳本地学生、城市流动学生和农村流动学生的心理失范程度基本一致，无显著差异。

表 9 - 1　不同学生群体心理失范的差异

项目（均值）	均值	标准差	样本量	T 检验
总体	15.40	2.38	408	
性别				**
男生	15.16	2.28	257	
女生	15.84	2.48	150	
流动情况				ns
深圳本地学生	15.32	2.07	28	
城市流动学生	15.44	2.48	43	
农村流动学生	15.39	2.32	335	

二　生活满意度

1. 总体情况

表 9 - 2 所示，中职生生活满意度较高，但比普通中小学学生均值低了近 4 分，说明中职生比普通中小学学生生活满意度低，可能的原因是，中职生大部分是农村流动学生，承受更多的生活压力，流动留守经历也会给他们带来种种困扰，因此生活满意度比普通中小学学生低。

2. 多维视角分析

表 9 - 2 显示了多维视角下中职生生活满意度情况，生活满意度在性别视角和流动视角下都不存在显著差异，具体情况如下。

从性别视角看，女生生活满意度略高于男生，但不存在统计学意义上的显著差异，与普通中小学结果一致。

从流动情况视角看，城市流动学生的生活满意度最高，其次是农村流动学生，深圳本地学生的生活满意度最低，但三者之间分值差别很小，不存在统计学意义上的显著差异，与普通中小学结果一致。

表 9 - 2　不同学生群体生活满意度的差异

项目（均值）	均值	标准差	样本量	T 检验
总体	27.38	4.93	512	
性别				ns
男生	27.21	4.97	325	
女生	27.69	4.87	186	
流动情况				ns
深圳本地学生	26.97	5.72	36	
城市流动学生	28.46	5.18	56	
农村流动学生	27.30	4.81	417	

第二节　问题行为

与普通中小学学生一样，中职生问题行为分别从异常行为和不良行为习惯两个方面进行分析。异常行为是指学生自身的情绪障碍和认知障碍，包括社会退缩、恐惧、焦虑（考试焦虑）、游戏成瘾等；不良行为指学校不允许学生出现的违纪行为，如欺负同学、去网吧、早恋、抽烟、喝酒、赌博等。

一　异常行为

（一）社会退缩

与前面普通中小学一样，社会退缩通过"只想一个人待着"和"不想和别人玩"来测量。

1. 总体情况

图 9 - 1 及表 9 - 3、表 9 - 4 显示，31.04% 的中职生从不想一个人待着，60.51% 的中职生从没不想和别人玩，经常有两类想法的学生占少数，

11.20%的中职生经常有独处行为，4.91%的中职生经常不想和别人玩。经常独处和不想交往的中职生比普通中小学学生比例略高，说明中职生比中小学学生社会退缩倾向明显。

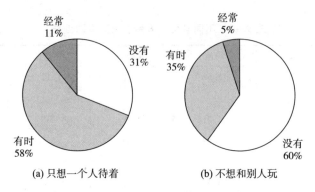

(a) 只想一个人待着   (b) 不想和别人玩

图 9 - 1   中职生的退缩行为

2. 多维视角分析

表 9 - 3 显示了多维视角下中职生独处情况。独处行为在性别和流动情况视角下都不存在显著差异。而普通中小学女生比男生更愿意独处，深圳本地学生比城市流动学生和农村流动学生更喜欢独处。

表 9 - 3   不同学生群体"独处"行为的差异

项目（%）	从不	有时	经常	样本量	LR 检验
总体	31.04	57.76	11.20	509	
性别					ns
男生	33.54	55.59	10.87	322	
女生	26.34	61.83	11.83	186	
流动情况					ns
深圳本地学生	30.56	58.33	11.11	36	
城市流动学生	32.14	60.72	7.14	56	
农村流动学生	31.16	57.00	11.84	414	

表 9 - 4 显示了多维视角下中职生不想和别人玩的情况。学生人际交往在性别视角下存在差异，因为深圳本地学生选择经常的比例为零，不能做

LR 统计检验，只能通过百分比分析，具体情况如下。

从性别视角看，中职男女生的人际交往存在显著差异，男生从没有不想和别人玩的比例比女生高了近 12 个百分点，而女生有时不想和别人玩的比例比男生高了近 12 个百分点。说明中职女生人际交往退缩倾向更明显。而普通中小学男女生人际交往退缩倾向基本一致。

从流动情况视角看，与中小学生一样，深圳本地学生经常不想和别人玩的比例高于城市流动学生和农村流动学生。

表 9 - 4　不同学生群体"不想和别人玩"行为的差异

项目（%）	从不	有时	经常	样本量	LR 检验
总体	60.51	34.58	4.91	509	
性别					*
男生	64.60	30.43	4.97	322	
女生	53.23	41.94	4.84	186	
流动情况					
深圳本地学生	55.56	44.44	0.00	36	
城市流动学生	60.71	33.93	5.36	56	
农村流动学生	61.11	33.82	5.07	414	

以上调查结果显示，绝大多数中职生喜欢与人交往，但也有少数学生有社会退缩倾向。与普通中小学学生一样，中职女生比男生社会退缩倾向明显，中职学生中的农村流动学生比城市流动学生和深圳本地学生社会退缩倾向明显。无论是中小学学生还是中职生，农村流动学生的社会退缩倾向都比较明显，这个现象值得关注，学校应该加强指导和干预。

（二）恐惧倾向

与前面普通中小学一样，恐惧倾向通过"总觉得被人跟着"和"做噩梦"来测量。

1. 总体情况

图 9 - 2 及表 9 - 5、表 9 - 6 显示，84.28% 的学生从不"总觉得被人跟着"，62.28% 的学生从不"做噩梦"。经常有两类想法的学生相对较少，

2.95%的学生经常"总觉得被人跟着"，3.54%的学生经常"做噩梦"。经常觉得被人跟着和做噩梦的中职生比普通中小学比例略低，说明中职生比中小学学生的恐惧倾向低。

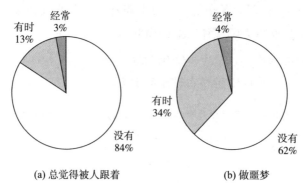

(a) 总觉得被人跟着 　　　　　　(b) 做噩梦

图9-2　中职生的恐惧行为

2. 多维视角分析

表9-5显示了多维视角下中职生"总觉得被人跟着"的情况，觉得被人跟着在性别视角下存在显著差异，而在流动情况视角下不存在显著差异，具体情况如下。

从性别视角看，中职女生经常感觉被人跟着的比例高于男生，而普通中小学男女生感知基本一致，不存在差异。

从流动情况视角看，中职学生中深圳本地学生、城市流动学生和农村流动学生感觉被人跟着的情况基本一致，不存在显著差异。而普通中小学生深圳本地学生觉得经常被人跟着的比例高于城市流动学生和农村流动学生。

表9-5　不同学生群体"总觉得被人跟着"行为的差异

项目（%）	没有	有时	经常	样本量	LR 检验
总体	84.28	12.77	2.95	509	
性别					*
男生	86.65	11.49	1.86	322	
女生	80.11	15.05	4.84	186	
流动情况					ns

项目（%）	没有	有时	经常	样本量	LR 检验
深圳本地学生	83.33	13.89	2.78	36	
城市流动学生	87.50	10.71	1.79	56	
农村流动学生	84.06	13.04	2.90	414	

表9-6显示了多维视角下学生做噩梦的情况，做噩梦在性别视角下存在显著差异，而在流动情况视角下不存在显著差异，具体情况如下。

从性别视角看，男生从不做噩梦的比例比女生高了24个百分点，而女生经常做噩梦的比例比男生高了5个百分点。而普通中小学男女生做噩梦不存在性别差异。

从流动情况视角看，与普通中小学生一样，深圳本地学生、城市流动学生和农村流动学生不存在显著差异。

表9-6 不同学生群体"做噩梦"行为的差异

项目（%）	没有	有时	经常	样本量	LR 检验
总体	62.28	34.18	3.54	509	
性别					***
男生	71.12	27.33	1.55	322	
女生	46.77	46.24	6.99	186	
流动情况					ns
深圳本地学生	58.33	38.89	2.78	36	
城市流动学生	69.64	28.57	1.79	56	
农村流动学生	61.59	34.55	3.86	414	

以上调查结果显示，大多数学生没有恐惧倾向，但也有少数学生有恐惧倾向。中职女生经常觉得被人跟着和经常做噩梦的比例都高于男生，说明中职女生恐惧倾向更明显。而普通中小学男女生的恐惧感不存在性别差异。也许随着年龄的增长，女生的恐惧感有增加的趋势；深圳本地学生、城市流动学生和农村流动学生的恐惧感基本一致，没有差别。而普通中小学学生中深圳本地学生恐惧倾向高于城市流动学生和农村流动学生，也许

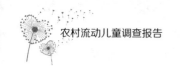

随着年龄的增长，深圳本地学生的恐惧感有所下降。

（三）考试焦虑倾向

与前面普通中小学一样，通过"想到考试就紧张"来测量。

1. 总体情况

图9-3及表9-7显示，22.66%的中职生经常"想到考试就紧张"，比普通中小学生考试焦虑的比例略高，说明中国学生考试焦虑问题较为普遍，且随着年龄增长有增加趋势。

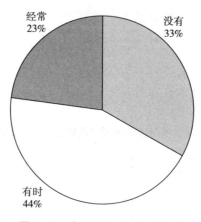

经常 23%
没有 33%
有时 44%

图9-3　中职生的考试焦虑行为

2. 多维视角分析

表9-7显示了多维视角下中职生考试焦虑情况，考试焦虑在性别视角下存在显著差异，而在学校类型视角下不存在显著差异，具体情况如下。

从性别视角看，与普通中小学学生相反，中职女生考试焦虑倾向显著高于男生。也许学习成绩不好有考试焦虑倾向的男生初中毕业后就离开学校了，中职女生就显得考试焦虑明显了。

从流动情况视角看，与普通中小学一样，中职学生中深圳本地学生、城市流动学生和农村流动学生考试焦虑基本一致，不存在显著差异。说明流动并不会影响学生的考试焦虑。

表9-7　不同学生群体"想到考试就紧张"行为的差异

项目（%）	没有	有时	经常	样本量	LR 检验
总体	32.81	44.53	22.66	512	
性别					***
男生	40.62	38.77	20.61	325	
女生	18.82	54.84	26.34	186	
流动情况					ns
深圳本地学生	44.44	33.33	22.23	36	
城市流动学生	32.14	48.22	19.64	56	
农村流动学生	31.65	45.32	23.03	417	

（四）游戏成瘾倾向

与前面普通中小学一样，游戏成瘾倾向通过"打游戏上瘾"来测量。

1. 总体情况

图9-4及表9-8显示，63.87%的中职生从未游戏上瘾，8.01%的中职生经常打游戏上瘾。中职生经常打游戏成瘾的比例比中小学学生高，经常有此类行为的学生是游戏成瘾的高危群体，虽然尚不能诊断为心理障碍，但值得关注。

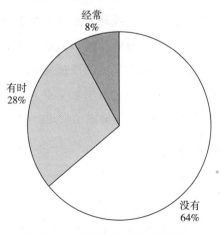

图9-4　中职生的游戏成瘾行为

2. 多维视角分析

表9-8显示了多维视角下学生游戏成瘾倾向的情况，游戏成瘾在性别视角下存在显著差异，而在流动情况视角下不存在显著差异，具体情况如下。

表9-8 不同学生群体"游戏成瘾"行为的差异

项目（%）	没有	有时	经常	样本量	LR 检验
总体	63.87	28.12	8.01	512	
性别					***
男生	54.46	34.77	10.77	325	
女生	80.11	16.67	3.22	186	
流动情况					ns
深圳本地学生	77.78	19.44	2.78	36	
城市流动学生	64.29	28.57	7.14	56	
农村流动学生	62.83	29.02	8.15	417	

从性别视角看，女生从没有打游戏上瘾的比例远远高于男生，而男生经常打游戏成瘾的比例比女生高了7个百分点。男生网络成瘾倾向显著高于女生，这个结论与普通中小学学生一样，说明男生是网络成瘾的易发人群。

从流动情况视角看，深圳本地学生、城市流动学生和农村流动学生打游戏上瘾的情况基本一致，不存在统计学意义上的显著差异。而普通中小学学生中农村流动学生游戏成瘾倾向比城市流动学生和深圳本地学生显著高。也许随着年龄增长，农村流动学生网络成瘾现象会有下降趋势，但也有可能是打游戏上瘾的中小学流动学生中职毕业离开学校，使得中职学生中流动学生游戏成瘾比例下降，具体原因值得进一步研究。

二 不良行为习惯

（一）攻击行为

攻击行为是出于某种目的有意伤害同学，而被伤害同学不愿接受的伤害行为。与前面普通中小学一样，通过"欺负同学"和"打架"来测量。

1. 总体情况

图 9 – 5 及表 9 – 9、表 9 – 10 显示，与普通中小学学生一样，大多数中职生从未欺负过同学和从来没打过架，只有极少数学生经常欺负同学和经常打架。但中职生经常打架的比例高于普通中小学学生，这种现象值得关注。

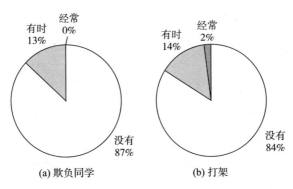

(a) 欺负同学　　　　(b) 打架

图 9 – 5　中职生的攻击行为

2. 多维视角分析

表 9 – 9 显示了多维视角下中职生欺负同学的情况。欺负同学的行为在性别和流动情况视角下都存在显著差异，具体情况如下。

从性别视角看，与普通中小学学生一样，中职男生比女生爱欺负同学。

从流动情况视角看，与普通中小学学生一样，中职生中农村流动学生欺负同学的现象最严重。中职生中农村流动学生欺负同学的比例为 14.49%，比城市流动学生高近 6 个百分点，比深圳本地学生高近 9 个百分点。

表 9 – 9　不同学生群体"欺负同学"行为的差异

项目（%）	没有	有时	经常	样本量	LR 检验
总体	86.61	12.80	0.59	508	
性别					*
男生	83.18	16.20	0.62	321	
女生	92.47	6.99	0.54	186	
流动情况					*
深圳本地学生	94.28	2.86	2.86	35	

项目（%）	没有	有时	经常	样本量	LR 检验
城市流动学生	91.07	7.14	1.79	56	
农村流动学生	85.51	14.25	0.24	414	

表 9 – 10 显示了多维视角下中职生打架行为的情况，打架行为在性别视角下具有差异显著，在流动情况视角下不存在显著差异，具体情况如下。

从性别视角看，23.69%的中职男生有时或经常打架，而女生这一比例仅为 3.23%，可见中职男生打架的频率大大高于女生。同样的，普通中小学男生也比女生爱打架。

从流动情况视角看，中职生中深圳本地学生、城市流动学生和农村流动学生打架情况基本一致，不存在显著差异。而普通中小学学生中农村流动学生和深圳本地学生比城市流动学生打架比例略高。

表 9 – 10　不同学生群体"打架"行为的差异

项目（%）	没有	有时	经常	样本量	LR 检验
总体	83.79	14.45	1.76	512	
性别					***
男生	76.31	21.54	2.15	325	
女生	96.77	2.15	1.08	186	
流动情况					ns
深圳本地学生	91.66	5.56	2.78	36	
城市流动学生	85.71	12.50	1.79	56	
农村流动学生	82.97	15.35	1.68	417	

以上调查结果显示，多数中职生没有攻击行为，但也有少数学生有攻击行为，表现为经常欺负同学和经常打架。男生攻击行为显著高于女生，与中小学学生的调查结果一致，攻击性确实存在显著的性别差异；深圳本地学生、城市流动学生和农村流动学生的攻击性基本一致，不存在显著差异。而对中小学学生的调查显示，农村流动学生比城市流动学生和深圳本

地学生更具攻击性。也许随着年龄的增长，学生们的攻击性更趋于一致。

（二）去网吧

1. 总体情况

图9-6及表9-11显示，半数以上的中职生能够遵守学校规定不去网吧，但也有相当一部分学生会去网吧，而普通中小学学生有高达90%的学生称自己从不去网吧，由此可见中职学生去网吧的比例显著高于普通中小学生。职业中学学生远离父母，缺少监管，自律性较差，过多地去网吧势必对学业和身心造成不良影响，学校应该严加管教。

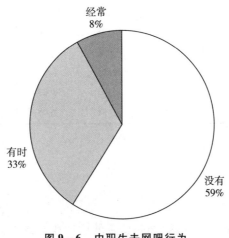

图9-6　中职生去网吧行为

2. 多维视角分析

表9-11从多维角度分析了中职生去网吧行为的状况，去网吧在性别视角下存在显著差异，而在流动情况视角下不存在显著差异，具体情况如下。

从性别视角看，约58.26%的中职男生有时或经常去网吧，而女生有时或经常去网吧的比例只有11.83%，说明男生去网吧的行为显著高于女生，跟普通中小学学生的结果一致。可能的原因是男生游戏成瘾的比例比女生高，他们经常会结伴去网吧打游戏。学校和学生父母应该多关注男生，减少和控制其较高频率出入网吧的行为。

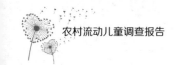

从流动情况视角看，中职生中深圳本地学生、城市流动学生和农村流动学生去网吧的情况基本一致，无显著差异。而普通中小学农村流动学生去网吧的比例远高于城市流动学生和深圳本地学生。也许中职生全部住校，他们远离父母，深圳本地学生和城市流动学生去网吧的行为都有所增加，流动学生去网吧的情况就不显得突出了。

表9-11　不同学生群体"去网吧"行为的差异

项目（%）	没有	有时	经常	样本量	LR 检验
总体	58.86	33.27	7.87	508	
性别					***
男生	41.74	46.42	11.84	321	
女生	88.17	10.75	1.08	186	
流动情况					ns
深圳本地学生	65.71	31.43	2.86	35	
城市流动学生	66.07	25.00	8.93	56	
农村流动学生	57.49	34.54	7.97	414	

（三）早恋

1. 总体情况

图9-7及表9-12显示，69.15%的中职生从未早恋，8.45%的中职

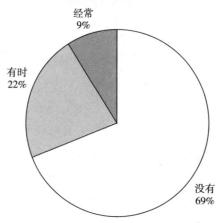

图9-7　中职生早恋行为

生经常谈恋爱。22.40% 的中职生有时谈恋爱。说明相当比例的中职生或多或少地有早恋倾向。中职生比初中生早恋的比例高了近 14 个百分点，随着年龄的增长，学生早恋的比例有所增加。

2. 多维视角分析

表 9 - 12 显示了多视角下中职生早恋情况，早恋在性别视角下存在显著差异，而在流动情况视角下不存在显著差异，具体情况如下。

表 9 - 12　不同学生群体"早恋"行为的差异

项目（%）	没有	有时	经常	样本量	LR 检验
总体	69.15	22.40	8.45	509	
性别					*
男生	65.22	24.84	9.94	322	
女生	75.82	18.27	5.91	186	
流动情况					ns
深圳本地学生	77.78	19.44	2.78	36	
城市流动学生	69.64	28.57	1.79	56	
农村流动学生	68.60	21.74	9.66	414	

从性别视角看，与初中生一样，中职男生早恋的比例高于女生。可能是女生比较乖巧、听话，轻易不敢越雷池一步。

从流动情况视角看，中职生中深圳本地学生、城市流动学生和农村流动学生早恋情况差不多，不存在显著差异。而初中生中农村流动学生早恋比例高于城市流动学生和深圳本地学生，深圳本地学生有早恋的比例最低。随着年龄的增长，不同群体学生早恋行为越来越趋同。

（四）抽烟

1. 总体情况

图 9 - 8 及表 9 - 13 显示，多数中职生遵守学校规定从不抽烟，但也有少数学生出于各种原因有抽烟行为，且中职生比普通中小学学生抽烟比例高。

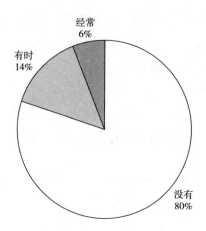

图 9 - 8   中职生抽烟行为

2. 多维视角分析

表 9 - 13 显示了多维视角下中职生抽烟行为的情况。因为女生经常抽烟的选项为 0，不能做 LR 检验，抽烟行为在性别视角下只能通过百分比角度分析，抽烟行为在流动情况视角下没有显著差异，具体情况如下。

从性别视角看，28.35% 的男生有时或经常抽烟，而女生有时抽烟的比例为 5.38%，且没有一个女生经常抽烟，可见男生的抽烟行为比女生严重。与初中生结论一致，也与现实相符。

从流动情况视角看，深圳本地学生、城市流动学生和农村流动学生抽烟情况基本一致，无显著差异。而普通中小学中农村流动学生抽烟的比例高于城市流动学生和深圳本地学生。这表明随着年龄的增长，学生抽烟情况越来越趋同。

表 9 - 13   不同学生群体"抽烟"行为的差异

项目（%）	没有	有时	经常	样本量	LR 检验
总体	80.12	13.78	6.10	508	
性别					
男生	71.65	18.69	9.66	321	
女生	94.62	5.38	0.00	186	
流动情况					ns
深圳本地学生	88.58	5.71	5.71	35	

续表

项目（%）	没有	有时	经常	样本量	LR 检验
城市流动学生	76.78	17.86	5.36	56	
农村流动学生	79.95	13.77	6.28	414	

（五）喝酒

1. 总体情况

图 9 - 9 及表 9 - 14 显示，72.46% 的中职生从不喝酒，27.54% 的中职生或多或少有过喝酒行为，且有 2.74% 的学生经常喝酒。尽管多数中职生遵守学校规定从不喝酒，但也有少数学生出于各种原因有喝酒行为，且中职生比普通初中生喝酒比例高。

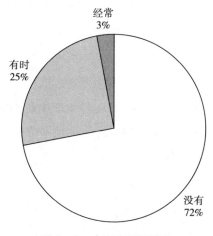

图 9 - 9　中职生喝酒行为

2. 多维视角分析

表 9 - 14 显示了多维视角下中职生喝酒行为的情况，因为女生经常喝酒的选项为 0，不能做 LR 检验，喝酒行为在性别视角下只能通过百分比角度分析，喝酒行为在流动情况视角下没有显著差异，具体情况如下。

从性别视角看，中职男生有时或经常喝酒的比例为 34.77%，而女生为 15.05%，男生比女生喝酒频繁。与初中生结论一致，也与现实相符。

从流动情况视角看，深圳本地学生、城市流动学生和农村流动学生喝酒情

况大体一致，没有什么差异。而普通中小学中农村流动学生喝酒比例高于城市流动学生和深圳本地学生。随着年龄的增长，学生喝酒情况越来越趋同。

表 9 – 14　不同学生群体"喝酒"行为的差异

项目（%）	没有	有时	经常	样本量	LR 检验
总体	72.46	24.80	2.74	512	
性别					
男生	65.23	30.46	4.31	325	
女生	84.95	15.05	0.00	186	
流动情况					ns
深圳本地学生	80.56	13.88	5.56	36	
城市流动学生	73.21	25.00	1.79	56	
农村流动学生	71.70	25.66	2.64	417	

（六）赌博

1. 总体情况

图 9 – 10 及表 9 – 15 显示，93.11% 的中职生从不赌博，6.89% 的学生或多或少有过赌博行为，且有 0.59% 的学生经常赌博。尽管多数中职生遵

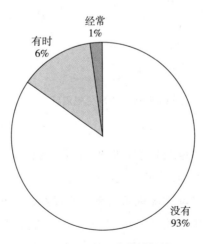

图 9 – 10　中职生赌博行为

守学校规定从不赌博，但也有少数中职生出于各种原因有赌博行为，且中职生比初中生赌博比例高。

2. 多维视角分析

表 9 - 15 显示了多维视角下中职生赌博行为情况，因为女生、深圳本地学生和城市流动学生经常赌博的选项都为 0，不能做 LR 检验，故赌博行为在性别视角和流动情况视角下都只能通过百分比进行分析，具体情况如下。

表 9 - 15　不同学生群体"赌博"行为的差异

项目（%）	没有	有时	经常	样本量
总体	93.11	6.30	0.59	508
性别				
男生	90.97	8.10	0.93	321
女生	96.77	3.23	0.00	186
流动情况				
深圳本地学生	100.00	0.00	0.00	35
城市流动学生	96.43	3.57	0.00	56
农村流动学生	92.03	7.25	0.72	414

从性别视角看，跟初中生一样，中职男生有时和经常赌博的行为都高于女生。

从流动情况视角看，跟初中生一样，中职农村流动学生比深圳本地学生和城市流动学生赌博比例高。看来农村流动学生可能是赌博的高发群体，值得学校和社会关注。

第三节　价值观

与前面初中生测量一样，价值观包括积极的价值观和消极的价值观。

一　积极的价值观

（一）公平感

公平感通过"社会对我是公平的"来测度。

1. 总体情况

图 9 – 11 及表 9 – 16 显示,近半数的中职生赞同社会是公平的,1/6 的中职生不赞同社会是公平的。中职生不赞同社会是公平的比例高于初中生。

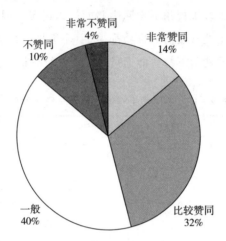

图 9 – 11   中职生对"社会对我是公平的"赞同情况

2. 多维视角分析

表 9 – 16 显示了多维视角下中职生对公平感的感知情况,公平感在性别视角下不存在显著差异。由于城市流动学生选择非常不赞同的比例为 0,不能做 LR 检验,故流动情况视角下只能通过百分比进行比较,具体情况如下。

从性别视角看,中职男女生的公平感不存在显著差异。但男生非常赞同和非常不赞同的比例都高于女生,和初中生的结果一样,看来随着年龄的增长,男生理性和爱憎分明的特质依旧。

从流动情况视角看,深圳本地学生、城市流动学生和农村流动学生的社会公平感差不多,没有太大差异,和初中生结果差不多。尽管流动学生经历过留守、流动和城市适应,但他们并没有表现出较高的社会的不公平感,还是值得欣慰的。

表 9 – 16 不同学生群体对"公平感"观念的感知差异

项目（%）	非常赞同	比较赞同	一般	不赞同	非常不赞同	样本量	LR 检验
总体	14.29	31.51	40.50	9.59	4.11	511	
性别							ns
男生	16.36	31.17	37.35	10.49	4.63	324	
女生	10.75	32.26	45.70	8.06	3.23	186	
流动情况							
深圳本地学生	16.67	30.56	38.88	5.56	8.33	36	
城市流动学生	18.18	29.09	43.64	9.09	0.00	55	
农村流动学生	13.67	31.89	40.29	10.07	4.08	417	

（二）奉献精神

奉献精神通过"积极地奉献，正当地索取"来测度。

1. 总体情况

图 9 – 12 及表 9 – 17 显示，尽管多数学生赞同"积极地奉献，正当地索取"，但也有少部分学生不赞同，且中职生不赞同的比例高于初中生，看来随着年龄的增长，越来越多的学生摒弃了奉献精神，值得我们关注。

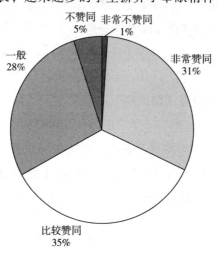

图 9 – 12 中职生对"积极地奉献，正当地索取"的赞同情况

2. 多维视角分析

表 9 – 17 显示了多维视角下中职生奉献精神情况，奉献精神在性别视角和流动情况视角下都不存在显著差异，具体情况如下。

表 9 – 17   不同学生群体对 "奉献精神" 观念的感知差异

项目（%）	非常赞同	比较赞同	一般	不赞同	非常不赞同	样本量	LR 检验
总体	30.47	35.16	28.12	5.27	0.98	512	
性别							ns
男生	30.77	36.00	27.69	4.62	0.92	325	
女生	30.11	33.87	29.03	5.91	1.08	186	
流动情况							ns
深圳本地学生	30.56	33.33	27.77	5.56	2.78	36	
城市流动学生	35.71	37.50	21.43	3.57	1.79	56	
农村流动学生	29.98	34.77	29.25	5.52	0.48	417	

从性别视角看，男女生对奉献精神的态度基本一致，不存在显著差异，但男生赞同的比例高于女生，而普通中小学中女生赞同的比例高于男生，看来随着年龄的增长，男女生对奉献精神的态度有所变化。

从流动情况视角看，和初中生一样，深圳本地学生、城市流动学生和农村流动学生对奉献精神的态度基本一致，不存在显著差异。

（三） 拼搏意识

拼搏意识通过 "努力才能成功" 来测度。

1. 总体情况

图 9 – 13 及表 9 – 18 显示，多数中职生赞同 "努力才能成功"，但也有少部分中职生不赞同。与初中生相比，中职生赞同的比例有所下降，不赞同的比例增长不多。看来随着年龄的增长，学生笃信拼搏意识的比例有所下降。

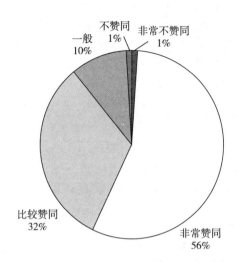

不赞同
1%

非常不赞同
1%

一般
10%

比较赞同
32%

非常赞同
56%

图 9 – 13 中职生对"努力才能成功"赞同情况

2. 多维视角分析

表 9 – 18 显示了多维视角下中职生拼搏精神的情况。由于女生、城市流动学生选择非常不赞同的比例为零，不能做 LR 检验，故性别和流动情况视角下只能通过百分比进行比较。

从性别视角看，男女生对奉献精神的态度基本一致，不存在显著差异，但男生赞同的比例高于女生，而初中女生赞同的比例高于男生，看来随着年龄的增长，男女生对奉献精神的态度有所变化。

从流动情况视角看，和初中生一致，深圳本地学生、城市流动学生和农村流动学生对奉献精神的态度差不多，没有太大差异。

表 9 – 18 不同学生群体对"拼搏精神"观念的感知差异

项目（%）	非常赞同	比较赞同	一般	不赞同	非常不赞同	样本量
总体	55.56	32.42	9.96	1.37	0.59	512
性别						
男生	57.23	30.46	10.16	1.23	0.92	325
女生	53.23	35.48	9.68	1.61	0.00	186
流动情况						

续表

项目（%）	非常赞同	比较赞同	一般	不赞同	非常不赞同	样本量
深圳本地学生	52.78	30.56	16.66	0.00	0.00	36
城市流动学生	50.00	39.29	7.14	3.57	0.00	56
农村流动学生	56.59	31.89	9.84	1.20	0.48	417

（四）知识观

知识观通过"知识可以改变命运"来测度。

1. 总体情况

图9-14及表9-19显示，多数中职生赞同"知识可以改变命运"，但也有少部分学生不赞同。中职生赞同的比例比普通中小学学生低了近18个百分点，而选择一般的比例增加了近10个百分点。也许随着年龄的增长，学生们对知识改变命运不那么笃信。

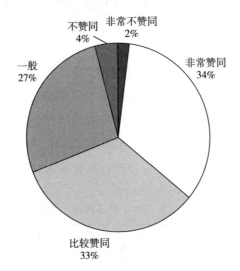

图9-14 中职生对"知识可以改变命运"赞同情况

2. 多维视角分析

表9-19显示了多维视角下中职生对知识观的认同情况。与初中生一样，中职生的知识观在性别和流动视角下都不存在显著差异，说明不同学生群体对知识可以改变命运的看法趋同，区别不大。

表 9 - 19 不同学生群体对"知识观"观念的感知差异

项目（%）	非常赞同	比较赞同	一般	不赞同	非常不赞同	样本量	LR 检验
总体	33.98	33.01	26.76	4.30	1.95	512	
性别							ns
男生	32.31	32.00	27.69	5.23	2.77	325	
女生	37.10	34.95	24.72	2.69	0.54	186	
流动情况							ns
深圳本地学生	30.56	25.00	30.55	8.33	5.56	36	
城市流动学生	33.93	28.57	32.14	1.79	3.57	56	
农村流动学生	34.29	34.29	25.90	4.32	1.20	417	

二 消极的价值观

（一）享乐主义

享乐主义通过题目"人生在世吃喝二字"来测度。

1. 总体情况

图 9 - 15 及表 9 - 20 显示，大多数中职生不赞同"人生在世吃喝二

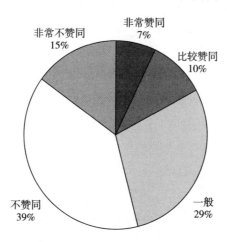

图 9 - 15 中职生对"人生在世吃喝二字"赞同情况

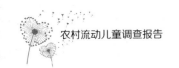

字"的享乐主义观点，但也有少部分学生赞同此价值观，且中职生比初中生赞同的比例有所增加，不赞同的比例有所下降。随着年龄的增长，学生会越来越多地受到社会浮躁风气的影响，逐渐接受享乐主义的观点，这值得我们警惕。

2. 多维视角分析

表9－20显示了多维视角下中职生对享乐主义的认同情况。从性别和流动情况两个视角看，学生享乐主义观念都不存在显著差异。

从性别视角看，中职男女生对享乐主义的态度不存在显著差异，而普通中小学中女生赞同的比例比男生显著高，表明随着年龄的增长，男女生对享乐主义的看法趋于一致。

从流动情况视角看，深圳本地学生、城市流动学生和农村流动学生对享乐主义的看法也基本相同，不存在显著差异，但普通中小学中深圳本地学生赞同享乐主义的比例显著高于城市流动学生和农村流动学生，也许随着年龄的增长，流动学生对享乐主义的接受程度有所提高，跟深圳本地学生不相上下。在社会浮躁、享乐主义大行其道的今天，如何引导学生摒弃享乐主义观点，树立正确的积极向上的价值观，值得思考。

表9－20 不同学生群体对"享乐主义"观念的感知差异

项目（％）	非常赞同	比较赞同	一般	不赞同	非常不赞同	样本量	LR检验
总体	7.23	9.57	29.30	38.67	15.23	512	
性别							ns
男生	6.77	8.31	31.08	39.38	14.46	325	
女生	8.06	11.83	26.34	37.10	16.67	186	
流动情况							ns
深圳本地学生	8.33	16.67	27.78	36.11	11.11	36	
城市流动学生	12.50	8.92	25.00	39.29	14.29	56	
农村流动学生	6.24	9.11	30.21	39.09	15.35	417	

（二）拜金主义

拜金主义通过"有了钱就有了一切"来测度。

1. 总体情况

图 9 - 16 及表 9 - 21 显示，尽管大多数中职生不赞同"有了钱就有了一切"的拜金主义观点，但也有少部分中职生赞同此价值观。中职生比普通中小学学生赞同的比例提高了 11 个百分点，而反对的比例下降 25 个百分点，也许随着年龄增长，越来越多的学生会成为拜金主义的一分子，这值得我们警惕。

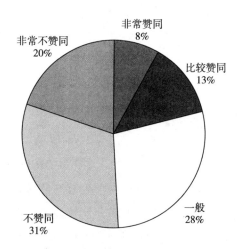

图 9 - 16　中职生对"有了钱就有了一切"赞同情况

2. 多维视角分析

表 9 - 21 显示了多维视角下中职生对拜金主义的认同情况。与初中生一样，从性别视角和流动视角看都不存在显著差异。说明不同学生群体的拜金主义观点差不多，在社会转型期，拜金主义大行其道的今天，学校如何引导学生摒弃拜金主义观点，树立正确的积极向上的价值观，值得思考。

表 9 – 21　不同学生群体对"拜金主义"观念的感知差异

项目（%）	非常赞同	比较赞同	一般	不赞同	非常不赞同	样本量	LR 检验
总体	7.81	13.28	28.32	31.05	19.54	512	
性别							ns
男生	8.28	13.50	28.52	29.45	20.25	325	
女生	6.99	12.90	27.96	33.87	18.28	186	
流动情况							ns
深圳本地学生	11.11	8.33	22.23	38.89	19.44	36	
城市流动学生	10.71	17.86	28.57	25.00	17.86	56	
农村流动学生	6.71	13.19	29.02	31.18	19.90	417	

（三）唯利是图

唯利是图通过题目"为了钱能不择手段"来测度。

1. 总体情况

图 9 – 17 及表 9 – 22 显示，尽管绝大多数中职生不赞同"为了钱能不择手段"的唯利是图观点，但也有个别学生赞同此价值观，且中职生比普通中小学学生不赞同的比例大幅度下降，而赞同的比例提高不多。也许随

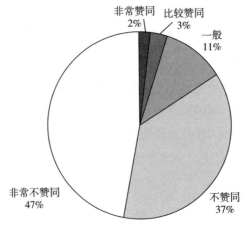

图 9 – 17　中职生对"为了钱能不择手段"赞同情况

着年龄的增长，越来越多的学生不再坚决反对此观点，他们对唯利是图的观念处于迷茫困惑中，值得我们关注。

2. 多维视角分析

表 9 - 22 显示了多维视角下学生对唯利是图观点的认同情况。从流动情况视角看存在显著差异，而从性别视角看不存在显著差异，具体情况如下。

表 9 - 22　不同学生群体对"唯利是图"观念的感知差异

项目（%）	非常赞同	比较赞同	一般	不赞同	非常不赞同	样本量	LR 检验
总体	1.95	2.93	11.13	37.11	46.88	512	
性别							ns
男生	2.77	2.77	12.00	37.54	44.92	325	
女生	0.54	3.23	9.67	36.02	50.54	186	
流动情况							+
深圳本地学生	5.56	5.56	8.32	38.89	41.67	36	
城市流动学生	1.79	7.14	1.78	39.29	50.00	56	
农村流动学生	1.44	2.16	12.71	36.69	47.00	417	

从性别视角看，与初中生一样，男女生对唯利是图观念的认知差不多，不存在显著差异。

从流动情况视角看，深圳本地学生赞同唯利是图的比例最高，城市流动学生反对唯利是图的比例最高。跟初中生的结果略有不同，初中深圳本地学生赞同的比例也是最高的，而农村流动学生反对的比例最高。也许随着年龄的增长，农村流动学生对唯利是图观念的反对程度会有所下降。

（四）不公平感

不公平感通过"这是一个拼爹的时代"来测度。

1. 总体情况

图 9 - 18 及表 9 - 23 显示，尽管多数中学生不赞同"这是一个拼爹的

时代"的观点，但也有不少学生赞同此价值观，中职生比普通中小学学生赞同的比例提高了 16 个百分点，不赞同的比例一样。表明随着年龄增长，越来越多的学生开始认同这种社会不公平。

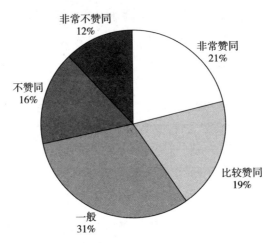

图 9 – 18　中职生对"这是一个拼爹的时代"赞同情况

2. 多维视角分析

表 9 – 23 显示了多维视角下中职生对不公平感的认同情况。从性别和流动视角看，不同学生群体不公平感都不存在显著差异，具体情况如下。

表 9 – 23　不同学生群体对"不公平感"观念的感知差异

项目（%）	非常赞同	比较赞同	一般	不赞同	非常不赞同	样本量	LR 检验
总体	21.41	19.06	31.43	16.31	11.79	509	
性别							ns
男生	24.07	19.44	28.40	16.05	12.04	324	
女生	16.85	18.48	36.96	16.30	11.41	184	
流动情况							ns
深圳本地学生	20.00	2.86	37.14	25.71	14.29	35	
城市流动学生	17.86	19.64	33.93	17.86	10.71	56	
农村流动学生	21.69	20.48	30.60	15.42	11.81	415	

从性别视角看,中职男女生对不公平感的认知差不多,不存在显著差异。与初中生结果不太一样,初中女生赞同"这是一个拼爹的时代"的比例显著高于男生,表明随着年龄的增长,越来越多的男生也开始认同社会是不公平的,减小了男女生间的认同差距。

从流动情况视角看,中职生中深圳本地学生、城市流动学生和农村流动学生对"这是一个拼爹的时代"的认知基本一致,不存在显著差异。与初中生的结果不一样,初中农村流动学生更认同这种不公平感,而深圳本地学生更不认同这种不公平感,也许随着年龄的增长,学生对社会不公平感的认知越来越趋同。

本章小结

本章主要对照普通中小学学生调查结果,分析了中职生的心理、行为和价值观,并从性别和流动情况视角进行了深入分析。

总体来看,中职生的心理失范得分较低,生活满意度较高,说明中职生的心理健康程度较高,社会整合较好。但中职生心理失范值比普通中小学学生高,生活满意度值比普通中小学学生低,说明中职生的心理健康程度不如普通中小学学生好。大多数学生的行为正常有序,但有少部分学生有情绪问题倾向和失范行为,且中职生的异常行为和不良行为的比例都高于普通中小学学生。也许随着年龄的增长,学生的心理健康程度有所下降。多数学生赞同积极的价值观,反对消极的价值观,但也有部分学生赞同享乐主义、拜金主义、唯利是图等消极价值观,且中职生比普通中小学学生对积极价值观的赞同度和对消极价值观的反对度都低,也许随着年龄的增长,学生受浮躁的社会风气的影响越来越大,对价值观的判断不再那么坚决,会有所变化。

从性别视角看,女生心理失范的程度比男生高,但男女生的生活满意度差不多,不存在显著差异。和对普通中小学学生的调查结果一样,女生的社交退缩倾向和恐惧感倾向高于男生,而男生的网络成瘾倾向、攻击性、游戏成瘾、早恋、抽烟、喝酒、赌博等行为高于女生,但和普通中小

学学生不一样，中职生的女生考试焦虑高于男生，而普通中小学刚好相反。男女生对拼搏意识、知识观、公平感和奉献精神四个积极的价值观和拜金主义、唯利是图、享乐主义和不公平感四个消极价值观基本一致，不存在显著差异，而普通中小学中男女生对价值观存在性别差异，表明随着年龄的增长，男女生对价值观的认知越来越趋于一致，也许不同价值观的学生在中考时已经分流到不同类型的学校，值得进一步研究。

从流动情况视角看，深圳本地学生、城市流动学生和农村流动学生的心理失范和生活满意度均值差不多，不存在显著差异，和普通中小学学生的调查结果一致。深圳本地学生、城市流动学生和农村流动学生的社会退缩倾向、恐惧倾向、考试焦虑、游戏成瘾、攻击性、去网吧、早恋、抽烟、喝酒、赌博等行为基本一致，不存在显著差异，而普通中小学学生中深圳本地学生恐惧倾向更高，农村流动学生游戏成瘾倾向、欺负同学、去网吧、早恋、抽烟、喝酒、赌博等问题行为的比例都高于深圳本地学生和城市流动学生，也许随着年龄的增长，不同群体的学生行为越来越趋于一致，基本无差异。深圳本地学生、城市流动学生和农村流动学生对拼搏意识、知识观、公平感和奉献精神四个积极的价值观和拜金主义、唯利是图、享乐主义和不公平感四个消极价值观基本一致，不存在显著差异，而普通中小学中深圳本地学生更赞同享乐主义和唯利是图观念，城市流动学生更认同不公平感。也许，随着年龄的增长，学生的价值观也越来越趋同，都深深烙上了社会风气的痕迹，值得教育部门关注。

总之，农村流动学生的心理健康程度、问题行为和价值观等都与深圳本地学生和城市流动学生基本一致，没有什么差别。但是对普通中小学学生的调查显示，农村流动学生的问题行为和不公平感都更强，也许随着年龄的增长，流动学生的问题有所减少，也有可能因为深圳本地学生或城市流动学生的问题有所增加，还有一种可能是中考后问题行为和价值观相近的学生聚集到了职业中学。

父 母 篇

第十章
样本基本信息

父母篇的数据来源于调查问卷的父母卷，期望从学生父母的角度分析学生家庭的基本信息、父母感知的亲子关系、父母的社会融合程度、父母对深圳教育政策的评价和满意度、父母的流动情况等。

第一节　父母的基本信息

表 10 - 1 显示了学生父母的基本信息，包括年龄、受教育程度、职业类型、经济收入以及每周和每天的工作时间。

父母年龄。学生父母的年龄主要集中于 34 ~ 44 岁，其中父亲的年龄主要集中于 40 ~ 44 岁，而母亲的年龄主要集中于 34 ~ 39 岁，父大母小是学生父母主要的婚配模式。

教育程度。学生父母的教育程度普遍较低，以初高中学历为主。父亲的教育程度比母亲高，父亲是大专以上学历的比例比母亲高了 6 个百分点，而母亲是小学以下学历的比例比父亲高了近 8 个百分点。

职业类型。学生父母主都以个体及私营企业者为主，除此之外，父亲的职业更多集中于技术人员，为 28.34% ，而母亲则主要是非技术人员，为 20.32% 。这与现实中的情况也相符合，男性从事技术岗位的更多，而女性主要从事非技术岗位以及商业和服务业。

经济收入。学生父母的经济收入差异较大，父亲普遍比母亲收入高。父亲的经济收入主要集中在 5000 元以上，占了 33.84% ，其次是 2501 ~

3400 元，占了 19.16%。母亲的收入主要集中在 1809 ~ 2500 元，占了 24.49%，其次是 2501 ~ 3400 元，占了 22.37%。但值得关注的是，父亲和母亲中都有低于深圳最低工资标准的人，父亲的比例是 5.48%，而母亲的比例是 16.28%。

工作时长。学生父母基本都有双休日，平均每周工作时间都为 5 天。但父亲比母亲每天的工作时间要长，父亲每天平均工作 9 小时，母亲每天平均工作 8 小时。这说明父亲比母亲的工作强度大。

表 10 - 1　调查样本父母的基本特征

项目（%）	父亲		母亲	
	频次	百分比	频次	百分比
年龄				
29 岁以下	9	0.42	25	1.17
30 ~ 34 岁	119	5.58	354	16.60
34 ~ 39 岁	662	31.04	839	39.33
40 ~ 44 岁	749	35.11	507	23.77
45 ~ 49 岁	269	12.61	125	5.86
50 岁以上	325	15.24	283	13.27
样本量（人）	2133	100.00	2133	100.00
受教育程度				
小学及以下	183	9.54	345	18.05
初中	660	34.41	675	35.32
普高及中职（含中专、技校等）	663	34.47	596	31.19
大专及以上	412	21.48	295	15.44
样本量（人）	1918	100.00	1911	100.00
职业类型				
企事业单位负责人	201	10.65	334	18.19
技术人员	535	28.34	250	13.61
非技术人员	255	13.50	373	20.32
个体、私营经营者	612	32.42	467	25.44
商业服务业劳动者	190	10.06	289	15.74

续表

项目（%）	父亲		母亲	
	频次	百分比	频次	百分比
其他	95	5.03	123	6.70
样本量（人）	1888	100.00	1836	100.00
经济收入				
平均月收入				
1808 元以下	93	5.48	246	16.28
1809～2500 元	198	11.67	370	24.49
2501～3400 元	325	19.16	338	22.37
3401～4300 元	249	14.68	176	11.65
4301～5000 元	257	15.15	143	9.46
5000 元及以上	574	33.84	238	15.75
样本量（人）	1696	100.00	1511	100.00
工作时间				
平均每周工作（天数×小时数）	天数	小时数	天数	小时数
均值	5.33	9.01	5.02	8.49
标准差	1.70	2.58	2.08	3.34

第二节　家庭基本情况

一　家庭信息

表 10-2 显示了学生家庭的基本情况，主要包括家庭完整度、家庭类型以及居住环境。

家庭完整度。绝大多数学生家庭是完整的，97.62% 的家庭是双亲家庭，只有 2.38% 的家庭为单亲家庭。尽管单亲家庭比较少，但单亲家庭的学生值得关注，他们可能是各种问题的高发群体。

家庭类型。65.01% 的家庭为非独生子女家庭，34.99% 的家庭为独生子女家庭，独生子女家庭以深圳本地家庭为主。

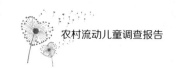

居住环境。一半以上的家庭生活在深圳市民与外地人的混合居住区，29.82%的家庭生活在周围是深圳市民的居住小区，但也有少部分家庭生活在相对独立的外来人口聚居地。

表 10 - 2　家庭基本情况

变量	频次	百分比（%）
家庭完整度		
双亲家庭	1889	97.62
单亲家庭	46	2.38
样本量（人）	1935	100.00
家庭类型		
独生子女家庭	668	34.99
非独生子女家庭	1241	65.01
样本量（人）	1909	100.00
居住环境		
周围是深圳市民的居住小区	582	29.82
相对独立的外来人口聚居地	287	14.70
深圳市民与外地人的混合居住区	1033	52.92
其他	50	2.56
样本量（人）	1952	100.00

二　家庭住房及基本设施

家庭住房及基本设施情况是通过题项"您在深圳的住房是什么样的"以及"您在深圳住房的设施情况"两道题来测量的。其中，第一道题的选项为"自己买的房子"、"政府提供的廉租房"、"租的普通居民房"、"单位或雇主提供需交钱的房"、"单位或雇主免费提供的房"、"借住在亲戚朋友家"、"自己搭的简易棚"和"其他"八类。第二道题主要询问了家里有无孩子的单独房间及厨房、厕所、洗澡设施等的使用情况，以及住房用途（分为居住兼工作和纯居住）、现住所邻居是深圳人还是外地人。

（一）住房情况

表 10 - 3 显示了学生家庭的住房情况。一半以上的家庭是租的普通居民房，30.26% 的家庭是自己买的房子，也有少数家庭是单位或雇主提供的收费或免费房、借住在亲戚朋友家、政府提供的廉租房或自己搭的简易棚等，但比例都不到 5%。这说明大多数学生家庭至少有自己单独的住所。

表 10 - 3　住房情况

项目	频次	百分比
自己买的房子	577	30.26
政府提供的廉租房	22	1.15
租的普通居民房	1048	54.96
单位或雇主提供需交钱的房	98	5.14
单位或雇主免费提供的房	81	4.25
借住在亲戚朋友家	28	1.47
自己搭的简易棚	8	0.41
其他	45	2.36
样本量（人）	1907	100.00

（二）住房设施情况

住房设施情况主要包括孩子有无单独的房间、有无煤气入户、有无厨房、有无厕所、有无洗澡设施、住房用途和邻居情况等几个方面。

1. 孩子单独的房间

表 10 - 4 显示了孩子有无单独房间的情况，并从流动情况视角做了差异比较。

从总体上看，79.11% 的学生家庭有孩子单独的房间，私密而自由的成长空间对孩子的身心健康发展大有裨益。

从流动情况视角看，差异还是很显著的。深圳本地家庭中近 90% 的家庭孩子有自己单独的房间，比城市流动家庭和农村流动家庭高了 15 个百分点以上。如此看来,还有相当一部分学生和父母共享卧室,而没有自己独立的成长空间。当然这与学生家庭的经济情况息息相关,流动学生父母在深圳辛苦打工,家庭经济情况可能不是很好,因此在住房方面有心无力,不能够为孩子提供独立的空间。

表 10 – 4　不同流动状况家庭孩子有无单独的房间的差异

项目（%）	没有	有	样本量	LR 检验
总体	20. 89	79. 11	493	
流动情况				***
深圳本地儿童	10. 71	89. 29	196	
城市流动儿童	25. 77	74. 23	97	
农村流动儿童	29. 02	70. 98	193	

2. 煤气/液化气

表 10 – 5 显示了学生家庭中煤气/液化气的使用情况,并从流动情况视角做了差异比较。

总体来看,80.93% 的学生家庭中有煤气/液化气,能够比较便捷地做饭、洗澡。但也有近 20% 的家庭没有煤气/液化气,不知道他们是使用电磁炉还是用蜂窝煤炉子。

从流动情况视角看,深圳本地家庭、城市流动家庭和农村流动家庭之间存在显著差异,深圳本地家庭使用煤气/液化气的比例最高,农村流动家庭使用的比例最低。这说明很多农村流动家庭在深圳的生活并不很方便。

表 10 – 5　不同流动状况家庭的煤气/液化气情况差异

项目（%）	没有	有	样本量	LR 检验
总体	19. 07	80. 93	1856	
流动情况				***
深圳本地儿童	10. 92	89. 08	522	
城市流动儿童	17. 65	82. 35	323	
农村流动儿童	23. 67	76. 33	976	

3. 厨房

表 10 - 6 显示了厨房使用情况，并从流动情况视角做了差异比较。

总体来看，49.00% 的学生家的厨房是独用的，但也有 45.88% 与人合用厨房，还有 5.12% 根本没有厨房。

从流动情况视角看，深圳本地家庭、城市流动家庭和农村流动家庭之间差异非常显著。近 60% 的深圳本地家庭有独立的厨房，51.56% 的城市流动家庭有独立厨房，而农村流动家庭有独立厨房的比例最少，只有 44.22%。如此看来，流动人口在深圳的居住环境还是令人担忧的，他们可能居住在以流动人口为主的聚居区，环境相对较差，尤其是农村流动人口，大多数还是与人合用厨房，也有相当部分的家庭没有厨房。

表 10 - 6　不同流动状况家庭厨房情况的差异

项目（%）	没有	合用	独用	样本量	LR 检验
总体	5.12	45.88	49.00	1857	
流动情况					***
深圳本地儿童	2.10	39.77	58.13	523	
城市流动儿童	3.44	45.00	51.56	320	
农村流动儿童	6.95	48.83	44.22	979	

4. 厕所

表 10 - 7 显示了厕所的使用情况，并从流动情况视角做了差异比较。

表 10 - 7　不同流动状况家庭厕所情况的差异

项目（%）	没有	合用	独用	样本量	LR 检验
总体	1.40	20.34	78.26	1858	
流动情况					***
深圳本地儿童	0.57	13.01	86.42	523	
城市流动儿童	0.62	18.44	80.94	320	
农村流动儿童	1.94	24.39	73.67	980	

总体来看，将近 80% 的学生家庭有独立的卫生间，近 20% 的学生家庭

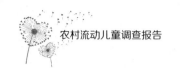

与别人共用卫生间，但也有 1.40% 的家庭没有卫生间。

从流动情况视角看，深圳本地家庭、城市流动家庭和农村流动家庭之间在厕所使用情况方面差异非常显著，深圳本地家庭有独立卫生间的比例最高，其次是城市流动家庭，而农村流动家庭有独立卫生间的比例最低。

5. 洗澡设施

表 10 - 8 显示了洗澡设施的总体情况，并从流动情况视角做了差异比较。

表 10 - 8　不同流动状况家庭洗澡设施情况的差异

项目（%）	没有	合用	独用	样本量	LR 检验
总体	1. 56	21. 55	76. 89	1856	
流动情况					***
深圳本地儿童	0. 38	13. 77	85. 85	523	
城市流动儿童	0. 94	18. 81	80. 25	319	
农村流动儿童	2. 15	26. 25	71. 60	979	

从总体来看，75% 以上的学生家庭有独立的洗澡设施，21.55% 的家庭与别人共用洗澡设施，当然也有 1.56% 的家庭没有洗澡设施。

从流动情况视角看，学生家庭的洗澡设施在深圳本地家庭、城市流动家庭和农村流动家庭之间差异显著，深圳本地家庭有独立洗澡设施的比例最多，其次是城市流动家庭，而农村流动家庭最低。

6. 住房用途

表 10 - 9 显示了住房用途的总体情况，并从流动情况视角做了差异比较。

表 10 - 9　不同流动状况家庭住房用途的差异

项目（%）	居住兼工作或他用	纯居住	样本量	LR 检验
总体	10. 96	89. 04	1806	
流动情况				***
深圳本地儿童	2. 13	97. 87	516	
城市流动儿童	8. 78	91. 22	319	
农村流动儿童	16. 31	83. 69	938	

从总体来看，89.04%的学生家庭住房是纯居住用的，另有10.96%的学生家庭用房是居住兼工作或他用的。

从流动情况视角看，深圳本地家庭、城市流动家庭和农村流动家庭在住房用途方面存在显著差异，深圳本地家庭主要住房用于纯居住的比例最高，其次是城市流动家庭，而农村流动家庭住房属于居住兼工作或他用的比例最高。

7. 现住所邻居

表10-10显示了学生家庭的邻居总体情况，并从流动情况视角做了差异比较。

表10-10　不同流动状况家庭现住所邻居情况的差异

项目（%）	多为外地人	外地人和深圳人各一半	多为深圳人	样本量	LR 检验
总体	39.73	42.30	17.97	1825	
流动情况					***
深圳本地儿童	20.59	40.00	39.41	510	
城市流动儿童	38.87	48.59	12.54	319	
农村流动儿童	49.74	41.52	8.74	961	

从总体来看，42.3%的家庭居住在外地人和深圳人各一半的地方，39.73%的家庭居住在以外地人为主的地方，17.97%的家庭居住在以深圳本地人为主的地方。

从流动情况视角看，深圳本地家庭、城市流动家庭和农村流动家庭在住所邻居方面存在显著差异，深圳本地家庭主要居住在以深圳人为主的住所，城市流动家庭主要居住在外地人和深圳人各一半的住所，而农村流动家庭主要居住在以外地人为主的住所。

第十一章
教育观与亲子关系

本章从父母教养方式，与孩子的亲密度，对学校和教师的满意度、对公/民办学校的偏好等分析父母的教育观与亲子关系。在本章中依然加入了性别、流动、学校性质和学校类型四个视角，与前面学生篇不同的是，本章的性别视角是指学生父母的性别，即男为学生父亲，女为学生母亲；而其他三个视角依然按照学生情况划分。

第一节　父母教养方式自评

一　总体情况

图 11 - 1 及表 11 - 1 所示，50.31％的学生父母认为自己是温暖理解型的，与学生感知的情况相似。但在其他几个维度上，父母自评的教养方式和学生感知的教养方式差异较大：近40％父母认为自己是惩罚严厉型，但学生很少感知父母是惩罚严厉型，尤其是小学生。可能的原因是小学生在受到惩罚后很快就遗忘了，并没有真正放到心里。极少数（0.68％）父母认为自己是过分干涉型，但较多学生认为父母过分干涉自己的生活，尤其认为母亲干涉更多。现在的孩子自主意识较强，父母的唠叨和管教可能都被孩子认为是过分干涉，从而出现不耐烦的情绪，而父母却认为管教孩子是严厉的表现。父母和孩子之间出现这种感知差异的原因，一方面可能是双方对不同教养方式的概念理解不同；另一方面也可能是父母和孩子之间

202

缺乏足够的沟通，从而造成误解。

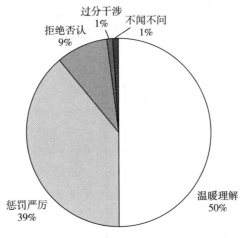

拒绝否认
9%

过分干涉
1%

不闻不问
1%

惩罚严厉
39%

温暖理解
50%

图 11 - 1　父母教养方式自评

二　多维视角分析

表 11 - 1 呈现了多维视角下父母教养方式自评的情况，在性别、流动情况、学校性质和学校类型四个视角下都存在显著差异，具体情况如下。

从性别视角看，母亲自评是温暖理解型的比例要高于父亲，而父亲评价自己是惩罚严厉型的比例更高。

从流动情况视角看，深圳本地学生的父母自评是温暖理解型的比例远高于城市流动学生的父母和农村流动学生的父母。而城市流动学生和农村流动学生的父母评价自己是惩罚严厉型的比例均远高于深圳本地学生的父母。

从学校性质视角看，公办学校学生的父母自评是温暖理解型的比例高于民办学校学生的父母，而民办学校学生的父母认为自己是惩罚严厉型的比例更高。

从学校类型视角看，初中生的父母自评是温暖理解型的比例高于小学生的父母，小学生的父母认为自己是严厉型的比例高于初中生的父母，这与前文中学生感知的父母教养方式情况完全相反：小学生觉得父母比较温暖，初中生觉得父母比较严厉。

表 11 -1　不同学生群体父母教养方式自评的差异

项目（%）	温暖理解	惩罚严厉	拒绝否认	过分干涉	不闻不问	样本量	LR 检验
总体	50.31	39.13	9.41	0.68	0.47	1914	
性别							ns
父亲	47.91	41.68	9.09	0.82	0.50	979	
母亲	53.12	36.30	9.80	0.56	0.22	898	
流动情况							***
深圳本地学生	59.70	28.36	11.19	0.19	0.56	536	
城市流动学生	45.62	42.90	9.97	1.21	0.30	331	
农村流动学生	47.17	43.69	7.94	0.79	0.41	1007	
学校性质							***
公办学校	52.99	35.76	10.32	0.54	0.39	1289	
民办学校	44.80	46.08	7.52	0.96	0.64	625	
学校类型							***
小学	48.78	42.93	7.86	0.11	0.32	941	
初中	51.80	35.46	10.89	1.23	0.62	973	

第二节　父母与孩子沟通情况

一　总体情况

如图 11 - 2 及表 11 - 2、表 11 - 3、表 11 - 4、表 11 - 5 所示，61.31% 的父母经常与孩子沟通，29.99% 的父母经常夸奖孩子，但也有 15.89% 的父母经常批评孩子，2.51% 的父母经常体罚孩子。这说明多数父母与孩子有沟通，但吝惜表扬，且也有少数父母对孩子比较粗暴，体罚孩子。

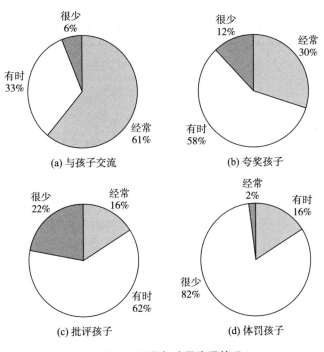

图 11 - 2 父母与孩子沟通情况

二 多维视角分析

表 11-2 显示了多维视角下父母与孩子聊天的情况，在性别、流动情况、学校性质和学校类型四个视角下都存在显著差异，具体情况如下。

从性别视角看，父母与孩子交流聊天的情况存在显著差异，母亲与孩子经常聊天的频率要高于父亲。

从流动情况视角看，深圳本地学生的父母经常和孩子聊天的比例显著高于城市流动学生的父母和农村流动学生的父母；而农村流动学生的父母很少和孩子聊天的比例最高，其次是城市流动学生的父母。

从学校性质视角看，公办学校学生的父母经常和孩子聊天的比例显著高于民办学校学生的父母，可能的原因是公办学校学生多为深圳本地学生。

从学校类型视角看，小学生父母比中学生父母更经常和孩子沟通。

表 11 - 2　不同学生群体父母与孩子交流的差异

项目（%）	经常	有时	很少	样本量	LR 检验
总体	61.30	32.95	5.75	1897	
性别					***
父亲	56.74	36.52	6.74	964	
母亲	66.55	28.78	4.67	900	
流动情况					***
深圳本地学生	75.28	21.72	3.00	534	
城市流动学生	59.76	36.59	3.65	328	
农村流动学生	54.46	37.72	7.82	997	
学校性质					***
公办学校	66.10	29.54	4.36	1283	
民办学校	51.30	40.07	8.63	614	
学校类型					***
小学	68.52	28.39	3.09	937	
中学	54.27	37.40	8.33	960	

　　表 11 - 3 显示了多维视角下父母夸奖孩子的情况，在性别、流动情况、学校性质和学校类型四个视角下都存在显著差异，具体情况如下。

　　从性别视角看，母亲比父亲更经常夸奖孩子。

　　从流动情况视角看，深圳本地学生的父母夸奖孩子的比例远远高于城市流动学生的父母和农村流动学生的父母；而农村流动学生的父母很少夸孩子的比例最高，其次是城市流动学生的父母。

　　从学校性质视角看，公办学校学生父母夸奖孩子的比例远高于民办学校学生父母，可能的原因是公办学校里深圳本地学生的比例较高。

　　从学校类型视角看，小学生父母比中学生父母更经常夸奖孩子。其可能的原因是小学生更需要家长通过夸奖来帮助孩子形成良好的生活习惯，而到了初中随着孩子年龄的增长，亲子间的差异逐渐增大，相应的夸奖也会减少。

表 11 - 3   不同学生群体父母夸奖孩子的差异

项目（%）	经常	有时	很少	样本量	LR 检验
总体	29.99	57.62	12.39	1897	
性别					***
父亲	24.84	59.63	15.53	966	
母亲	35.86	55.79	8.35	898	
流动情况					***
深圳本地学生	41.76	52.06	6.18	534	
城市流动学生	31.01	59.57	9.42	329	
农村流动学生	23.54	60.26	16.20	994	
学校性质					***
公办学校	33.98	58.15	7.87	1283	
民办学校	21.66	56.52	21.82	614	
学校类型					***
小学	34.76	56.68	8.56	935	
中学	25.36	58.52	16.12	962	

表 11 - 4 显示了多维视角下父母批评孩子的情况，在性别、流动情况、学校性质和学校类型四个视角下都存在显著差异，具体情况如下。

表 11 - 4   不同学生群体父母批评孩子的差异

项目（%）	经常	有时	很少	样本量	LR 检验
总体	15.89	61.60	22.51	1901	
性别					ns
父亲	15.89	60.27	23.84	969	
母亲	16.04	63.14	20.82	898	
流动情况					*
深圳本地学生	12.55	65.91	21.54	534	
城市流动学生	16.11	62.92	20.97	329	
农村流动学生	17.43	59.32	23.25	998	
学校性质					***
公办学校	14.33	64.88	20.79	1284	

续表

项目（%）	经常	有时	很少	样本量	LR 检验
民办学校	19.13	54.78	26.09	617	
学校类型					**
小学	17.80	62.58	19.62	938	
中学	14.02	60.64	25.34	963	

从性别视角看，母亲经常批评孩子的比例略高，而父亲很少批评孩子的比例略高。

从流动情况视角看，农村流动学生父母经常批评孩子的比例最高，其次是城市流动学生父母，而深圳本地学生父母经常批评孩子的比例最低。

从学校性质视角看，公办学校学生父母经常批评孩子的比例显著低于民办学校学生父母。

从学校类型视角看，小学生父母经常批评孩子的比例比中学生父母更高，可能的原因是小学生更为顽皮。

表 11-5 显示了多维视角下父母体罚孩子的情况，在流动情况、学校性质和学校类型三个视角下存在显著差异，但在性别视角下不存在显著差异。

表 11-5　不同学生群体父母体罚孩子的差异

项目（%）	经常	有时	很少	样本量	LR 检验
总体	2.51	15.56	81.93	1870	
性别					ns
父亲	2.43	15.84	81.73	947	
母亲	2.47	15.17	82.36	890	
流动情况					***
深圳本地学生	1.52	10.23	88.26	528	
城市流动学生	2.79	16.41	80.80	323	
农村流动学生	2.76	18.16	79.08	980	
学校性质					**
公办学校	1.90	14.31	83.79	1265	
民办学校	3.80	18.18	78.02	605	

续表

项目（%）	经常	有时	很少	样本量	LR 检验
学校类型					**
小学	2.91	17.95	79.14	925	
中学	2.11	13.23	84.66	945	

从性别视角看，父亲和母亲体罚孩子的情况基本一致，不存在显著差异。

从流动情况视角看，深圳本地学生父母经常或有时体罚孩子的比例远远低于流动学生父母。其可能的原因是当学生犯错误时，流动学生的父母可能由于工作忙、生活压力大而缺乏反复讲道理的耐心，故采用体罚的方式教育孩子。

从学校性质视角看，公办学校的学生父母经常或有时体罚孩子的比例低于民办学校的学生父母，可能的原因是民办学校的学生多为流动学生。

从学校类型视角看，小学生父母经常或有时体罚孩子（20%左右）的比例更高，可能的原因是小学生年龄小，比较顽皮。

以上分析结果显示，多数学生父母与孩子沟通，较少夸奖孩子和体罚孩子。母亲主要负责照顾和抚养孩子，因而母亲比父亲更经常与孩子聊天、夸奖和批评孩子；深圳本地学生父母比城市流动学生父母和农村流动学生父母更经常与孩子聊天和夸奖孩子，同时更少批评孩子和体罚孩子。公办学校学生父母经常与孩子聊天和夸奖孩子的比例比民办学校学生父母都高，而经常批评孩子和体罚孩子的比例都低；小学生父母比中学生父母更经常夸奖孩子。

第三节　父母与孩子的亲密度

一　总体情况

如图 11 - 3 及表 11 - 6、表 11 - 7、表 11 - 8、表 11 - 9 所示，48.34% 的学生父母认为孩子经常主动与他们聊天，但也有 1.63% 的父母认为孩子从不主动与他们聊天；84.88%的父母觉得和孩子关系亲密，但也有 1.61% 的父母认为关系不亲密。65.85% 的父母觉得了解孩子，但也有 10.19% 的父母认为对孩子不了解。当孩子做错事时，67.45% 的父母会对孩子讲道理，24.86% 的父母会批评孩子，也有少数父母会责骂或体罚孩子。

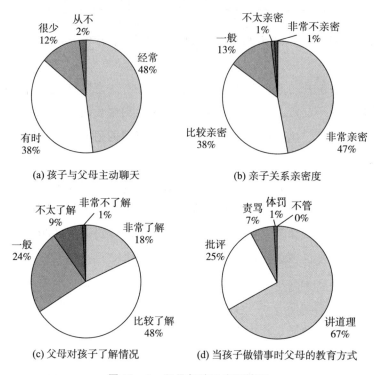

(a) 孩子与父母主动聊天　　　　　　(b) 亲子关系亲密度

(c) 父母对孩子了解情况　　　　(d) 当孩子做错事时父母的教育方式

图 11 - 3　父母与孩子沟通情况

二　多维视角分析

表 11 - 6 显示了多维视角下学生与父母聊天主动性的情况，在性别、流动情况、学校性质和学校类型四个视角下都存在显著差异。

从性别视角看，母亲觉得孩子经常主动与其聊天的比例远高于父亲，可能父亲比母亲更严厉，所以孩子有事情都会与母亲交流。

从流动情况视角看，城市流动学生父母觉得孩子经常与其聊天的比例高于农村流动学生父母，但低于深圳本地学生父母。对学生的调查显示，深圳本地学生父母比流动学生父母更关注学生的学习和生活，因此深圳本地学生可能更愿意主动和父母聊天。而流动学生，尤其是农村流动学生，他们的父母忙于工作，疏于对他们的管教，因此他们可能也不愿意主动向父母倾诉。

从学校性质视角看，公办学校学生父母认为孩子经常主动与其聊天的比例高于民办学校学生父母。由于公办学校以深圳本地学生为主，因此与流动视角下的情况相似。

从学校类型视角看，小学生父母认为孩子经常与其聊天的比例高于初中生父母，由于小学生正处于身心发展阶段，对父母更为依赖，因此会更主动与父母聊天。而初中生正处于青春期，有了自己的想法，再加上学习压力相对大一点，因此主动与父母聊天的频率较低。

表 11 - 6　不同群体主动与父母聊天的情况差异

项目（%）	经常	有时	很少	从不	样本量	LR 检验
总体	48.34	37.78	12.24	1.64	1903	
性别						***
父亲	42.14	40.49	15.31	2.06	973	
母亲	55.37	34.34	9.17	1.12	894	
流动情况						***
深圳本地学生	59.40	31.58	8.46	0.56	532	
城市流动学生	51.36	33.84	14.20	0.60	331	
农村流动学生	41.60	42.20	13.70	2.50	1000	
学校性质						***
公办学校	51.95	37.21	10.22	0.62	1282	
民办学校	40.90	38.97	16.43	3.70	621	
学校类型						***
小学	54.74	35.14	9.58	0.54	939	
初中	42.12	40.35	14.83	2.70	964	

表 11 - 7 显示了父母与孩子的亲密度，在性别、流动、学校性质和学校类型四个视角下都存在显著差异。

从性别视角看，母亲自认为和孩子的关系比父亲更亲密，并且两者之

间存在显著差异。

从流动情况视角看，深圳本地学生父母比城市流动学生父母和农村流动学生父母认为和孩子更亲近；而农村流动学生父母认为和孩子的关系为不太亲密和非常不亲密的比例最多。这可能是因为深圳本地学生从小在父母身边长大，而一些流动学生在流动前有过留守经历，所以和父母的关系不如本地学生那么亲密。

从学校性质视角看，民办学校学生父母认为和孩子不亲密的比例略高于公办学校学生父母，可能的原因是与公办学校相比，民办学校的流动学生比例更高。

从学校类型视角看，小学生父母比中学生父母明显认为和孩子更亲密。小学生比中学生更依赖父母，而中学生进入青春叛逆期，已经有自己的空间和朋友，和父母不再像从前那么亲密无间。

表 11 - 7　不同群体父母与孩子亲密度的差异

项目（%）	非常亲密	比较亲密	一般	不太亲密	非常不亲密	样本量	LR 检验
总体	47.17	37.71	13.51	1.14	0.47	1925	
性别							***
父亲	44.12	37.73	16.53	1.22	0.40	986	
母亲	50.89	37.47	10.31	1.00	0.33	902	
流动情况							**
深圳本地学生	50.93	39.37	8.58	0.93	0.19	536	
城市流动学生	47.01	39.22	12.87	0.90	0.00	334	
农村流动学生	45.22	36.45	16.26	1.38	0.69	1015	
学校性质							**
公办学校	47.30	39.43	11.96	1.08	0.23	1296	
民办学校	46.91	34.18	16.69	1.27	0.95	629	
学校类型							***
小学	53.33	36.19	9.52	0.85	0.11	945	
初中	41.22	39.18	17.35	1.43	0.82	980	

表 11 - 8 显示了多维视角下父母对孩子的了解程度，在性别、流动、学校性质和学校类型四个视角下均存在显著差异。

表 11 - 8　不同群体父母对孩子的了解程度的差异

项目（%）	非常了解	比较了解	一般	不太了解	非常不了解	样本量	LR 检验
总体	17.88	47.97	23.96	9.41	0.78	1924	
性别							**
父亲	15.65	46.44	26.93	10.26	0.72	984	
母亲	20.27	50.06	20.93	8.19	0.55	903	
流动情况							***
深圳本地人口	20.67	54.00	18.99	5.41	0.93	537	
城市流动人口	17.37	47.00	26.65	8.68	0.30	334	
农村流动人口	16.58	45.41	25.57	11.55	0.89	1013	
学校性质							***
公办学校	17.50	52.35	22.51	7.02	0.62	1297	
民办学校	18.66	38.92	26.95	14.35	1.12	627	
学校类型							***
小学	22.54	49.21	21.06	6.77	0.42	945	
初中	13.38	46.78	26.76	11.95	1.13	979	

从性别视角看，母亲对孩子的了解程度远高于父亲，与前文相同，孩子有事情也更愿意与母亲交流，因此母亲与孩子之间的关系更亲密，也自然更了解孩子的想法。

从流动情况视角看，从深圳本地学生、城市流动学生到农村流动学生，父母对孩子的了解程度是依次降低的，三者之间差异非常显著。深圳本地学生父母可能更有时间和孩子相处，也比较注重和孩子之间的沟通，因此也可能更了解孩子的想法。而流动学生的父母由于工作不稳定等因素，疏于对孩子的教育，尤其是农村流动学生的父母可能因教育程度较低而相对缺乏和孩子的沟通。

从学校性质视角看，公办学校和民办学校学生父母对孩子的了解程度存在显著差异，公办学校学生父母比较了解孩子的比例更高。这与公办学

校是以本地学生为主有关，与流动情况视角相同，深圳本地学生的父母更注重和孩子的沟通。

从学校类型视角看，小学生父母对孩子的了解程度要高于中学生父母，两者之间差异显著。相比小学生，中学生更多地把精力放在学习上，由于处于青春期也可能有很多的心思不愿意告诉家长，再加上如果父母也不注重和孩子沟通的话，会导致对孩子的了解程度降低。

表 11-9 显示了孩子做错事时父母的处理方式，在学校性质视角下存在显著差异，但在性别和学校类型视角下无显著差异，因为深圳本地学生父母体罚和不管学生的比例为 0，不能做 LR 检验，只能通过百分比进行分析。

表 11-9　不同群体父母在孩子做错事时处理方式的差异

项目（%）	讲道理	批评	责骂	体罚	不管	样本量	LR 检验
总体	67.45	24.86	6.92	0.51	0.26	1923	
性别							ns
父亲	65.69	25.99	7.41	0.71	0.20	985	
母亲	69.48	23.97	5.99	0.33	0.23	901	
流动情况							
深圳本地人口	69.59	24.44	5.97	0.00	0.00	536	
城市流动人口	67.57	24.92	5.71	0.90	0.90	333	
农村流动人口	66.27	25.05	7.79	0.69	0.20	1014	
学校性质							*
公办学校	66.49	26.33	6.72	0.23	0.23	1295	
民办学校	69.43	21.82	7.32	1.11	0.32	628	
学校类型							ns
小学	67.72	25.71	5.93	0.42	0.22	945	
初中	67.18	24.03	7.87	0.61	0.31	978	

从性别视角看，当孩子做错事情时，母亲采用讲道理的比例高于父亲，而父亲采用批评、责骂、体罚的比例略高于母亲。

从流动情况视角看，不管是深圳本地学生、城市流动学生还是农村流动学生，当他们做错事时都有 65% 以上的父母选择对其讲道理，其中深圳本地学生父母的比例最高，其次是城市流动学生父母，而农村流动学生父母最低。值得关注的是少数流动学生父母选择体罚和不管孩子。

从学校性质视角看，公办学校和民办学校学生父母在孩子做错事时的处理方式上存在差异，民办学校学生父母采用讲道理的比例较高，而公办学校学生父母采用批评的比例高于民办学校学生父母。

从学校类型视角看，小学生和中学生父母在孩子做错事时的处理方式上不存在显著差异。

以上调研结果显示，多数学生父母与孩子有交流，但比较吝惜表扬孩子，且有少数流动学生父母体罚和不管孩子。母亲比父亲自认为和孩子的关系更亲密，对孩子更了解，且孩子与其交流更多。当孩子做错事时，母亲比父亲更喜欢讲道理；深圳本地学生父母比城市流动学生父母和农村流动学生父母自认为和孩子的关系更亲密，对孩子更了解，且孩子与其交流更多。当孩子做错事时，深圳本地学生父母更喜欢讲道理；公办学校学生父母认为和孩子更亲近，更了解孩子，且孩子与其交流更多，当孩子做错事时，公办学校学生父母比民办学校学生父母更喜欢讲道理；小学生父母自认为和孩子的关系更亲密，对孩子更了解，且孩子与其交流更多。当孩子做错事时，小学生父母比中学生父母更喜欢讲道理。

第四节　父母对学校满意度

一　对学校满意度

1. 总体情况

如图 11 - 4 及表 11 - 10 所示，77.29% 的学生父母对学校表示满意，3.08% 的学生父母表示不满意。

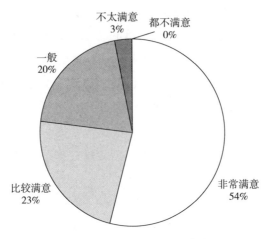

图 11 - 4　父母对学校满意度

2. 多维视角分析

表 11 - 10 显示了多维视角下学生父母对学校的满意度，在性别视角下不同群体父母间略有差异，而在流动情况、学校性质和学校类型视角下则有显著差异。

表 11 - 10　不同群体父母对孩子的学校满意度的差异

项目（%）	非常满意	比较满意	一般	不太满意	都不满意	样本量	LR 检验
总体	54.33	22.96	19.62	2.56	0.53	1916	
性别							ns
父亲	53.41	23.70	19.94	2.14	0.81	983	
母亲	55.90	21.60	19.27	3.01	0.22	898	
流动情况							***
深圳本地学生	48.69	32.40	16.10	2.25	0.56	534	
城市流动学生	62.05	17.77	17.17	2.41	0.60	332	
农村流动学生	54.85	19.80	21.98	2.87	0.50	1010	
学校性质							***
公办学校	66.20	22.04	10.44	1.01	0.31	1293	
民办学校	29.70	24.88	38.68	5.78	0.96	623	
学校类型							**

项目（%）	非常满意	比较满意	一般	不太满意	都不满意	样本量	LR 检验
小学	57.79	22.69	17.60	1.59	0.33	943	
初中	50.98	23.23	21.58	3.49	0.72	973	

从性别视角看，母亲比父亲对学校的满意度高。

从流动情况视角看，由于城市流动学生基本满足深圳"5＋1"入学政策，能免费享受深圳优质的公办学校教育资源，因而他们对学校非常满意的比例最高，达到62.05%，比深圳本地学生父母高出了近14个百分点，比农村流动学生父母高8个百分点。

从学校性质视角看，由于公办学校办学条件好、师资力量强，因而公办学校学生父母满意度高于民办学校学生父母，非常满意的比例高出了37个百分点。

从学校类型视角看，小学生父母比初中生父母对学校的满意度高。我们调查的几所学校都是九年制义务教育学校，中小学在同一个校区，也许小学生父母的期待低，因而满意度高。

二　对教师满意度

1. 总体情况

如图11－5及表11－11所示，92.23%的学生父母对教师非常满意或

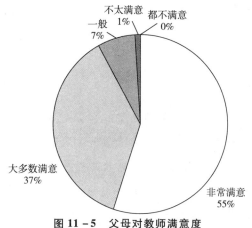

图 11 - 5　父母对教师满意度

对大多数教师满意，这表明了深圳中小学教师队伍比较令人满意；与此同时，也有个别学生父母对教师不太满意。

2. 多维视角分析

表 11 - 11 显示了多维视角下学生父母对老师的满意度，在学校性质和学校类型视角下都有显著差异，但在流动情况和性别视角下几乎无差异，具体情况如下。

表 11 - 11   不同群体对老师满意度的差异

项目（%）	非常满意	大多数满意	一般	不太满意	都不满意	样本量	LR 检验
总体	55.45	36.78	6.94	0.63	0.20	1917	
性别							ns
父亲	54.13	38.53	6.63	0.61	0.10	981	
母亲	56.94	35.18	7.11	0.55	0.22	901	
流动情况							+
深圳本地学生	52.43	41.23	5.97	0.37	0.00	536	
城市流动学生	58.86	32.73	8.11	0.00	0.30	333	
农村流动学生	55.36	36.11	7.24	0.99	0.30	1008	
学校性质							***
公办学校	60.74	35.01	4.02	0.23	0.00	1294	
民办学校	44.46	40.45	13.01	1.44	0.64	623	
学校类型							*
小学	53.54	39.26	6.14	0.63	0.43	945	
初中	57.30	34.36	7.72	0.62	0.00	972	

从性别视角看，父亲对教师的满意度略高于母亲，但父母间不存在统计学意义上的显著差异。

从流动情况视角看，城市流动学生的父母对老师的满意度最高，其次是农村流动学生，而深圳本地学生父母最低。可能是由于深圳本地父母对孩子的教育要求更高，因此会对孩子的老师有更高的要求。

从学校性质视角看，公办学校学生父母明显对老师更加满意，看来公办学校和民办学校的师资队伍还是有一定差距的。

从学校类型视角看，初中生父母比小学生父母对老师的满意度略高一些。

三　对公办和民办学校的喜好

1. 总体情况

如图 11 −6 及表 11 −12 所示，87.13% 的学生父母认为孩子在公办学校上学比较好，5.18% 的学生父母认为孩子在民办学校上学比较好，7.69% 的学生父母认为孩子在哪上学都无所谓。由此可见，多数学生父母偏好公办学校。

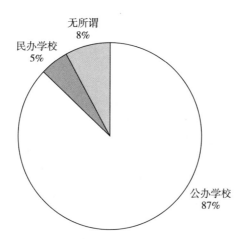

图 11 −6　父母对公办学校和民办学校的喜好

2. 多维视角分析

表 11 −12 显示了多维视角下学生父母对不同性质学校的偏好情况，在性别视角、流动情况、学校性质和学校类型视角下都存在显著差异。

从性别视角看，父亲和母亲中都有 85% 以上的认为孩子在公办学校上学比较好，但母亲的比例更高些，说明母亲更有公办学校偏好。

从流动情况视角看，深圳本地学生父母更偏好公办学校，其次是城市流动学生父母，农村流动学生父母排在最后。农村流动学生父母选择民办学校和无所谓的比例都最高。

从学校性质视角看，公办学校学生父母显著偏好公办学校，民办学校

学生父母则有32%左右的比例觉得民办学校好或者无所谓。其可能的原因是多数流动学生在民办学校读书，且学习生活融洽，因而部分流动学生父母认为民办学校挺好的，但不能否认，多数流动学生父母其实还是觉得公办学校好。

从学校类型视角看，小学生父母比初中生父母偏好公办学校。

表 11 – 12　不同群体父母对孩子就读学校性质的偏好差异

项目（%）	公办学校	民办学校	无所谓	样本量	LR 检验
总体	87.13	5.18	7.69	1912	
性别					*
父亲	85.71	5.72	8.57	980	
母亲	89.52	4.35	6.13	897	
流动情况					***
深圳本地学生	95.89	1.87	2.24	536	
城市流动学生	90.06	3.61	6.33	332	
农村流动学生	82.07	7.47	10.46	1004	
学校性质					***
公办学校	96.67	1.16	2.17	1292	
民办学校	67.26	13.55	19.19	620	
学校类型					*
小学	89.17	4.46	6.37	942	
初中	85.15	5.88	8.97	970	

本章小结

本章主要描述了父母和孩子之间的亲子关系，父母的教养方式以及父母对学校满意度。

总体来看，一半的父母认为自己的教养方式是温暖理解型的，并且经常与孩子沟通、夸奖孩子，很少有家长会体罚孩子。大多数孩子会主动和父母聊天，父母也感觉与孩子之间是非常亲密的，并且认为自己非常了解孩子的想法。当孩子做错事时，父母更多地会采用讲道理的方式对孩子进行教育。大多数父母对学校和老师满意，且普遍认为孩子在公办学校上学好。

从性别视角看，母亲更多采用温暖理解型教养方式，而父亲采用惩罚严厉型教养方式较多。不管是父亲还是母亲，都经常与孩子交流聊天，并且父母和孩子的关系都很亲密，但母亲更经常夸奖孩子。相比父亲，孩子经常主动找母亲聊天的比例更大。当孩子做错事时，大多数父母都采用讲道理的方式对孩子进行教育。母亲比父亲对学校满意度高，且更偏爱公办学校。

从流动情况视角看，深圳本地学生父母的温暖理解型教养方式要多于流动学生父母，流动学生父母采用惩罚严厉型教养方式较多；而且，深圳本地学生父母也更经常和孩子沟通、夸奖孩子，但流动学生的父母批评、体罚孩子的比例要高于深圳本地学生父母。同时，深圳本地学生父母也比流动学生父母认为和孩子关系更亲密，也更了解孩子的想法。由于这样的现象的存在，深圳本地学生更经常主动和父母聊天。当孩子做错事时大多数父母都会给孩子讲道理，在流动情况视角下有差异但不显著。城市流动学生父母对学校和教师的满意度都最高，其次是深圳本地学生父母，农村流动学生父母满意度最低。深圳本地学生父母最偏好公办学校，其次是城市流动学生父母，农村流动学生父母排在最后。

从学校性质视角看，由于公办学校以本地学生为主，因此学校性质视角下的情况与流动视角下的情况非常相似。具体表现为：公办学校父母自评是温暖理解型的比例高于民办学校父母，而民办学校父母认为自己是惩罚严厉型的比例更高；公办学校学生父母经常和孩子聊天、夸奖孩子的比例显著高于民办学校学生父母，也认为和孩子更亲密，也更了解孩子的想法，而批评、体罚孩子的比例要低于民办学校；深圳本地学生主动和父母聊天的频率也高于流动学生；但当孩子做错事时民办学校学生父母采用讲道理的方式较多，这也在一定程度上反映了不是说流动学生父母就比本地学生父母更不开明，他们对孩子也是很关注的，但是因工作、环境等对孩子的关心较少，但当孩子做错事时还是会给孩子讲道理。公办学校学生父

母比民办学校学生父母对学校和教师的满意度都高且普遍偏好公办学校。

从学校类型视角看，初中生父母自评为温暖理解型的比例高于小学生父母，小学生父母认为自己是严厉型的比例高于初中生父母；小学生父母比初中生父母更经常与孩子沟通和夸奖孩子；同时小学生可能比较顽皮，因此受到父母批评和体罚的比例要高于初中生；但小学生对父母更依赖，因此比初中生更经常主动和父母聊天；小学生父母觉得和孩子更亲密，也更了解孩子的想法；孩子做错事时父母的处理方式在小学生和初中生之间不存在显著差异。小学生父母对学校满意度略高，而初中学生父母对教师满意度略高。小学生父母比初中生父母更偏好公办学校。

总之，与深圳本地学生父母和城市流动学生父母一样，农村流动学生父母中自认为是温暖理解型的比例最高，但低于前两者，农村流动学生父母自认为是惩罚严厉型的比例远高于深圳本地学生父母和城市流动学生父母。与深圳本地学生父母和城市流动学生父母相比，农村流动学生父母与孩子沟通较少，夸奖孩子较少，较少讲道理，较多批评和责骂。因此流动学生较少主动和父母聊天，父母与孩子的亲密度低，父母更不了解孩子的想法。农村流动学生父母对学校和教师的满意度都最低，且没有对公办学校的强烈偏好。

第十二章
社会融合

本章主要从感知融合和社会距离两个方面来测量学生父母的社会融合，其中感知融合包括"归属感"和"对城市的情感"两个维度，而社会距离则包括"与深圳人的社会距离"和"与外来农村人口的社会距离"，并从性别、流动情况、学校性质和学校类型四个视角进行比较分析，其中性别视角是对父亲和母亲分析，流动视角是对城市流动学生和农村流动学生分析。

第一节　感知融合

与学生的测量工具一样，本节用 Bollen 和 Hoyle（1990）的 PCS（Perceived Cohesion Scale）量表对父母进行感知融合测量。感知融合量表包括两个维度，每个维度 3 个题项，第一个维度为归属感，第二个维度为对城市的感情，将每个维度的 3 个题项的得分总和作为我们对归属感和对城市的感情的测量得分，得分越低，归属感及对城市的情感越高。

一　归属感

1. 总体情况

表 12 - 1 所示，学生父母对深圳的归属感较高，均值为 6.49 分。

2. 多维视角分析

表 12 - 1 显示了多维视角下父母的归属感，在流动情况、学校性质视角下都存在显著差异，但在性别和学校类型视角下不存在显著差异，具体

情况如下。

表 12 - 1　不同群体父母的归属感差异

项目	均值	标准差	样本量	T/F 检验
总体	6.49	2.28	1294	
性别				ns
父亲	6.57	2.32	706	
母亲	6.38	2.21	567	
流动情况				**
城市流动学生	6.16	2.15	316	
农村流动学生	6.59	2.31	978	
学校性质				***
公办学校	6.13	2.17	723	
民办学校	6.93	2.34	571	
学校类型				ns
小学	6.50	2.31	631	
初中	6.47	2.24	663	

　　从性别视角看，父亲和母亲对深圳都有较高的归属感，且母亲的归属感略高。

　　从流动情况视角看，城市流动学生父母的归属感要高于农村流动学生父母，两者之间存在显著差异。

　　从学校性质视角看，公办学校和民办学校学生父母的归属感差异较大，民办学校学生父母的归属感比公办学校学生父母的归属感低。

　　从学校类型视角看，小学生和初中生的父母归属感没有差异，均值都在6.5分左右。

　　综上所述，学生父母对深圳的归属感较高。母亲比父亲的归属感略高；农村流动学生父母的归属感要低于城市流动学生父母。农村流动人口背井离乡出来打工，由于对环境不适应，且工作不太稳定，对深圳归属感低比较正常；由于民办学校以流动学生为主，因此结果与流动视角下相同，民办学校学生父母的归属感要低于公办学校学生父母；小学生父母和初中生父母的归属感不存在显著差异。

二　对城市的情感

1. 总体情况

如表 12 - 2 所示，学生父母对城市的情感均值为 5.71 分，说明学生父母对城市的情感较高。

2. 多维视角分析

表 12 - 2 显示多维视角下学生父母对城市的情感，在学校性质视角下存在差异显著，但在性别、流动情况和学校类型视角下不存在显著差异，具体情况如下。

表 12 - 2　不同群体父母对城市的情感的差异

项目	均值	标准差	样本量	T 检验
总体	5.71	2.07	1294	
性别				ns
父亲	5.79	2.12	707	
母亲	5.60	2.01	567	
流动情况				ns
城市流动学生	5.58	2.10	316	
农村流动学生	5.75	2.06	978	
学校性质				***
公办学校	5.34	1.89	726	
民办学校	6.17	2.21	568	
学校类型				ns
小学	5.72	2.09	630	
初中	5.69	2.06	664	

从性别视角看，母亲对城市的情感要比父亲对城市的情感高。

从流动情况视角看，城市流动学生父母和农村流动学生父母对城市的情感程度相当，没有显著的差异，但从均值来看，城市流动学生父母对城市的情感要高于农村流动学生父母。

从学校性质视角看，公办学校学生父母对城市的情感要高于民办学校学生父母。

从学校类型视角看，小学生父母和初中生父母对城市的情感没有显著差异。

综上所述，学生父母对城市的情感较高。具体表现为：母亲比父亲对城市的情感略高；流动学生父母对城市的情感总体较高，其中农村流动学生父母对城市的情感较城市流动学生父母低。农民天生的乡土情怀和城市压力较大的生活状态容易产生对城市的较低情感；由于民办学校以流动学生为主，因此结果与流动视角下相同，民办学校学生父母对城市的情感要低于公办学校学生父母；小学生父母和初中生父母对城市的情感不存在显著差异。

第二节 社会距离

与学生的测量工具一样，用博格达斯的社会距离量表对学生父母进行测量，量表包括 5 个题项，加总的总分作为社会距离的最终指标，得分范围在 5 ~ 25 分，数值越大说明父母与深圳人或者农村外来人口的社会距离越大。

一 流动学生父母与深圳人的社会距离

1. 总体情况

如表 12 - 3 所示，流动学生父母与深圳人的社会距离的均值为 9.64 分，说明流动学生父母与深圳人的社会距离较小。

2. 多维视角分析

表 12 - 3 显示了多维视角下流动学生父母与深圳人的社会距离，只有在学校性质视角下存在显著差异，在其他视角下都没有差异，具体情况如下。

从性别视角看，母亲比父亲对深圳人的社会距离略大。

从流动情况视角看，农村流动学生的父母与深圳人的社会距离要比城市流动学生父母与深圳人的社会距离大。

从学校性质看，民办学校学生父母与深圳人的社会距离比公办学校学生父母大，而且两者之间差异非常显著，这与民办学校以流动学生为主有关。

从学校类型视角看，小学生父母与深圳人的社会距离比初中生父母略大。

表 12 - 3　流动学生父母与深圳人的社会距离的差异

项目	均值	标准差	样本量	T 检验
总体	9.64	3.14	1310	
性别				ns
父亲	9.58	3.06	709	
母亲	9.70	3.22	579	
流动情况				ns
城市流动学生	9.44	3.27	324	
农村流动学生	9.71	3.10	986	
学校性质				***
公办学校	9.12	3.03	756	
民办学校	10.23	3.19	593	
学校类型				ns
小学	9.72	3.17	651	
初中	9.57	3.11	698	

综上所述，流动学生父母与深圳人融合较好，社会距离较小。父亲比母亲融合得好，因为母亲与深圳人的社会距离比父亲略大；城市流动学生父母社会融合得更好，因为农村流动学生父母与深圳人的社会距离要比城市流动学生父母大；公办学校学生父母社会融合得更好，因为民办学校学生父母与深圳人的社会距离比公办学校学生父母大，小学生父母比初中生父母与深圳人的社会距离略大。

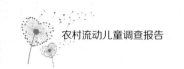

二 深圳本地学生父母与流动人口的社会距离

1. 总体情况

如表 12 - 4 所示,深圳本地学生父母与流动人口的社会距离均值为 11.18 分,说明深圳本地学生父母与农村外来人口的社会距离不大,但高于流动学生父母与深圳人的社会距离。

2. 多维视角分析

表 12 - 4 显示了多维视角下深圳本地学生父母与外来人口的社会距离,在性别、学校性质和学校类型三个视角下都不存在显著差异,具体情况如下。

表 12 - 4　深圳本地学生父母与外来人口的社会距离的差异

项目	均值	标准差	样本量	T 检验
总体	11.18	3.61	525	
性别				ns
父亲	10.95	3.55	223	
母亲	11.41	3.61	296	
学校性质				ns
公办学校	11.20	3.60	509	
民办学校	10.81	3.76	16	
学校类型				ns
小学	11.07	3.47	274	
初中	11.31	3.75	251	

从性别视角看,父亲和母亲对外来人口的社会距离差异显著,母亲比父亲对外来人口的社会距离要大。

从学校性质视角看,公办学校学生父母比民办学校学生父母与外来人口的社会距离要大,且两者之间差异显著。

从学校类型视角看,初中生父母与外来人口的社会距离要大于小学生父母与外来人口的社会距离。

综上所述,深圳本地学生父母与外来人口的社会距离不大,在不同的视角下也不存在显著差异。但从具体均值来看，母亲与外来人口的社会距离要大于父亲；公办学校学生父母与外来人口的社会距离要大于民办学校学生的社会距离；初中生父母与外来人口的社会距离要大于小学生父母与外来人口的社会距离。

本章小结

本章主要通过感知融合和社会距离描述学生父母的社会融合情况。

总体来看，父母的归属感和对城市的情感都较高，与深圳人和农村外来人口的社会距离也较小，说明父母在深圳的社会融合情况还是较好的。

从性别视角看，不管是父亲还是母亲都对深圳有较高的归属感和情感。流动学生父母与深圳人的社会距离以及深圳本地学生父母与外来人口的社会距离都不存在性别差异。

从流动情况视角看，在归属感和对城市的情感上，农村流动学生父母的归属感和对城市的情感比城市流动学生父母低。流动人口离开家乡在外地打工，由于对环境不适应、工作相对不稳定等各方面原因，再加上固有的乡土情结，比本地人的归属感及对城市的情感要低。农村流动学生父母与深圳人的社会距离和城市流动学生父母与深圳人的社会距离没有差异。

从学校性质视角看，民办学校学生父母的归属感和对城市的情感比公办学校学生父母低，这与民办学校以流动学生为主有关。同时，民办学校学生父母与深圳人的社会距离比公办学校学生父母大，而公办学校和民办学校中的深圳本地学生父母与农村外来人口的社会距离则不存在显著差异。

从学校类型视角看，归属感和对城市的情感在小学生父母和初中生父母之间不存在显著差异。同样，流动小学生父母和初中生父母与深圳人的社会距离没有差异，深圳本地的小学生父母和初中生父母与外来人口的社会距离也同样没有差异。

总之，农村流动学生父母的归属感和对深圳的情感都要低于城市流动学生父母和深圳本地学生父母。由于他们一直生活在农村，或者一直是由

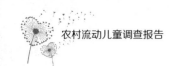

一个城市流动到另外一个城市，因此在流动的过程中很难对流入的城市产生感情。而城市流动学生父母本身就生活在城市，即便是流动，但所处的环境并不会发生很大的变化，因此相对农村流动学生父母来说，对流入城市的归属感和情感都要高一些。

政　策　篇

第十三章
教育政策评价与建议

本章主要梳理了国家、广东省和深圳市出台的与流动学生义务教育和中等职业教育相关的政策，并从流动学生及父母对相关教育政策的知晓度、评价和满意度等方面进行研究讨论，并对促进流动学生健康发展提出了若干建议。

第一节　与流动学生相关的义务教育政策

20世纪90年代以来，中国流动人口的规模不断增大，外出务工人口已经成为不可忽视的一个群体。随着越来越多的父母从农村到城市务工，大量流动学生开始出现，这是中国城乡二元结构社会在转型过程中的必然结果。为了保证这些在学龄阶段的流动学生享受义务教育的权利，国家和各省市出台了一系列相关政策。本章主要对国家、广东省、深圳市流动学生教育政策进行梳理和分析。

一　国家出台的相关政策

中国自1958年以来，一直实行城乡两种户口登记和管理方法。根据《外来人口管理条例》，16岁以上流动人口可办理暂住证。这就导致了许多城市中16岁以下的流动人口没有公安机关颁发的相关证件来证明身份。

1998年国家颁布了《流动学生少年就学暂行办法》，办法明确规定了主要以流入地政府承担流动人口子女义务教育责任，但是规定流动学生在

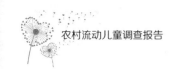

流入地接受义务教育时，必须已随父母或监护人在流入地暂居半年以上，同时要交纳一定的借读费，办理临时学籍，以借读的方式入学。这一办法虽然打破了在原户籍处接受教育的壁垒，但是收取借读费等规定仍带有差别对待的色彩。

2001 年，国务院出台了《关于基础教育改革与发展的决定》，首次正式提出"以流入地政府管理为主，以全日制公办中小学为主，依法保障流动人口子女接受义务教育的权利"的"两个为主"政策。

同年国务院颁布的《中国学生发展纲要（2001－2010 年）》提出，制定实施流动学生义务教育后在流入地参加升学考试的办法，建立 16 周岁以下流动学生登记制度，为流动学生享有教育、医疗保健等公共服务奠定基础。

2003 年，国务院办公厅颁布的《关于进一步做好进城务工就业农民子女义务教育工作的意见》规定：流入地政府应采取多种形式接受农民工子女在当地的全日制公办中小学入学，并制定农民工子女接受义务教育的收费标准，减免有关费用，做到收费与当地学生一视同仁。

2006 年新修订的《义务教育法》明确规定："父母或者其他法定监护人在非户籍所在地工作或者居住的适龄学生、少年，在其父母或者其他法定监护人工作或者居住地接受义务教育的，当地人民政府应当为其提供平等接受义务教育的条件。"

2012 年，国务院总理温家宝做政府工作报告时指出："扎实推进教育公平。深入贯彻落实教育改革和发展规划纲要。免除 3000 多万名农村寄宿制学生住宿费，其中 1228 万名中西部家庭经济困难学生享受生活补助。建立起完整的家庭经济困难学生资助体系。初步解决农民工随迁子女在城市接受义务教育的问题。"

2013 年，国务院总理温家宝做政府工作报告时指出："初步解决进城务工人员随迁子女在城市接受义务教育问题，现有 1260 万农村户籍学生在城市接受义务教育。实施惠及 3000 多万农村义务教育阶段学生营养改善计划。"

2014 年，国务院总理李克强做政府工作报告时指出："要有序推进农业转移人口市民化。推动户籍制度改革，实行不同规模城市差别化落户政策。把有能力、有意愿并长期在城镇务工经商的农民工及其家属逐步转为城镇居民。对未落户的农业转移人口，建立居住证制度。使更多进城务工人员随迁子女纳入城镇教育、实现异地升学，实施农民工职业技能提升计划。"

二　广东省出台的相关政策

2005年5月，广东省发布了《广东省妇女学生工作委员会关于加强流动妇女学生权益保障工作的意见》，意见提出了"流入地政府要把流动人员同住子女义务教育纳入当地教育发展规划和教育经费预算。以全日制公办中小学为主接收流动学生入学，并按照实际在校人数拨付学校公用费用"。坚持"两个为主"，落实政府责任。大力扶持和规范民办学校发展，为流动学生提供更多更好学位。

2011年7月，广东省人民政府办公厅发布了《关于做好进城务工人员随迁子女义务教育工作的意见》，意见指出要"高度重视做好随迁子女平等接受义务教育工作。统筹解决随迁子女平等接受义务教育问题：科学规划设置公办学校，规范城镇住宅小区学校建设和使用，鼓励和扶持举办面向随迁子女招生的民办学校。健全随迁子女平等接受义务教育的保障机制：完善随迁子女义务教育配套政策，健全经费保障机制，完善各级财政合理分担机制。进一步提高随迁子女义务教育服务质量和水平：创新资源配置机制和办学模式，加强对民办学校的管理和指导，建立健全随迁子女管理和服务制度。"

三　深圳市出台的相关政策

早在1993年，深圳市人民政府办公厅颁布《关于深圳经济特区中小学暂住户口学生入学有关问题的通知》（深府办〔1993〕95号），规定凡年满6周岁，具有深圳市户籍户口、蓝印户口学生和同时具备以下条件的暂住户口学生均可申请入学：①夫妇双方在深工作满一年以上；②夫妇双方及子女均有暂住证；③在深有固定住所。

2006 年，深圳市政府颁布《深圳市暂住人口子女接受义务教育管理办法（试行）》（深府办〔2006〕42 号），是《深圳市关于加强和完善人口管理工作的若干意见》的配套文件之一。规定凡年满 6 ~ 15 周岁，有学习能力，父、母在深连续居住 1 年以上，且能提供以下材料的暂住人口子女，可申请在深圳接受义务教育：①适龄学生出生证、由公安部门出具的适龄学生及其父母的原籍户口本、在深居住证或暂住证；②适龄学生父母在本市的有效房产证明和购房合同，或由当地街道办事处房屋租赁管理所提供的租房合同登记、备案材料；③适龄学生父母持有本市劳动保障部门出具的就业和社会保障证明，或者本市工商部门核发的营业执照副本等证明；④适龄学生父母现居住地街道办事处计划生育工作机构出具的计划生育证明材料；⑤适龄学生原户籍地乡（镇）以上教育管理部门开具的就学联系函，或学校开具的转学证明。

2008 年，深圳实施义务教育免费（含杂费、课本教材费、练习本费）政策。

2009 年 11 月，深圳市发展改革委、市教育局、市财政委联合发布《关于我市义务教育阶段学校收费问题的通知》，规定从 2009 年 1 月 1 日起，一律取消义务教育阶段中小学校学生借读费。

自 2012 年 9 月 1 日，深圳实施了《深圳市民办学校义务教育阶段学位补贴试行办法》，学位补贴对象为在深圳受政府委托的民办学校就读、符合深圳义务教育免费就读条件的学生。补贴标准为小学不超过每人每年5000 元、初中不超过每人每年 6000 元。

同日，深圳实施了《深圳市民办中小学教师长期从教津贴实施办法（试行）》，从教津贴对象为现正在深圳民办中小学校教学岗位工作，且符合在深圳民办中小学连续任教三年以上、其中在现学校连续任教满一个学期以上；具有相应的教师资格证；在深圳民办中小学连续任教期间已参加社会保险；近三年年度考核"称职"以上的教师。连续从教三年以上的，从第四年开始发放从教津贴，发放标准为：满三年每人每月 300 元，以后每满一年每人每月增加 100 元，每人每月至 1000 元止，不再增加。

2013 年，深圳在义务教育公办学校新生招生中试行积分入学办法，

2014 年全面推行积分入学办法。积分入学项目在深圳各个区都有不同的具体细则，积分项目包括学位申请人家庭户籍类型、住房性质、入户时间、居住年限、社保年限或纳税年限、计划生育情况等。根据学生积分随机均衡编班。

2013 年 6 月，深圳市根据中共广东省委教育工委《关于开展"我的中国梦"中小学主题教育活动的通知》精神，结合深圳市中小学教育实际，制定了"七彩年华·共筑梦想"——流动少年学生关爱行动活动方案。该方案包括"导师关爱""结对关爱""心灵关爱""志愿关爱""活动关爱""家教关爱""安全关爱"等行动。

四 学生父母对义务教育阶段政策的评价

（一）教育政策了解程度

1. 总体情况

如表 13-1 所示，多数学生父母对深圳市义务教育政策比较了解，说明他们对子女教育比较重视。在深圳出台的各项义务政策中，学生父母对"子女申请入学所需证明材料"了解度最高，其次依次是"公办民办中小学义务教育均免费""申请公办中小学学校入学的程序""取消中小学学生借读费""积分入学政策"。学生父母对"积分入学政策"不太了解，可能的原因是此政策于 2013 年才开始试行、2014 年才全面推行。

2. 多维视角分析

表 13-1 显示了多维视角下学生家长对深圳市义务教育阶段各项政策的了解程度。在性别视角、流动情况视角和学校性质视角下存在显著差异，具体情况如下。

从性别视角来看，母亲对政策的总体了解程度高于父亲，尤其在"积分入学政策""子女申请入学所需证明材料""申请公办学校入学的程序"三项政策上显著高于父亲。而对各项政策都不了解的父亲则明显多于母亲。可能是父亲更多地关注自己的工作和如何赚钱养家，母亲更关注家庭生活和子女发展，因此对教育政策更加了解。

从流动情况视角看，深圳本地学生父母对各项政策的了解程度最高、其次是城市流动学生父母，农村流动学生父母对教育政策了解度最低，可能有三个主要的原因：第一，流动学生父母通常有 2 个以上孩子，而深圳本地学生父母只有一个孩子，他们不像深圳本地父母那么重视学生教育；第二，流动学生父母工作强度大，可能没有时间去关注各种教育政策；第三，流动学生父母生活圈子相对封闭，可能没有更多的渠道了解各种教育政策。

从学校性质视角看，公办学校比民办学校的学生父母对教育政策的了解程度显著高。公办学校以深圳本地学生为主，而民办学校以流动学生为主。这与流动视角下的结果一致。

从学校类型视角看，中小学生父母对深圳教育政策的了解程度基本一致，不存在统计学上的显著差异。

表 13 - 1　不同学生群体父母对深圳市教育政策的了解情况差异（多选）

项目（%）	取消中小学借读费	公办民办学校义务教育免费	积分入学政策	子女申请入学所需证明材料	申请公办学校入学的程序	都不了解	样本量
总体	50.81	66.67	40.41	72.96	56.63	11.54	1923
性别							
父亲	50.41	66.19	38.11	68.95	52.36	14.34	976
母亲	51.64	67.54	43.31	78.07	62.06	7.79	912
LR 检验	ns	ns	*	***	***	***	
流动情况							
深圳本地学生	65.50	72.29	48.44	79.82	65.50	5.50	545
城市流动学生	60.84	68.98	48.49	75.90	60.24	8.43	332
农村流动学生	40.16	63.62	34.00	68.89	51.29	15.21	1006
LR 检验	***	**	***	***	***	***	
学校性质							
公办学校	61.85	72.49	51.22	83.81	67.25	4.41	1316
民办学校	26.85	54.04	16.97	49.42	33.61	27.02	607
LR 检验	***	***	***	***	***	***	

续表

项目（%）	取消中小学借读费	公办民办学校义务教育免费	积分入学政策	子女申请入学所需证明材料	申请公办学校入学的程序	都不了解	样本量
学校类型							
小学	51.76	66.13	40.47	73.70	57.40	10.54	939
初中	49.90	67.17	40.35	72.26	55.89	12.50	984
LR 检验	ns	ns	ns	ns	ns	ns	

（二）教育政策了解渠道

1. 总体情况

如表 13-2 所示，学生父母对教育政策的了解渠道主要是学校，其次依次是自己亲身经历、亲属/同乡、政府宣传、网络、电视/广播、所在企业、报纸、社区宣传和同事/朋友。

2. 多维视角分析

表 13-2 显示了多维视角下学生父母对教育政策了解渠道的情况。在性别、流动情况、学校性质和学校类型四个视角下都存在显著差异，具体情况如下。

从性别视角来看，学生父母了解教育政策的渠道显著不同，母亲更经常从"亲身经历"和"网络"来了解教育政策，而父亲则更经常从"政府宣传""所在企业"来了解。

从流动情况视角看，深圳本地学生父母选择"亲身经历"的比例比城市流动学生高 10 个百分点，比农村流动学生父母高近 20 个百分点。深圳本地学生父母和城市流动学生父母选择"政府宣传"的比例显著高于农村流动学生父母。农村流动学生父母选择"所在企业"的比例显著高于深圳本地学生父母和城市流动学生父母。深圳本地学生父母选择"报纸"和"网络"的比例显著高于流动学生父母。由此可见，农村流动学生父母了解政策的渠道很少，基本上是通过所在企业和亲属/同乡。

从学校性质视角看，公办学校学生父母通过"亲身经历""政府宣传"

"报纸""网络"等渠道的比例显著高于民办学校学生父母；而民办学校学生父母通过"社区宣传""所在企业""亲属/同乡"等渠道的比例显著高于公办学校学生父母。

从学校类型视角看，小学学生父母通过"亲身经历""亲属/同乡""网络"等渠道的比例高于初中学生父母；而初中学生父母通过"学校"来了解教育政策的比例则显著高于小学学生父母。

表13-2 不同学生群体父母对深圳市教育政策的了解渠道差异（多选）

项目（%）	亲身经历	学校	政府宣传	社区宣传	所在企业	亲属/同乡	同事/朋友	电视/广播	报纸	网络	样本量
总体	38.73	51.64	25.98	7.96	14.84	29.26	0.26	23.22	12.65	25.61	1921
性别											
父亲	35.83	49.69	28.75	8.73	16.22	28.85	0.31	23.82	13.45	22.48	974
母亲	42.32	53.84	22.81	6.91	13.49	30.15	0.22	22.37	12.06	29.39	912
LR 检验	**	+	**	ns	+	ns	ns	ns	ns	***	
流动情况											
深圳本地学生	50.74	52.94	30.51	7.54	6.07	24.26	0.55	22.98	17.83	31.25	544
城市流动学生	40.06	55.72	29.82	7.53	12.95	28.61	0.00	19.58	12.95	27.11	332
农村流动学生	31.94	49.85	22.39	8.56	20.00	32.54	0.20	24.38	9.75	22.29	1005
LR 检验	***	ns	***	ns	***	**	ns	ns	***	***	
学校性质											
公办学校	46.97	53.26	29.55	6.89	11.52	26.06	0.23	23.48	14.85	28.86	1320
民办学校	20.63	48.09	18.14	10.32	22.13	36.27	0.33	22.63	7.82	18.47	601
LR 检验	***	*	***	**	***	***	ns	ns	***	***	
学校类型											
小学	40.70	48.99	25.40	7.76	15.94	31.56	0.11	22.32	12.96	28.16	941
初中	36.84	54.18	26.53	8.16	13.78	27.04	0.41	24.08	12.35	23.16	980
LR 检验	+	*	ns	ns	ns	*	ns	ns	ns	*	

（三）政策支持情况

1. 总体情况

如表 13 - 3 及表 13 - 4 所示，绝大多数学生父母支持外来务工子女在深圳免费接收义务教育和外来务工子女与深圳本地学生就读同一学校的相关政策。非常支持前者的比例为 63.44%，后者为 52.05%。当然也有 0.92% 学生父母持反对意见。

2. 多维视角分析

表 13 - 3 显示了多维视角下学生父母对"深圳外来务工子女免费接受义务教育"政策的支持情况。在流动情况和学校性质视角下由于存在比例为 0.00 的项目，因此不能做 LR 检验，只能从百分比来比较学校类型视角下存在的显著差异，但在性别视角下不存在显著差异，具体情况如下。

表 13 - 3　学生父母对"深圳外来务工子女免费接受义务教育"的支持情况差异

项目（%）	非常支持	支持	一般	不支持	非常不支持	样本量	LR 检验
总体	63.44	29.74	5.90	0.51	0.41	1950	
性别							ns
父亲	62.91	29.65	6.54	0.50	0.40	995	
母亲	64.35	29.89	4.89	0.54	0.33	920	
流动情况							
深圳本地学生	49.00	40.80	8.20	1.82	0.18	549	
城市流动学生	80.90	17.31	1.79	0.00	0.00	335	
农村流动学生	65.66	28.00	5.75	0.00	0.59	1025	
学校性质							
公办学校	65.74	28.10	5.11	0.75	0.30	1331	
民办学校	58.48	33.28	7.59	0.00	0.65	619	
学校类型							***
小学	68.03	27.46	3.78	0.31	0.42	954	
初中	59.04	31.93	7.93	0.70	0.40	996	

从性别视角看，母亲比父亲支持深圳外来务工子女免费教育政策。但父母亲之间不存在统计学意义上的显著差异。

从流动情况视角看，流动学生父母比深圳学生父母更支持外来务工子女免费教育政策。选择非常支持深圳外来务工子女免费接受义务教育的城市流动学生父母比例最高，达80.90%，其次是农村流动学生父母，为65.66%，最后是深圳本地学生父母，为49.00%。

从学校性质视角看，公办学校学生父母选择支持外来务工子女在深圳免费接受义务教育的比例高于民办学校父母。

从学校类型视角看，小学生父母比中学生父母更加支持外来务工子女免费接受义务教育。

表13-4显示了多维视角下学生父母对"深圳外来务工子女和本地学生就读同一学校"的支持情况。在流动情况视角下，由于城市流动学生非常不支持的比例为0，因此不能做LR检验，只能用百分比来对比。而学校性质和学校类型两个视角下都存在显著差异，但在性别视角下不存在显著差异，具体情况如下。

表13-4 学生父母对"深圳外来务工子女和本地学生就读同一学校"的支持情况差异

项目（%）	非常支持	支持	一般	不支持	非常不支持	样本量	LR检验
总体	52.05	39.28	7.69	0.83	0.15	1950	
性别							ns
父亲	52.71	39.86	6.53	0.80	0.10	996	
母亲	51.58	38.74	8.70	0.87	0.11	919	
流动情况							
深圳本地学生	34.24	51.37	12.21	1.82	0.36	549	
城市流动学生	67.56	27.98	3.57	0.89	0.00	336	
农村流动学生	56.45	36.82	6.35	0.29	0.10	1024	
学校性质							+
公办学校	53.68	37.82	7.29	1.05	0.15	1330	
民办学校	48.55	42.42	8.55	0.32	0.16	620	

续表

项目（%）	非常支持	支持	一般	不支持	非常不支持	样本量	LR 检验
学校类型							***
小学	56.24	36.10	6.93	0.63	0.10	953	
初中	48.04	42.33	8.43	1.00	0.20	997	

从性别视角看，父亲比母亲更支持深圳外来务工子女和本地学生就读同一学校的教育政策，但父母亲之间不存在统计学意义上的显著差异。

从流动情况视角看，流动学生父母比深圳学生父母更支持外来务工子与本地学生就读同一学校。选择非常支持深圳外来务工子女和本地学生就读同一学校的城市流动学生父母比例最高，达 67.56%，其次是农村流动学生父母为 56.45%，最后是深圳本地学生父母为 34.24%。

从学校性质视角看，公办学校学生父母选择支持外来务工子女与深圳本地学生就读同一学校的比例高于民办学校父母。

从学校类型视角看，小学生父母非常显著地更加支持外来务工子女和本地学生就读同一学校。

由此可见，绝大多数学生父母支持外来务工子女在深圳免费接受义务教育和外来务工子女与深圳本地学生就读同一学校的相关政策。但也有极少数父母不支持这两项政策。父母亲对待教育政策不存在显著的性别差异。城市流动学生父母对教育政策的支持率最高，其次是农村流动学生父母，深圳本地学生父母支持率最低。可能的原因是，作为外来人口，绝大多数城市流动学生享受了深圳的免费教育政策，是政策的受益者，所以城市流动学生父母对政策高度支持。而深圳本地学生父母则可能担心外来务工子女抢夺本地学生优质的教育资源和拉低教育质量，虽然支持，但态度上没有那么强烈。值得注意的是，深圳本地学生父母选择非常支持"外来务工子女免费接受义务教育"的有 49.00%，但选择非常支持"深圳外来务工子女和本地学生就读同一学校"的比例降到了 34.24%，这体现了深圳本地学生父母对外来务工子女占用教育资源的一种担心。而小学生父母则对两项政策持非常支持的态度，可能的原因是小学的就学竞争压力比较

小，也有可能是小学父母中外来务工人员比例较大。

（四）具体政策评价

1. 总体情况

如表13－5、表13－6及表13－7所示，70.86%的学生父母认为在深圳为学生办理入学申请困难，70.15%的学生父母明确深圳申请入学的程序，74.62%的学生父母认为在深圳申请入学的手续麻烦。

2. 多维视角分析

表13－5显示了多维视角下学生家长对"申请入学"困难程度感知差异。在流动情况、学校性质两个视角下都存在显著差异，但在性别和学校类型视角下不存在显著差异，具体情况如下。

表13－5　不同学生群体父母对"申请入学"困难程度感知差异

项目（%）	非常难	有点难	一般	不太难	一点都不难	样本量	LR 检验
总体	29.54	41.32	17.21	7.58	4.35	1953	
性别							ns
父亲	29.66	41.98	16.43	8.02	3.91	998	
母亲	29.24	41.20	17.50	7.28	4.78	920	
流动情况							***
深圳本地学生	20.04	44.44	19.86	9.65	6.01	549	
城市流动学生	33.04	46.43	12.50	5.06	2.89	336	
农村流动学生	33.33	38.11	17.36	7.50	3.70	1026	
学校性质							***
公办学校	27.25	46.92	15.62	6.91	3.30	1332	
民办学校	34.46	29.31	20.61	9.02	6.60	621	
学校类型							ns
小学	32.29	40.13	16.08	7.42	4.08	957	
初中	26.91	42.47	18.27	7.73	4.62	996	

从性别视角看，父亲觉得申请入学困难的比例略高，但父母亲之间不存在统计学意义上的显著差异。

从流动情况视角看，流动学生父母明显比深圳本地学生父母更强烈地感到在深圳给学生申请入学困难。

从学校性质视角看，公办学校学生父母比民办学校父母更感到申请入学困难。

从学校类型视角看，小学生父母认为申请入学非常难的比例略高，而初中生父母认为申请入学有点难的比例略高，因而中小学父母不存在统计学意义上的显著差异。

表13-6显示了多维视角下学生家长对"申请入学程序"明确程度的感知差异。在性别、流动情况和学校性质三个视角下都存在显著差异，但在学校类型视角下不存在显著差异，具体情况如下。

表13-6　不同学生群体父母对"申请入学程序"明确程度感知差异

项目（%）	非常明确	有点明确	一般	不太明确	非常不明确	样本量	LR 检验
总体	37.53	32.62	17.97	9.78	2.10	1953	
性别							***
父亲	34.80	31.40	19.40	12.20	2.20	1000	
母亲	41.18	33.77	16.45	6.86	1.74	918	
流动情况							***
深圳本地学生	40.44	34.06	18.03	6.38	1.09	549	
城市流动学生	43.88	31.94	14.03	7.76	2.39	335	
农村流动学生	34.08	31.84	19.18	12.37	2.53	1027	
学校性质							***
公办学校	45.91	34.56	14.80	4.43	0.30	1331	
民办学校	19.61	28.46	24.76	21.22	5.95	622	
学校类型							ns
小学	37.93	32.60	17.04	10.34	2.09	957	
初中	37.15	32.63	18.87	9.24	2.11	996	

从性别视角看，母亲明显比父亲更明确申请入学的程序。

从流动情况视角看，农村流动学生父母对申请入学的程序最不明确，而城市流动学生父母对此最为明确。

从学校性质视角看，公办学校学生父母比民办学校学生父母更明确申

请入学的程序。

从学校类型视角看，中小学生父母对申请入学程序了解程度差不多，不存在显著差异。

表13-7显示了多维视角下学生家长认为"申请入学手续"的麻烦程度。在流动情况、学校性质和学校类型三个视角下都存在显著差异，但在性别视角下不存在显著差异，具体情况如下。

表13-7 不同学生群体父母对"申请入学手续"麻烦程度感知差异

项目（%）	非常麻烦	有点麻烦	一般	不太麻烦	一点都不麻烦	样本量	LR检验
总体	34.03	40.59	17.38	4.92	3.08	1951	
性别							ns
父亲	32.90	41.83	17.04	5.52	2.71	997	
母亲	35.36	39.83	17.31	4.24	3.26	919	
流动情况							**
深圳本地学生	28.05	44.08	19.68	5.28	2.91	549	
城市流动学生	40.12	40.72	13.77	3.29	2.10	334	
农村流动学生	35.44	38.75	16.95	5.45	3.41	1027	
学校性质							***
公办学校	34.16	43.84	16.67	3.83	1.50	1332	
民办学校	33.76	33.60	18.91	7.27	6.46	619	
学校类型							+
小学	36.89	39.50	15.98	4.91	2.72	957	
初中	31.29	41.65	18.71	4.93	3.42	994	

从性别视角看，母亲认为非常麻烦的比例略高，而父亲认为有点麻烦的比例略高，但父母之间不存在统计学意义上的显著差异。

从流动情况视角看，流动学生父母比深圳学生父母认为申请入学的手续麻烦，且城市流动学生父母感知最强烈。

从学校性质视角看，公办学校学生父母更觉得申请入学手续麻烦。

从学校类型视角看，小学生父母比中学生父母更认为申请入学手续麻烦。

由此可知，七成的学生父母对入学程序清楚，但普遍感觉在深圳为学生办理入学申请困难且手续麻烦。母亲比父亲对深圳入学程序更清楚，但父母对入学的困难和麻烦程度的感知基本一致，没什么差异；由于深圳政府明确规定了流动儿童在深圳公办学校接受义务教育必须符合"1＋5"的要求，多数农村流动学生不是独生子女，不符合公办学校入学要求，而多数城市流动学生符合公办学校入学要求，申请进入公办学校的比例较高，但需要准备的证明材料较多，因而城市流动学生父母认为申请入学难且手续麻烦的比例最高，其次是农村流动学生父母，而深圳本地学生父母比例最低。申请就读民办学校大多不需要各种证明材料，只需要交纳费用即可，因此民办学校学生父母比公办学校学生父母感到入学容易些。但公办学校的入学程序比较严格且规范，因此公办学校学生父母明确入学程序的比例明显更高。小学生父母比中学生父母更认为申请入学手续麻烦。

（五）教育政策的满意度

1. 总体情况

如表 13–8 及表 13–9 所示，70.17% 的学生父母满意接收非深户籍学生免费义务教育政策，79.89% 的学生父母满意学校执行义务教育免费政策情况。

2. 多维视角分析

表 13–8 显示了多维视角下学生家长对"接收非深户籍学生免费义务教育"政策的满意度差异。在流动情况和学校性质两个维度都存在显著差异，而在性别和流动类型视角下不存在显著差异，具体情况如下。

从性别视角看，父母亲对接收非深户籍学生免费义务教育政策满意度基本一致。

从流动情况视角看，城市流动学生父母对接收非深户籍学生免费义务教育政策满意度最高，其次是农村流动学生父母，最后是深圳本地学生父母。

从学校性质视角看，公办学校家长对接收非深户籍学生免费义务教育

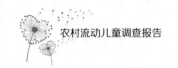

政策满意度更高。

从学校类型视角看，小学生父母比中学生父母对非深户籍学生免费义务教育政策满意度高。

表 13–8　不同学生群体父母对"接收非深户籍学生免费义务教育"政策的满意度差异

项目（%）	非常满意	有点满意	一般	不太满意	一点都不满意	样本量	LR 检验
总体	51.00	19.17	23.02	3.84	2.97	1951	
性别							ns
父亲	50.70	19.38	22.59	3.92	3.41	996	
母亲	51.74	18.59	23.26	3.91	2.50	920	
流动情况							***
深圳本地学生	41.17	22.22	33.15	2.00	1.46	549	
城市流动学生	62.39	16.72	14.32	4.18	2.39	335	
农村流动学生	52.24	18.42	20.38	4.87	4.09	1026	
学校性质							***
公办学校	56.23	19.37	21.47	2.10	0.83	1332	
民办学校	39.74	18.74	26.34	7.59	7.59	619	
学校类型							ns
小学	52.41	18.41	21.34	4.60	3.24	956	
初中	49.65	19.90	24.62	3.12	2.71	995	

表 13–9 显示了多维视角下学生家长对义务教育政策执行的满意程度。在流动情况、学校性质和学校类型三个视角下都存在显著差异，但在性别视角下不存在显著差异，具体情况如下。

从性别视角看，母亲对政策执行非常满意的比例高，而父亲对政策执行比较满意的比例高，但父母亲之间不存在统计学意义上的显著差异。

从流动情况视角看，城市流动学生父母对学校执行义务教育免费政策满意度最高，其次是深圳本地学生父母，最后是农村流动学生父母。

从学校性质视角看，公办学校家长对学校执行义务教育免费政策满意度更高。

从学校类型视角看，小学生父母比中学生父母对义务教育政策执行情况更满意。

表 13 – 9　不同学生群体父母对"学校执行义务教育"政策的满意度差异

项目（%）	非常满意	有点满意	一般	不太满意	一点都 不满意	样本量	LR 检验
总体	62.50	17.39	15.69	2.98	1.44	1944	
性别							ns
父亲	60.40	18.79	16.07	3.43	1.31	990	
母亲	65.07	15.89	14.91	2.61	1.52	919	
流动情况							***
深圳本地学生	62.84	20.40	15.12	0.91	0.73	549	
城市流动学生	69.25	13.43	13.14	3.58	0.60	335	
农村流动学生	60.10	17.06	16.86	3.82	2.16	1020	
学校性质							***
公办学校	71.90	16.53	10.44	0.90	0.23	1331	
民办学校	42.09	19.25	27.08	7.50	4.08	613	
学校类型							+
小学	65.06	16.16	13.95	3.36	1.47	953	
初中	60.04	18.57	17.36	2.62	1.41	991	

由此可见，七成的学生父母满意深圳对流动学生的教育政策及执行情况。但也有少部分父母不满意，且以农村流动学生父母居多。学生父母对教育政策及执行情况的满意度基本一致，不存在显著差异。由于城市流动学生满足深圳政府"5+1"条件的人数多，申请率高，受益面大，因而对入学政策及执行情况的满意度最高，而农村流动学生大多不满足政府"5+1"条件，只能被迫选择交纳各种费用的民办学校，因而对免费义务教育政策及执行情况最不满意。同样的，由于民办学校收取了较高的费用，因此民办学校学生父母对义务教育免费政策满意度低于公办学校学生父母。小学生父母比中学生父母对教育政策和执行情况满意度更高。

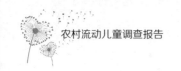

第二节 中等职业教育政策

一 国家出台的相关政策

2008 年，十七届三中全会通过的《中共中央关于推进农村改革发展若干重大问题的决定》做出了"加快发展农村中等职业教育并逐步实行免费"的决定。

2009 年财政部、国家发展改革委、教育部及人力资源和社会保障部联合下发《关于中等职业学校农村家庭经济困难学生和涉农专业学生免学费工作的意见》，意见要求从 2009 年秋季学期起，公办中等职业学校全日制正式学籍一、二、三年级在校生中农村家庭经济困难学生和涉农专业学生逐步免除学费。中等职业学校学生享受国家资助政策。具有全日制正式学籍的在校一、二年级所有农村户籍的学生和县镇非农业户口的学生以及城市家庭经济困难学生享受国家资助，每生每年 1500 元。中职学校特困生享受救助政策。对符合享受国家资助条件的，按规定享受国家助学金；有些中职学校成立了特困生救助基金会，多途径筹集资金，救助特困生。有的学校积极为特困生创造勤工俭学机会，组织特困生利用节假日打工赚钱，弥补学习和生活费用的不足。

2009 年下半年，为全面贯彻落实全国教育工作会议精神和《国家中长期教育改革和发展规划纲要（2010－2020 年)》，深入推进中等职业教育改革创新，加快培养高素质劳动者和技能型人才，切实提升中等职业教育服务经济社会发展的能力和水平，落实中央关于职业教育的重大决策和战略部署，教育部会同有关部门研究制定了《中等职业教育改革创新行动计划（2010－2012 年)》。旨在通过行动计划的制定实施，力争使《教育规划纲要》中的每一项任务在行动计划中都有与之对应的落实措施，以此推动各项任务要求细化与具体工作、落实到实际行动。

2010 年 11 月 27 日，教育部印发了《教育部关于印发〈中等职业教育改革创新行动计划（2010－2012 年)〉的通知》（教职成〔2010〕13 号），要求各地结合本地区（部门、单位）实际，采取切实有效的措施，抓紧部署，推进实施，保证进度，做出实效。

2014 年 5 月，国务院印发《关于加快发展现代职业教育的决定》，全面部署加快发展现代职业教育。决定明确了今后一个时期加快发展现代职业教育的指导思想、基本原则、目标任务和政策措施，提出"到 2020 年，形成适应发展需求、产教深度融合、中职高职衔接、职业教育与普通教育相互沟通，体现终身教育理念，具有中国特色、世界水平的现代职业教育体系"。教育部、国家发展改革委、财政部、人力资源和社会保障部、农业部、国务院扶贫办 23 日联合发布《现代职业教育体系建设规划（2014－2020年)》，明确提出职业教育"分步走"战略以及到 2015 年的初级发展目标。

二 广东省出台的相关政策

2009 年，广东省财政厅、省发改委、省教育厅、省人力资源和社会保障厅联合印发了《关于中等职业学校农村家庭困难学生和涉农专业学生免学费工作的实施意见（试行)》。根据意见，广东省从 2009 年秋季学期起，对中等职业学校全日制正式学籍一、二、三年级在校生中的农村家庭经济困难学生和涉农专业学生逐步免除学费（艺术类相关表演专业学生除外）。其中，2010 学年免费对象为广东省中职学校一、二年级在校生人数的 10%和涉农专业一、二年级在校生。符合条件并愿意接受中等职业教育的农村家庭经济困难学生，每年 3 月前向所在居委会或村委会提交申请，由县扶贫部门会同教育部门、人力资源和社会保障部门对贫困生名单进行审核，并按省、市下达的免学费招生生源计划数确定资助对象。

2010 年 9 月，根据《教育部关于做好 2010 年中等职业学校招生工作的通知》（教职成〔2010〕5 号）和《关于组织中等职业学校面向未升学高中毕业生开展职业教育与培训的通知》（粤教职函〔2010〕104 号）精神，为动员更多未升学高中毕业生报读中等职业技术学校，广东省组织了部分优质中等职业学校招收未升学高中毕业生，要求各市、县（市、区）教育局要高度重视未升学高中毕业生报读中等职业学校工作，要通过当地电视、报纸、网络媒体等多种途径向社会公布招生信息，方便这些学生报

读中等职业学校；并按照粤教职〔2009〕140号和粤教职函〔2010〕104号要求，督促各普通高中学校充分发挥原班主任和任课老师的作用，组织动员未升学高中毕业生积极报读中等职业技术学校。

2014年10月，为有效实施广东省"强师工程"中等职业学校教师素质技能提升培训、规范项目管理，省教育厅、财政厅研究制定了《广东省"强师工程"中等职业学校教师素质技能提升培训项目管理规定》，规定指出，中等职业学校教师素质提升和技能提升培训，要以培养"双师型"教师为目标，以提高教师理论教学和实践教学能力为重点，以校企合作为依托，培养一批专业理论扎实、职业技能娴熟、实践经验丰富、教学水平较高，掌握现代职业教育方法，能够在教育教学中起引领示范作用的骨干教师，带动提升中等职业学校教育教学质量。中等职业学校教师素质技能提升培训包括中职骨干教师培训、中职青年教师企业实习实践、中职专业带头人培养、中职校长高级研修、中职教师培训基地建设等项目。

三 深圳市出台的相关政策

2012年，为贯彻落实国家、省、市中长期教育改革发展规划，推动深圳市中等职业技术教育（含技工教育，下同）改革发展，增强中等职业技术教育对深圳市经济社会发展的服务能力，制定了《深圳市中等职业技术教育改革发展行动计划（2012－2015年）》，计划目标：到2015年，建立结构完整、运行机制开放有序、专业集群优势明显、国际化程度较高、与现代产业体系发展相匹配的中等职业技术教育体系。中等职业技术教育吸引力明显增强，中等职业技术学校毕业生就业创业能力显著提高。具体目标为：到2015年，办学条件明显改善、中等职业技术学校专业设置更趋合理、职业技术教育体系更加完善、师资队伍素质显著提高、人才培养质量明显提升、服务产业能力显著增强。

深圳市还对职业中学学生实行免学费资助和国家助学金资助，对象为深圳市公办中等职业学校全日制正式学籍一、二、三年级在校生（艺术类相关表演专业学生除外）中所有农村（含县镇）学生、城市涉农专业（如养殖、农副产品加工、农村经济管理、农业机械化等21类专业）学生和家庭经济困难学生、深圳市户籍学生以及符合深圳市《关于加强和完善人口管理工作的若干意见》及五个配套文件政策的其他城市学生；非涉农专业家庭经济困难学生和深圳市紧缺专业学生。其中，深圳市中等职业学校紧缺专业有：汽车运用与维修（技工院校为汽车维修）、计算机动漫与游戏制作（技工院校为多媒体制作）、数控技术应用（技工院校为数控加工）、珠宝玉石加工与营销（技工院校为珠宝首饰技术）、楼宇智能化设备安装与运行（技工院校为楼宇自动控制设备安装与维护）、制冷和空调设备运行与维修（技工院校为制冷设备制造安装与维修）、机电技术应用（技工院校为电气自动化设备安装与维修）、物流服务与管理（技工院校为现代物流）、酒店服务与管理［技工院校为饭店（酒店）服务与旅游（饭店服务方向）］、社区公共事务管理 10 个。

四　学生对职业教育免费政策的知晓度

（一）中职学校困难学生实行免费政策知晓度

1. 总体情况

如表 13 - 10 所示，学生普遍不太了解"困难学生免费职业教育政策"。20.56% 的学生非常了解或比较了解国家对公办中等职业学校的困难学生实行免费政策，而不太了解或一点都不了解的比例则高达 44.44%。

2. 多维视角分析

表 13 - 10 显示了多维视角下不同类型学校的学生对"困难学生实行免费"政策的知晓度差异。在性别和学校类型两个维度都存在显著差异，但在流动情况视角下不存在显著差异，具体情况如下。

从性别视角看，男生对困难学生免费职业教育政策的知晓度更高。可能的原因是，男生学习成绩欠佳，比女生更有可能选择就读职业中学。

从流动情况视角看，深圳本地学生比流动学生对免费职业教育政策的知晓度更高，而城市流动学生不了解的比例最高，但是不存在统计学意义上的显著差异。

从学校性质视角看，普通中学学生比职业中学学生对困难学生免费政策

的知晓度更高。可能的原因是本次调查对象为民办职业中学学生，而此政策主要针对公办职业中学，因此职业学校学生对免费政策知晓度比较低。

表 13 – 10 不同学校类型的学生对"困难学生实行免费"政策的知晓度差异

项目（%）	非常了解	比较了解	一般了解	不太了解	一点都不了解	样本量	LR 检验
总体	4.74	15.91	25.91	39.09	14.35	1540	
性别							**
男孩	5.99	16.65	23.53	38.18	15.65	901	
女孩	2.99	14.96	29.14	40.31	12.60	635	
流动情况							ns
深圳本地学生	7.75	16.97	24.35	38.01	12.92	271	
城市流动学生	3.33	15.71	22.39	39.52	19.05	210	
农村流动学生	4.36	16.13	27.28	38.74	13.49	986	
学校类型							**
普通中学	5.74	17.70	24.23	38.52	13.81	1028	
职业中学	2.73	12.30	29.31	40.23	15.43	512	

（二）中职学校涉农专业实行免费政策知晓度

1. 总体情况

如表 13 – 11 所示，学生普遍不了解"涉农专业实行免费职业教育政策"。13.41% 的学生非常了解或比较了解国家对公办中等职业学校的涉农专业学生实行免费政策，而不太了解或一点都不了解的比例则高达 66.97%。

2. 多维视角分析

表 13 – 11 显示了多维视角下不同学校类型的学生对"涉农专业学生实行免费"政策的知晓度差异。在性别、流动情况和学校类型三个维度都存在显著差异，具体情况如下。

从性别视角看，男生对涉农专业学生免费政策的知晓度更高。

从流动情况视角看，流动学生对涉农专业学生免费政策的知晓度比深圳本地学生更高。

从学校性质视角看，普通中学学生对涉农专业学生免费政策的知晓度更高。

表 13－11 不同类型学校学生对"涉农专业实行免费"政策的知晓度差异

项目（%）	非常了解	比较了解	一般了解	不太了解	一点都不了解	样本量	LR 检验
总体	3.01	10.40	19.62	44.34	22.63	1529	
性别							***
男孩	3.91	12.40	19.78	40.78	23.13	895	
女孩	1.75	7.62	19.36	49.52	21.75	630	
流动情况							*
深圳本地学生	3.37	7.12	18.72	49.44	21.35	267	
城市流动学生	1.91	13.88	15.31	39.23	29.67	209	
农村流动学生	3.06	10.81	21.10	43.93	21.10	981	
学校类型							*
普通中学	3.64	11.01	17.60	45.13	22.62	1017	
职业中学	1.76	9.18	23.63	42.77	22.66	512	

（三）中职学校紧缺人才专业实行免费政策知晓度

1. 总体情况

如表 13－12 所示，16.33%的学生非常了解或比较了解国家对公办中等职业学校的紧缺人才专业学生实行免费政策，而不太了解或一点都不了解的比例则高达 61.00%。

2. 多维视角分析

表 13－12 显示了多维视角下不同类型学校学生对"紧缺人才专业学生实行免费"政策的知晓度的差异。在性别、流动情况和学校类型三个视角下都存在显著差异，具体情况如下。

从性别视角看，男生对紧缺人才专业学生免费政策的知晓度稍高于女生。

从流动情况视角看，流动学生对紧缺人才专业学生免费政策的知晓度比深圳本地学生稍高，但深圳本地学生非常了解的比例最高。

从学校性质视角看，普通中学学生对紧缺人才专业学生免费政策的知晓度比中职生高，差异显著。

表 13 – 12　不同学校类型的学生对"紧缺人才专业学生实行免费"政策的知晓度差异

项目（%）	非常了解	比较了解	一般了解	不太了解	一点都不了解	样本量	LR 检验
总体	4.51	11.82	22.67	38.34	22.66	1531	
性别							+
男孩	5.47	12.95	22.88	36.16	22.54	896	
女孩	3.17	10.30	22.35	41.52	22.66	631	
流动情况							*
深圳本地学生	7.84	7.84	23.87	38.06	22.39	268	
城市流动学生	3.37	12.50	16.34	38.46	29.33	208	
农村流动学生	3.87	12.72	24.81	37.54	21.06	983	
学校类型							***
普通中学	5.69	10.40	19.53	40.14	24.24	1019	
职业中学	2.15	14.65	28.90	34.77	19.53	512	

由此可见，学生对三项免费职业教育政策的知晓度都较低，对涉农专业免费政策的知晓度最低，其次是紧缺人才专业免费政策，最后是困难学生免费政策的知晓度。男生比女生对免费职业教育政策的知晓度高，也许男生成绩不太好，未来就读职业中学的人多，因而对职业中学更加关注；流动学生比深圳本地学生对职业教育政策更了解，但深圳本地学生非常了解的比例更高。也许是流动学生成绩一般且不符合在深圳读高中的条件，因而比较关注职业教育政策，但因为了解渠道有限，因而非常了解的比例略低。有趣的是，普通中学学生对职业中学的各项免费政策知晓度比较高，而职业中学学生则对免费政策没有那么了解，回答一般了解的比例比较高。其中，职业中学学生对紧缺人才专业免费政策的了解度略好一些。

根据我们对职业中学学生的调查发现，57%左右的学生选择职业中学的原因是"学习技能有利于就业"，其次 32%左右的学生选择"成绩不好考不上普通高中"，而仅有 1%左右的学生是由于"实行免费政策"。看来，职业中学实行的各项免费政策并没有吸引更多学生报考职业中学，在学生中的知晓度也并不高。由此可见，对于政策的宣传还应该加强；免费政策并不能直接吸引学生就读，而是在技能有用的基础上免费，才更有可能吸引学生。

第三节 政策建议

深圳是一个城镇化率和城镇化质量都很高的城市，在其发展过程中，吸引了大量的外来务工人员，他们为深圳的现代化发展做出了卓越的贡献，他们和他们的子女应该享受到深圳改革的红利。为了促进教育公平，让流动学生享受到深圳良好的教育资源和公共服务，深圳市政府先后出台了若干保障和促进流动学生的义务教育政策和职业教育政策，取得了良好效果，但在实施过程中也存在若干问题。本节从政策执行的角度为促进流动学生教育公平和从健康发展角度提出 6 条政策建议。

一 加大教育政策的宣传力度，拓展宣传途径，提高流动学生及其父母对深圳市义务教育和中等职业教育政策的知晓度

从前面的调查结果看，流动学生父母，尤其是农村流动学生父母，对深圳义务教育政策知晓度远远低于深圳本地学生父母，而且他们了解政策的渠道比较单一封闭，主要通过社区宣传、企业宣传和同乡宣传等工作生活的"小圈子"获取信息，而深圳本地学生父母主要通过公共媒体获取信息。政府应该加强对企业和社区工作人员进行教育政策宣传，并经由他们作为窗口和桥梁，把这些政策传递给外来务工人员，有效促进流动学生父母对义务教育政策及相关程序的知晓度。

从前面的调查结果看，深圳职业学校学生的主体是农村流动学生。但职业学校学生对国家和深圳免费职业教育政策的知晓度都低于中学在校

生，且由于"免费政策"而选择读中职的学生仅为1%。由此可见，政府、学校、社区应该加强职业教育政策的宣传，尤其是三项免费政策（困难学生免费、涉农专业免费和紧缺人才专业免费）的宣传，吸引更多的流动学生，尤其是家庭贫困的流动学生进入职业中学，为深圳现代支柱产业尤其是高端服务业发展提供人力资源支撑。

二　民办学校增加社工岗位，开展学生心理辅导，改善流动学生的不良行为，促进其健康成长

从调查样本看，深圳民办学校的主体是流动学生，由于流动经历和家庭经济条件较差等原因，与深圳本地学生相比，流动学生在亲子关系、学校学习、心理健康、社会融合等方面或多或少存在一些问题，尤其是男生比女生有更多的不良行为习惯，如去网吧、网瘾、打架等，需要专业心理教师进行疏导。但民办学校因为资金短缺，几乎都没有设置专职的心理辅导老师或社会工作者。

2007年开始，深圳开展了较为全面的社会工作试点，学校社会工作亦包括其中，截至2013年9月，深圳学校社工已有165人，他们本着助人自助的理念，运用社会工作专业方法和技巧，结合青少年学生的实际需求，有针对性地开展情绪疏导、心理辅导、人际关系调解、学业生涯规划等服务，获得了师生和家长的好评。目前，深圳学校社工主要工作在公办学校，而最需要社工进驻的民办学校中社工数量非常少。我们在对民办学校校长访谈中发现，几个民办学校校长们一致呼吁政府在民办学校也设置相应的社工岗位，协助学校共同促进学生发展。

因此建议深圳市政府加大对民办学校社工岗位的设置，采取向社工机构购买服务的方式，在每一个民办学校都设置学校社工，开展青少年学生专业服务，完善学校教育功能。

三　加强中小学校与社区"四点半学校"间的有效衔接和良性互动，构建立体式公共教育服务体系，解决流动学生失管失教问题，促进学生安全成长

深圳小学生4点放学，而其父母6点才下班回家。在这两小时里，小

学生失管失教和安全问题日益严峻，为了解决学校放学后、家长下班前部分未成年人的无人看管问题，2009 年 6 月，深圳市启动社区"四点半学校"试点工作，社区"四点半学校"设置"课业辅导区"和"综合活动区"两个功能区，分别用于完成家庭作业和开展各种活动。从坪山沙田社区服务中心了解到，每天四点半学校都会接待 10 来个固定学生，其中 2 名是本地学生，其他都是流动学生，四点半学校的专业社工每天会辅导他们完成作业，并纠正作业中的错误。每天还会安排一名值班班长，组织学生展示自己的才艺。访谈中，坪山二小的李校长说他们学校和石景社区合作两年多，他们每天会派老师协助社工一起辅导学生的作业，开展假期活动，解决了流动学生父母的后顾之忧。但从沙田社区了解到，他们和附近学校有业务往来，但几乎都是进驻学校开展活动，如在幼儿园开展母亲节活动，在小学开展家庭教育讲座，通过学校招募暑期学习班学员等。没有学校的在职或退休老师来四点半学校帮忙辅导学生，只有少数工厂的义工过来辅导学生功课。

因此建议学校加强与社区的合作，建立无缝链接，鼓励在职或退休老师作为志愿者参与四点半学生的辅导工作，不仅帮忙解决流动学生父母的后顾之忧，也能促进学生在这个平台安全快乐的成长。

四　学校应保护流动学生学习的积极性，提供相应的学习方法指导，促进流动学生提高学习能力与学习成绩

访谈中，很多校长和老师认为流动学生学习无目标，成绩较差。我们从前面调查可知，流动学生比深圳本地学生的学习动机、学习积极性、想考大学的比例都高，但因为流动、城乡学校差异和家长辅导少等原因，流动学生成绩不是很好，他们在学习中得不到乐趣和成就感，不断的学业失败使流动学生渐渐丧失学习兴趣。访谈中，一名初二学生反复强调"学习太难，学不懂"，而且他在学业无助时，没有任何人引导他、鼓励他、辅导他，他说："初中毕业就直接出去打工，再也不学习了。"

知识改变命运，学习改变人生，终身学习是每个人的人生旅途中不可或缺的组成部分。学校应提供相应的学业指导，教学生如何制定学习目

标，如何掌握学习策略，如何自主学习。Pintrich 等指出，学生应用学习策略不但可以提高学业成绩，而且可以增强自我效能①。对于中小学生而言，要想成为自主学习者，必须掌握两种学习策略并在学习中有效地加以应用：一种是基本的认知策略，即直接作用于学习内容的认知加工策略；另一种是支持性的元认知策略，即调控学习活动，使学习活动能顺利进行的策略。

五　学校应弱化学生的身份，引导深圳本地学生和流动学生交流互动，帮助流动学生尽快融入新的环境

每个学生都是坠入人间的天使，天真无邪，纯洁可爱，他们不像成人那样世故，功利，戴着有色眼镜，因此，学生之间没有太多的社会融合障碍和问题。从前面的调查结果看，流动学生和深圳本地学生融合得较好，且小学生比中学生社会融合得好，学生比家长融合得好。但值得关注的是流动学生的朋友圈以流动学生为主，也许是他们住在流动人口聚集地，也许是学校本身流动学生就多，但学校都应该关注这个现象，教师应该传递和强化"每个人都是独特的，每个人都是平等的"观念，不要给学生贴上标签，如"本地学生""流动学生""外来学生"等。教师在授课的过程中，可以多讲一些中国各个地方的风俗习惯，或者让来自各个地方的学生自己讲述家乡的美好。告诉学生不管在祖国的哪个地方，我们都是一家人，从而不让学生产生你是深圳人我是外地人的想法。

六　流动学生父母应加强与学生的沟通，建立和谐亲子关系，形成正确的家庭教育方式，促进学生健康快乐成长

父母是学生的第一任老师，父母对学生的成长起着不可估量的作用。从前面的调查可知，流动学生父母和深圳本地学生父母一样爱自己的学生，但由于他们文化程度低、工作忙，对家庭教育的重视度不够，与学生沟通较少、亲密度较差，这些无疑会影响学生的安全感和对他人的信

---

① Pintrich, P. R., "The Role of Motivation in Promoting and Sustaining Self-regulated Learning", *Int. J. Educ. Res.*. 1999, 31: 459 – 470.

任感。

　　政府、企业和社区应从教育学和心理学的角度多宣传家庭教育的重要性，亲子关系的重要性，以及家庭教育和亲子互动的策略。让流动学生父母意识到家庭教育对学生的一生都很重要，继而在工作之余，加强与学生的沟通，促进学生健康快乐成长。

参考文献

[1] 国家卫生和计划生育委员会流动人口司：《中国流动人口发展报告（2013）》，中国人口出版社，2013。

[2] 全国妇联课题组：《全国农村留守儿童、城乡流动儿童状况研究报告》，《中国妇运》2013 年第 6 期，第 30 ~ 34 页。

[3] 王红时，范晓玲：《价值观与大学生心理健康关系的研究》，《长春大学学报》2008 年第 4 期，第 73 ~ 75 页。

[4] 林崇德、杨治良、黄希庭主编《心理学大辞典》，上海教育出版社，2005。

[5] 陈旭：《留守儿童的社会性发展问题与社会支持系统》，人民出版社，2013，第 1 ~ 2 页。

[6] 叶平枝：《儿童社会退缩的概念、分型及干预研究述评》，《调查与研究》2005 年第 11 期，第 22 ~ 24 页。

[7] 覃玉宇：《童年中期的攻击行为对同伴关系的影响研究》，华中师范大学硕士学位论文，2003。

[8] 悦中山、杜海峰、李树茁、费尔德曼：《当代西方社会融合研究的概念、理论及应用》，《公共管理学报》2009 年第 2 期，第 114 ~ 121 页。

[9] 范兴华：《家庭处境不利对农村留守儿童心理适应的影响》，湖南师范大学出版社，2012。

[10] 董妍：《流动儿童心理健康教育》，开明出版社，2012。

[11] 周德钧、王之:《分享城市阳光——流动儿童的成长困境与融合教育之道》,华中科技大学出版社,2014。

[12] 肖庆华:《农村留守与流动儿童的教育》,中国社会科学出版社,2012。

[13] 叶敬忠、杨照:《关爱留守儿童——行动与对策》,社会科学文献出版社,2008。

[14] 江立华、符平:《转型期留守儿童问题研究》,上海三联书店,2013。

[15] 赵俊超:《中国留守儿童调查》,人民出版社,2012。

[16] 袁振国:《当代教育学》,教育科学出版社,1999。

[17] 李少聪:《农村留守儿童心理及行为问题疏导》,第四军医大学出版社,2011。

[18] 曾守锤:《流动儿童的心理弹性和积极发展:研究、干预与反思》,《华东师范大学学报(教育科学版)》2011年第3期,第62~67页。

[19] 张丽、张建华、栾筠竹、杨苑芬:《广州市白云区流动儿童行为问题特征研究》,《中国全科医学》2012年第25期,第2950~2952页。

[20] 李晓巍、邹泓、金灿灿、柯锐:《流动儿童的问题行为与人格、家庭功能的关系》,《心理发展与教育》2008年第2期,第54~59页。

[21] 张巧玲、张曼华、刘婷:《北京市流动儿童心理健康状况》,《中国健康心理学杂志》2013年第8期,第1237~1239页。

[22] 刘正荣:《进城就业农民工子女心理健康问题研究》,扬州大学硕士学位论文,2006。

[23] 茆怡娟、王守恒:《进城农民工子女的心理状况研究文献综述》,《基础教育研究》2011年第1期,第51~57页。

[24] 胡宁、方晓义、蔺秀云、刘杨:《北京流动儿童的流动性、社交焦虑及对孤独感的影响》,《应用心理学》2009年第2期,第166~169页。

[25] 李晓巍、邹泓、王莉:《北京市公立学校与打工子弟学校流动儿童学校适应的比较研究》,《中国特殊教育》2009年第9期,第81-85页。

[26] 刘霞、申继亮：《流动儿童的歧视知觉及与自尊的关系》，《心理科学》2010 年第 3 期，第 695 ~ 697 页。

[27] 方晓义、戴丽琼、房超、邓林园：《亲子沟通问题与青少年社会适应的关系》，《心理发展与教育》2006 年第 3 期，第 47 ~ 52 页。

[28] 吴彦文：《初中生父母养育方式与心理健康的相关研究》，《牡丹江教育学院学报》2012 年第 30 期，第 71 ~ 72 页。

[29] 余毅震、胡虞志、王玉玲：《父母教育方式对青少年心理健康影响的研究》，《中国学校卫生》1996 年第 2 期，第 89 ~ 91 页。

[30] 马燕、李玉茹：《不良的家庭教育方式对子女心理的影响》，《中国学校卫生》1997 年第 5 期，第 343 ~ 344 页。

[31] 施学忠、吴敏等：《家庭教育方式与儿童青少年的心理问题》，《中国学校卫生》2002 年第 2 期。

[32] 栾文敬、路红红、童玉林、吕丹娜：《家庭关系对流动儿童心理健康的影响》，《学前教育研究》2013 年第 2 期，第 27 ~ 36 页。

[33] 胡军生、王登峰、李泉：《农村中学生心理健康状况及其影响因素研究》，《中国临床心理学杂志》2005 年第 4 期，第 449 ~ 451 页。

[34] 王毅杰、高燕：《流动儿童与城市社会融合》，社会科学文献出版社，2010。

[35] 张铁道、梁威：《流动人口子女教育问题研究》，未来出版社，2003。

[36] 全国十二所重点大学：《教育学基础》，教育科学出版社，2002。

[37] 陈淑丽：《加强和改进中职生社会主义核心价值体系教育的思考》，《当代教育论坛》2008 年第 9 期，第 24 ~ 26 页。

[38] 王丽娟：《中职生社会主义核心价值观培育策略》，《教育理论与实践》2015 年第 6 期，第 27 ~ 28 页。

[39] 朱莉：《中职生价值观培养的策略与方法》，《职业》2014 年第 5 期，第 120 ~ 121 页。

[40] 杨运齐：《增强中职生社会主义核心价值观教育的实效性》，《中国职业教育》2014 年第 14 期，第 77 ~ 78 页。

[41] 王景珍：《试论中职生职业价值观教育》，《河南科技学院学报》2011

年第 6 期，第 68 ~ 70 页。

[42] 侯娟、邹泓、李晓巍：《流动儿童家庭环境的特点及其对生活满意度的影响》，《心理发展与教育》2009 年第 2 期，第 78 ~ 85 页。

[43] 袁立新、张积家、苏小兰：《公立学校与民工子弟学校流动儿童心理健康状况比较》，《中国学校卫生》2009 年第 30 期，第 851 ~ 853 页。

[44] 刘欣、师保国、肖敏敏：《流动儿童的自尊与幸福感——不同学校类型的作用》，《贵州师范大学学报（自然科学版）》2012 年第 30 期，第 44 ~ 48 页。

[45] 曾守锤：《流动儿童的幸福感研究》，《中国青年研究》2008 年第 9 期，第 37 ~ 41 页。

[46] 王瑞敏、邹泓：《北京市流动儿童主观幸福感的特点》，《中国心理卫生杂志》2010 年第 2 期，第 131 ~ 134 页、第 148 页。

[47] 徐凤娇、邓瑞姣：《长沙市流动儿童幸福感及其影响因素分析》，《中国学校卫生》2011 年第 32 期，第 544 – 546 页。

[48] 李华英：《流动初中生学校适应及其与社会支持、生活满意度的关系》，河南大学硕士学位论文，2011。

[49] 徐丽敏、单红伟：《农民工随迁子女的主观幸福感调查分析——以天津市为例》，《社会福利》（理论版）2013 年第 2 期，第 48 ~ 52 页。

[50] 余毅震、胡虞志、王玉玲、尹玉娥：《父母教育方式对青少年心理健康影响的研究》，《中国学校卫生》1996 年第 17 期，第 89 ~ 91 页、第 161 页。

[51] 王建中、汪群：《父母教养方式与大学生心理健康状况分析》，《中国心理卫生杂志》1996 年增刊，第 104 ~ 105 页。

[52] 钱铭怡、肖广兰：《青少年心理健康水平、自我效能、自尊与父母养育方式的相关研究》，《心理科学》1998 年第 21 期，第 553 ~ 555 页。

[53] 姜国瑞、汤家彦：《部队士兵家庭教养方式与心理健康状况的关系》，《中国健康心理学志》2009 年第 17 期，第 675 ~ 677 页。

[54] 郑立新、陶广放：《儿童主观生活满意度影响因素的研究》，《中国临床心理学杂志》2001 年第 9 期，第 105 ~ 107 页。

[55] 王金霞、王吉春：《中学生一般生活满意度与家庭因素的关系研究》，《心理与行为研究》2005 年第 3 期，第 301～304 页。

[56] 杨冠军：《父母教养方式对中学生主观幸福感的影响》，《无锡职业技术学院学报》2010 年第 9 期，第 93～96 页。

[57] 张素琴、张小聪、周甦：《流动儿童主观幸福感及影响因素研究》，《社会心理科学》2013 年第 11 期，第 68～72 页。

[58] 王玉凤：《学业不良学生的主观幸福感研究》，华东师范大学硕士学位论文，2007。

[59] 蒋佩、聂衍刚：《回汉初中生生活满意度及教养方式的对比研究》，《青海民族研究》2008 年第 19 期，第 163～165 页。

[60] 王世嬛：《父亲教养方式与母亲教养方式的关系研究》，《济宁学院学报》2013 年第 34 期，第 45～48 页。

[61] 郑忠梅：《论父母在儿童社会性发展中的作用（上）》，《教育导刊（幼儿教育）》2000 年第 6 期，第 8～10 页。

[62] 赵金霞、王美芳：《母亲教养方式与幼儿行为问题、同伴交往的关系》，《中国临床心理学杂志》2010 年第 18 期，第 664～666 页。

[63] 李丹、崔丽莹、岑国桢、周嘉、陈欣银：《6～8 岁儿童同伴互动及与父亲教养方式的关系》，《心理科学》2004 年第 27 期，第 803～806 页。

[64] 李维：《从母子的依恋到父子的互动》，《当代青年研究》1998 年第 6 期，第 15～17 页。

[65] 朱宇、林李月：《流动人口的流迁模式、权益问题和社会保护：以福建省为例》，海洋出版社，2013。

[66] 梁鸿：《中国在梁庄》，江苏人民出版社，2011。

[67] 梁鸿：《出梁庄记》，花城出版社，2013。

[68] [美] 罗杰·霍克：《改变心理学的 40 项研究》，白学军等译，人民邮电出版社，2014。

[69] [苏] 艾达罗娃等：《小学生家庭教育》，汪昌仁等译，教育科学出版社，2004。

[70] G. H. 埃尔德:《大萧条的孩子们》,译林出版社,2002。

[71] Aberg , K. C. , Clarke, A. M. , Sandi, C. , et al. , "Trait Anxiety and Post-learning Stress do not Affect Perceptual Learning", *Neurobiol Learn Mem*, 2012 (3), pp. 46 – 53.

[72] Keogh, E. , Ench, C. C. , "Test Anxiety, Evaluative Stress, and Susceptibility to Distraction from Threat", *European Journal of Personality*, 2001, 15 (2), pp. 123 – 141.

[73] Crick, N. R. , Grotpeter, J. K. , "Relational Aggression, Gender and Social-psychological Adjustment", *Child Development*, 1995 (6), pp. 710 – 722.

[74] L. Srole. , "Social Integration and Certain Corollaries: An Exploratory Study", *American Sociological Review*, 1956, 21 (6), pp. 709 – 716.

[75] Pintrich, P. R. , "The Role of Motivation in Promoting and Sustaining Self-regulated Learning", *Int. J. Educ. Res.* , 1999 (31), pp. 459 – 470.

[76] Achenbach, T. M. , Mcconaughy, S. H. , Howell, C. T. , "Child Adolescent Behavioral and Emotional Problems: Implications of Cross-informant Correlations for Situational Specificity", *Psychological Bulletin*, 1987, 101 (2), pp. 213 – 2321.

[77] Darling, N. , Steinberg, L. , "Parenting Style as Context: An Integrative Model", Psychological Bulletin, 1993 (11), pp. 487 – 496.

[78] Leung J. P. , Leung K. , "Life Satisfaction Self-concept and Relationship with Parents in Adolescence", Youth Adolescence, 1992 (21), pp. 653 – 665.

[79] Criss, M. M. , Pettit, G. S. , Bates, J. E. , "Family Adversity, Positive Peer Relationships and Children's Externalizing Behavior: A Longitudinal Perspective on Risk and Resilience", Child Development, 2002, 73 (4), pp. 1220 – 1237.

[80] Dew, T. , Huebner , E. S. , "Adolescents Perceived Quality of Life: An Exploratory Investigation", Journal of School Psychology, 1994, 32 (2), pp. 185 – 199.

附录一
小学在校生调查问卷

第一部分　个人信息

101　你是男孩还是女孩：1. 男孩　　　2. 女孩

102　你的出生年月：□□□□年□□月（如果不知道生日，请填写你___
　　　___岁）

103　你是几年级：1. 四年级　　　2. 五年级　　　3. 六年级

104　你的户口是：1. 农村户口　　2. 城市户口　　3. 不清楚

105　从小学一年级到现在，你总共在几个学校上过学？

106　你从几年级开始在本校上学？

　　　1. 一年级　　　2. 二年级　　　3. 三年级

　　　4. 四年级　　　5. 五年级　　　6. 六年级

107　你爸爸是做什么的（工作）？（请注明）：_____

108　你妈妈是做什么的（工作）？（请注明）：_____

109　现在你跟下面哪些人住在一起？（可多选）

　　　1. 爸爸　　　2. 妈妈　　　3. 爷爷/奶奶

　　　4. 外公/外婆　5. 兄弟姐妹　6. 其他（请注明）_____

110　你平均每周可支配的零花钱有多少（如果没有请填0元，然后直接
　　　跳到201题）？□□□元

110.1　这些零花钱主要用于哪方面？（最多选两项）

　　　1. 吃饭　　　2. 零食　　　3. 文具、书籍

268

4. 玩具　　　5. 娱乐、交友　6. 其他（请注明）＿＿＿＿＿＿

第二部分　家庭信息

201　你父母参加家长会吗？

　　1. 经常　　　2. 有时　　　3. 很少　　　4. 从不

202　你父母过问你的学习或作业吗？

　　1. 经常　　　2. 有时　　　3. 很少　　　4. 从来没有

203　除了老师，谁辅导你的学习和作业？

　　1. 无人辅导（跳问到 205）　　　2. 爸爸妈妈

　　3. 爷爷/奶奶或外公/外婆　　　4. 兄弟姐妹

　　5. 家教/课外辅导班　　　6. 其他（请注明）＿＿＿＿＿＿

204　有人辅导作业，辅导你作业的情况：1. 经常　　2. 有时　　3. 很少

205　你觉得每天作业多吗？1. 多　　2. 一般　　3. 不多

206　你每天的作业能自己独立完成吗？

　　1. 全部可以　　　2. 大部分可以　　　3. 一半左右可以

　　4. 小部分可以　　　5. 完全不能

207　父母经常吵架吗？1. 经常　　2. 有时　　　3. 很少　　　4. 从不

208　当你做错事时，爸爸妈妈通常怎么教育你？

　　1. 讲道理　　　2. 大吼　　　　3. 打骂

　　4. 安慰　　　　5. 不管　　　　6. 其他（请注明）＿＿＿＿＿＿

209　你爱妈妈吗？

　　1. 非常爱　　2. 比较爱　　3. 一般　　4. 不太爱　　5. 一点不爱

210　请根据实际情况回答下列跟妈妈有关的问题。（1. 从不　　2. 很少

　　3. 有时　　4. 经常）

210.1	遇到不开心的事情，妈妈总是安慰我，让我觉得很温暖	□
210.2	有时甚至为一点儿鸡毛蒜皮的小事，妈妈也会严厉地惩罚我	□
210.3	妈妈经常对我说她不喜欢我在家里的表现	□

| 210.4 | 妈妈对我该做什么、不该做什么都有严格的限制而且绝不让步 | ☐ |
| 210.5 | 妈妈对我的什么事情都不管 | ☐ |

211　你爱爸爸吗？

　　1. 非常爱　　2. 比较爱　　3. 一般　　4. 不太爱　　5. 一点不爱

212　请根据实际情况回答下列跟爸爸有关的问题（1. 从不　2. 很少
　　3. 有时　4. 经常）

212.1	遇到不开心的事情，爸爸总是安慰我，让我觉得很温暖	☐
212.2	有时甚至为一点儿鸡毛蒜皮的小事，爸爸也会严厉地惩罚我	☐
212.3	爸爸经常对我说他不喜欢我在家里的表现	☐
212.4	爸爸对我该做什么、不该做什么都有严格的限制而且绝不让步	☐
212.5	爸爸对我的什么事情都不管	☐

第三部分　学校信息

301　你喜欢上学吗？1. 喜欢　　2. 不喜欢　　3. 说不清

302　你觉得老师对你友好吗？

　　1. 都很友好　　　　2. 大多数很友好　　　　3. 一半左右友好

　　4. 大多数都不友好　5. 都不友好

303　你觉得同学对你友好吗？

　　1. 都很友好　　　　2. 大多数很友好　　　　3. 一半左右友好

　　4. 大多数都不友好　5. 都不友好

304　老师上课讲的内容你都能懂吗？

　　1. 都能懂　　　　2. 多数能懂　　　　3. 一半左右能懂

　　4. 少数能懂　　　5. 一点不懂

305　当你遇到听不懂的内容，你通常会问谁：（可多选）

　　1. 老师　　　　2. 同学　　　　3. 家长

　　4. 谁都不问　　5. 其他（请注明）＿＿＿＿＿＿

306　以下科目，你觉得哪科最难？1. 英语　　2. 数学　　3. 语文

307 你喜欢学习吗？ 1. 喜欢　　 2. 不喜欢　　 3. 说不清

308 学习对你来说是一件困难的事情吗？ 1. 难　　 2. 一般　　 3. 不难

309 你是否经常受到老师的表扬？ 1. 经常　 2. 有时　 3. 很少　 4. 从不

310 你经常在一起玩的同学和伙伴有几个？

311 你加入少先队的时间？

　　 1. 一年级　　　 2. 二年级　　　 3. 三年级　　　 4. 四年级

　　 5. 五年级　　　 6. 六年级　　　 7. 没加入

312 你在班里是班干部吗？如果是请注明是什么班干部。

　　 1. 是（请注明）＿＿＿＿＿　　 2. 否

313 你将来想考大学吗？ 1. 想　　 2. 不想　　 3. 没想过，不知道

第四部分　态度和行为

401 在过去几个月里，经常和你一起（如做作业、玩耍、说心里话）的下面各类人的数目是多少？

家人或亲属大约□□人，其中深圳本地人大约□□人。

同学大约□□人，其中深圳本地人大约□□人。

邻居大约□□人，其中深圳本地人大约□□人。

402 你是否同意以下观点？

（1. 非常同意　 2. 同意　 3. 既不同意也不反对　 4. 不同意　 5. 非常不同意）

　　 402.1　我觉得我是深圳的一员

　　 402.2　我希望别人把我看作深圳人

　　 402.3　我把自己看作是深圳的一部分

　　 402.4　我对深圳充满感情

　　 402.5　居住在深圳令我感到高兴

　　 402.6　与其他地方相比，我更喜欢生活在深圳

403 根据你的第一反应，回答下面的问题：如果你可以自愿选择的话

　　 （1. 非常同意　 2. 同意　 3. 既不同意也不反对　 4. 不同意　 5. 非常

不同意）

403.1 我愿意和深圳孩子共同居住在一个社区

403.2 我愿意和深圳孩子做同学

403.3 我愿意和深圳孩子做邻居

403.4 我愿意和深圳孩子做朋友

404 根据你的第一反应，回答下面的问题：如果你可以自愿选择的话
（1. 非常同意 2. 同意 3. 既不同意也不反对 4. 不同意 5. 非常
不同意）

404.1 我愿意与外来的农村孩子共同居住在一个社区

404.2 我愿意与外来的农村孩子做同学

404.3 我愿意与外来的农村孩子做邻居

404.4 我愿意与外来的农村孩子做朋友

405 你在最近一段时间里有下面的感觉吗？请从下面五个答案中进行
选择：
（1. 非常同意 2. 同意 3. 既不同意也不反对 4. 不同意 5. 非常
不同意）

1. 最近我觉得自己很孤单	☐	5. 我能辨别出什么是对，什么是错	☐
2. 我经常觉得别人看不起我	☐	6. 我愿意遵守小学生日常行为规范	☐
3. 我觉得没人真正关心、在乎我	☐	7. 我希望自己成为重要的人	☐
4. 我觉得自己的生活一团糟	☐		

406 在过去几周有这样的感觉吗
（1. 从不 2. 很少 3. 有时 4. 经常）

1. 我喜欢我目前的生活状况	☐	6. 我过得很好	☐
2. 我的生活进展顺利	☐	7. 我的生活很幸福	☐
3. 我的生活一切正常	☐	8. 我觉得正在经历的事情还不错	☐
4. 我想要改变生活中的很多事情	☐	9. 我拥有我想要的生活	☐
5. 我希望能过一种不一样的生活	☐	10. 我的生活比大多数孩子都好	☐

407　在本学期，你有下列行为吗？（ 1. 从不　2. 很少　3. 有时　4. 经常）

1. 只想一个人待着	☐	2. 害怕突然的声响	☐	3. 想到考试就紧张	☐
4. 不想跟别人玩	☐	5. 欺负同学	☐	6. 打游戏上瘾	☐
7. 做噩梦	☐	8. 去网吧	☐	9. 打架	☐
10. 总觉得被人跟着	☐	11. 总担心门没锁好	☐	12. 虐待小动物	☐

408　当你遇到开心或不开心的事情，你通常会第一个告诉：

1. 妈妈　　　　2. 爸爸　　　　3. 兄弟姐妹　　　　4. 老师

5. 同学或朋友　6. 谁也不告诉　7. 其他（请注明）＿＿＿＿＿

409　你有过被其他学生或校外青少年欺负（如抢劫、打骂、骚扰等）的经历吗？

1. 从来没有（跳问到 411）　　　2. 有时　　　3. 经常

410　当碰到这种情况，你通常怎么做的？

1. 告诉老师　　　2. 告诉家长　　　3. 告诉同学

4. 默默忍受　　　5. 反击抵抗　　　6. 其他（请注明）＿＿＿＿＿

411　你的老家在哪？

1. 深圳（问卷结束，下面的题不用答了，谢谢！）

2. 外地（请注明：＿＿＿＿＿省＿＿＿＿＿市）（请继续回答 B1 题）

B1　过去一年，你回过几次老家？

B2　你☐☐岁开始到城里生活（出生在城里且一直在城里生活填 0，然后直接回答 B4 题）。

B3　你来城市之前，和谁一起生活（可多选）

1. 爸爸　　　2. 妈妈　　　3. 爷爷/奶奶　　　　4. 外公/外婆

5. 兄弟姐妹　6. 其他（请注明）＿＿＿＿＿

B4　你几岁时来到深圳？

B5　来深圳后，你家搬过几次家？

B6　你会说老家话吗？1. 会说　2. 仅能听懂　3. 听不懂

B7　你会说粤语吗？1. 会说　2. 仅能听懂　3. 听不懂

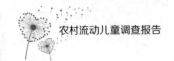

B8　你觉得你是城里人还是农村人？1. 城里人　2. 农村人　3. 都是

B9　你觉得你是深圳人还是外地人？1. 深圳人　2. 外地人　3. 都是

B10　你更喜欢在哪里生活？1. 深圳　2. 老家　3. 都可以

附录二
中学在校生问卷调查

第一部分　个人信息

101　你的性别：1. 男孩　　2. 女孩

102　你的出生年月：阳历：□□□□年□□月

103　你是几年级：1. 初一　　2. 初二　　3. 初三

104　你的户口是：1. 农村户口　　2. 城市户口　　3. 不清楚

105　从上小学一年级到现在，你总共在几个学校上过学？

106　上初中以来，你从几年级开始在本校上学？1. 初一　2. 初二　3. 初三

107　你爸爸是做什么的（工作）？（请注明）：_____

108　你妈妈是做什么的（工作）？（请注明）：_____

109　现在你跟下面哪些人住在一起？（可多选）

　　1. 爸爸　　2. 妈妈　　3. 爷爷/奶奶　　4. 外公/外婆

　　5. 兄弟姐妹　6. 其他（请注明）_____

110　你平均每周可支配的零花钱有多少（如果没有请填 0 元，然后直接跳到 201 题）？□□□元

　　110.1　这些零花钱主要用于哪方面？

　　1. 吃饭　　2. 零食　　3. 文具、书籍

　　4. 玩具　　5. 娱乐、交友　　6. 其他（请注明）_____

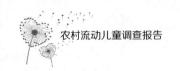

第二部分 家庭信息

201 你父母参加家长会吗？

    1. 经常   2. 有时   3. 很少   4. 从不

202 你父母过问你的学习或作业吗？

    1. 经常   2. 有时   3. 很少   4. 从来没有

203 除了老师，谁辅导你的学习和作业？

    1. 无人辅导（跳问到 205）   2. 爸爸妈妈

    3. 爷爷/奶奶或外公/外婆   4. 兄弟姐妹

    5. 家教/课外辅导班   6. 其他（请注明）_____

204 有人辅导作业，辅导你作业的情况：1. 经常   2. 有时   3. 很少

205 你觉得每天作业多吗？   1. 多   2. 一般   3. 不多

206 你每天的作业能自己独立完成吗？

    1. 全部都可以   2. 大部分可以   3. 一半左右可以

    4. 小部分可以   5. 完全不能

207 父母经常吵架吗？1. 经常 2. 有时 3. 很少 4. 从不

208 当你做错事时，爸爸妈妈通常怎么教育你？

    1. 讲道理   2. 大吼   3. 打骂

    4. 安慰   5. 不管   6. 其他（请注明）_____

209 你爱妈妈吗？

    1. 非常爱   2. 比较爱   3. 一般

    4. 不太爱   5. 一点不爱

210 请根据实际情况回答下列跟妈妈有关的问题。（1. 从不 2. 很少

    3. 有时 4. 经常）

209.1 遇到不开心的事情，妈妈总是安慰我，让我觉得很温暖	☐
209.2 有时甚至为一点儿鸡毛蒜皮的小事，妈妈也会严厉地惩罚我	☐
209.3 妈妈经常对我说她不喜欢我在家里的表现	☐

| 209.4 | 妈妈对我该做什么、不该做什么都有严格的限制而且绝不让步 | ☐ |
| 209.5 | 妈妈对我的什么事情都不管 | ☐ |

211　你爱爸爸吗?

1. 非常爱　　　2. 比较爱　　　3. 一般

4. 不太爱　　　5. 一点不爱

212　请根据实际情况回答下列跟爸爸有关的问题（1. 从不　2. 很少

3. 有时　4. 经常）

211.1	遇到不开心的事情，爸爸总是安慰我，让我觉得很温暖	☐
211.2	有时甚至为一点儿鸡毛蒜皮的小事，爸爸也会严厉地惩罚我	☐
211.3	爸爸经常对我说他不喜欢我在家里的表现	☐
211.4	爸爸对我该做什么、不该做什么都有严格的限制而且绝不让步	☐
211.5	爸爸对我的什么事情都不管	☐

第三部分　学校信息

301　你喜欢上学吗?

1. 非常喜欢　　　2. 比较喜欢　　　3. 一般

4. 不太喜欢　　　5. 一点不喜欢

302　你觉得老师对你友好吗?

1. 都很友好　　　2. 大多数很友好　　3. 一半左右友好

4. 大多数都不友好　5. 都不友好

303　你觉得同学对你友好吗?

1. 都很友好　　　2. 大多数很友好　　3. 一半左右友好

4. 大多数都不友好　5. 都不友好

304　老师上课讲的内容你都能懂吗?

1. 都能懂　　　2. 多数能懂　　　3. 一半左右能懂

4. 少数能懂　　　5. 一点不懂

277

305　当你遇到听不懂的内容，你通常会问谁：（可多选）

　　1. 老师　　　　　　2. 同学　　　　　　3. 家长

　　4. 谁都不问　　　　5. 其他（请注明）＿＿＿＿＿＿

306　以下科目，你觉得哪两科最难

　　1. 语文　　　　　　2. 数学　　　　　　3. 英语

　　4. 物理　　　　　　5. 化学　　　　　　6. 生物

　　7. 地理　　　　　　8. 历史　　　　　　9. 思品

　　10. 体育

307　你喜欢学习吗？

　　1. 喜欢　　　　　　2. 不喜欢　　　　　3. 说不清

308　学习对你来说是一件困难的事情吗？

　　1. 非常难　　　　　2. 比较难　　　　　3. 既不难也不容易

　　4. 比较容易　　　　5. 非常容易

309　你是否经常受到老师的表扬？

　　1. 经常　　　　　　2. 有时　　　　　　3. 很少　　　4. 从不

310　你经常在一起玩的同学和伙伴有几个？

311　你加入共青团的时间？

　　1. 初一　　　　　　2. 初二　　　　　　3. 初三　　　7. 没加入

312　你是班干部吗？如果是请注明是什么班干部。

　　1. 是（请注明）＿＿＿＿＿＿　　　　2. 否

313　你将来想考大学吗？

　　1. 想　　　　　　　2. 不想　　　　　　3. 没想过，不知道

314　你觉得你能考上大学吗？

　　1. 一定能　　　　　2. 也许能　　　　　3. 不知道

　　4. 不太能　　　　　5. 考不上

315　你初中毕业后，打算：

　　1. 读高中　　　　　2. 读职业中学（包括技校、中专）

　　3. 直接工作　　　　4. 没想过

　　314.1　（上题选 3 "直接工作" 的同学回答）如果读职业中学免费，

你愿意毕业后继续读职业学校吗?

1. 愿意　　　　　　2. 不愿意　　　　　　3. 不知道

316 你了解国家对公办中等职业学校城市和农村家庭经济困难学生实行
免费的政策吗?

1. 非常了解　　　　2. 比较了解　　　　　3. 一般了解

4. 不太了解　　　　5. 一点不了解

317 你了解国家对公办中等职业学校涉农专业(如养殖、农副产品加工、
农村经济管理、农业机械化等21类专业)学生实行免费的政策吗?

1. 非常了解　　　　2. 比较了解　　　　　3. 一般了解

4. 不太了解　　　　5. 一点不了解

318 你了解深圳市政府对公办中等职业学校紧缺人才专业(如计算机动
漫与游戏制作、物流服务与管理、汽运用与维修、珠宝玉石加工与
营销等专业)学生实行免费的政策吗?

1. 非常了解　　　　2. 比较了解　　　　　3. 一般了解

4. 不太了解　　　　5. 一点不了解

第四部分　态度和行为

401 在过去几个月里,经常和你一起(如做作业、玩耍、说心里话)的
下面各类人的数目是多少?

家人或亲属大约□□人,其中深圳本地人大约□□人。

同学大约□□人,其中深圳本地人大约□□人。

邻居大约□□人,其中深圳本地人大约□□人。

402 你是否同意以下观点?(1. 非常同意　2. 同意　3. 既不同意也不反
对　4. 不同意　5. 非常不同意)

402.1　我觉得我是深圳的一员

402.2　我希望别人把我看作深圳人

402.3　我把自己看作是深圳的一部分

402.4 我对深圳充满感情

402.5 居住在深圳令我感到高兴

402.6 与其他地方相比，我更喜欢生活在深圳

403 根据你的第一反应，回答下面的问题：如果你可以自愿选择的话
（1. 非常同意 2. 同意 3. 既不同意也不反对 4. 不同意 5. 非常不同意）

403.1 我愿意和深圳孩子共同居住在一个社区

403.2 我愿意和深圳孩子做同学

403.3 我愿意和深圳孩子做邻居

403.4 我愿意和深圳孩子做朋友

404 根据你的第一反应，回答下面的问题：如果你可以自愿选择的话
（1. 非常同意 2. 同意 3. 既不同意也不反对 4. 不同意 5. 非常不同意）

404.1 我愿意与外来的农村孩子共同居住在一个社区

404.2 我愿意与外来的农村孩子做同学

404.3 我愿意与外来的农村孩子做邻居

404.4 我愿意与外来的农村孩子做朋友

405 你在最近一段时间里有下面的感觉吗？你可以从下面五个答案中进行选择：

（1. 非常同意 2. 同意 3. 既不同意也不反对 4. 不同意 5. 非常不同意）

1. 最近我觉得自己很孤单	☐	5. 我能辨别出什么是对，什么是错	☐
2. 我经常觉得别人看不起我	☐	6. 我觉得自己的生活一团糟	☐
3. 我觉得没人真正关心、在乎我	☐	7. 我希望自己成为重要的人	☐
4. 我愿意遵守中学生日常行为规范	☐	8. 我能体验更多的轻松与快乐	☐

406 去几周有没有这样的感觉（1. 从不 2. 很少 3. 有时 4. 经常）

1. 我喜欢我目前的生活状况	☐	6. 我过得很好	☐
2. 我的生活进展顺利	☐	7. 我的生活很幸福	☐

3. 我的生活一切正常	☐	8. 我觉得我正在经历的事情还不错	☐
4. 我想要改变生活中的很多事情	☐	9. 我拥有我想要的生活	☐
5. 我希望能过一种不一样的生活	☐	10. 我的生活比大多数孩子都好	☐

407　在本学期，你有下列行为吗？（1. 从不　2. 很少　3. 有时　4. 经常）

1. 只想一个人待着	☐	2. 害怕突然的声响	☐	3. 想到考试就紧张	☐
4. 不喜欢跟别人玩	☐	5. 欺负同学	☐	6. 打游戏上瘾	☐
7. 做噩梦	☐	8. 去网吧	☐	9. 打架	☐
10. 总觉得被人跟着	☐	11. 总担心门没锁好	☐	12. 虐待小动物	☐
13. 早恋	☐	14. 抽烟	☐	15. 喝酒	☐
16. 离家出走	☐	17. 赌博	☐	18. 自残	☐

408　当你遇到开心或不开心的事情，你通常第一个会告诉：

1. 妈妈　　　　2. 爸爸　　　　3. 兄弟姐妹　　　　4. 老师

5. 同学或朋友　6. 谁也不告诉　7. 其他（请注明）_____

409　你有过被其他学生或校外青少年欺负（如抢劫，打骂，骚扰等）的经历吗？

1. 从来没有（跳问到 411）　　　　2. 有时　　　3. 经常

410　当碰到这种情况，你通常怎么做的？

1. 告诉老师　　　2. 告诉家长　　　3. 告诉同学

4. 默默忍受　　　5. 反击抵抗　　　6. 其他（请注明）_____

411　对下列观点表明您的看法：

（1. 非常赞同　2. 比较赞同　3. 一般　4. 不赞同　5. 非常不赞同）

411.1　社会对我是公平的

411.2　积极地奉献，正当地索取

411.3　努力才能成功

411.4　人生在世，吃喝二字

411.5　有了钱就有了一切

411.6　为了钱可以不择手段

411.7　知识可以改变命运

411.8　这是一个拼爹的时代

412　你的老家是

1.□深圳（问卷结束，下面的题不用答了，谢谢！）

2.□其他：（请注明：_____省_____市）（请继续回答 B1 题）

B1　过去一年，你回过几次老家

B2　你□□岁开始到城里生活（出生在城里且一直在城里生活填"0"，然后直接回答 B4 题）。

B3　你来城市之前，和谁一起生活（可多选）

　　1. 爸爸　　　2. 妈妈　　　　3. 爷爷/奶奶

　　4. 外公/外婆　5. 兄弟姐妹　6. 其他（请注明）_____

B4　你几岁时来到深圳？□□岁

B5　来深圳后，你家搬过几次家？□□次

B6　你会说老家话吗？1. 会说　　　2. 仅能听懂　　　3. 听不懂

B7　你会说粤语吗？1. 会说　　　2. 仅能听懂　　　3. 听不懂

B8　你觉得你是城里人还是农村人？1. 城里人　　2. 农村人　　3. 都是

B9　你觉得你是深圳人还是外地人？1. 深圳人　　2. 外地人　　3. 都是

B10　你更喜欢在哪里生活？1. 深圳　　2. 老家　　3. 都可

附录三
中等职业学校学生调查

第一部分 个人信息

101 你的性别：1. 男　　　2. 女

102 你的出生年月：□□□□年□□月

103 你的年级：1. 一年级　　2. 二年级　　3. 三年级

104 你的政治面貌：1. 中共党员（包括预备党员）　2. 团员　3. 群众

105 你有几个兄弟姐妹：兄弟□个，姐妹□个

106 你的户口是：1. 深圳城市户口　2. 其他城市户口　3. 农村户口

107 你的家乡：＿＿＿＿省＿＿＿＿市＿＿＿＿区（县）

108 你从哪里的初中考到本校的：

　　1. 深圳某初中　2. 其他地区某初中（请注明其他地）＿＿＿＿省＿＿＿市
　　＿＿＿区（县）

109 从小学一年级到初中三年级，你总共在几个学校上过学？

110 你每学期的学费：

　　1. 免费　　2. 缴费（请注明学费钱数）：□□□□□元

111 你平均每月的生活费是多少钱？□□□□元

　　用于下列各项的支出大约每个月多少钱

　　111.1　吃饭　　□□□□元/月

　　111.2　服装　　□□□□元/月

　　111.3　文具、书籍　　□□□□元/月

283

111.4　娱乐、交友　　□□□□元/月

第二部分　家庭信息

201　你父母的基本信息

	父亲	母亲
201.1　户口类型：1. 深圳城市户口　2. 其他城市户口　3. 农村户口 4. 不清楚	□	□
201.2　户籍所在地	＿＿省 ＿＿市 ＿＿区/县	＿＿省 ＿＿市 ＿＿区/县
201.3　现在的居住地：1. 深圳　2. 家乡　3. 其他地区	□	□
201.4　受教育程度：1. 不识字或较少识字　2. 小学　3. 初中 4. 普通高中　5. 中等职业学校（含中专、技校）　6. 大专及以上	□	□
201.5　具体职业是：	＿＿＿	＿＿＿
201.6　职业类型： 01. 非技术工人　02. 技术工人　03. 商业、服务业劳动者　04. 个体户　05. 私营企业主　06. 办事人员　07. 专业技术人员 08. 企业或商业负责人（如经理、厂长） 09. 党政机关、事业单位负责人　10. 城乡无业失业半失业者 11. 离退休人员　12. 农林牧渔人员　13. 其他（请注明）	□	□
201.7　平均月收入	＿＿＿元	＿＿＿元

202　你父母经常吵架吗？1. 经常　2. 有时　3. 很少　4. 从不

203　你父母平时过问你的学习吗？1. 经常　2. 有时　3. 很少　4. 从不

204　当你做错事时，父母通常怎么教育你？

　　1. 讲道理　　　2. 大吼　　　3. 打骂

　　4. 安慰　　　　5. 不管　　　6. 其他（请注明）＿＿＿＿＿＿

205　你爱妈妈吗？

　　1. 非常爱　　　2. 比较爱　　　3. 一般

　　4. 不太爱　　　5. 一点不爱

206　请根据实际情况回答下列跟妈妈有关的问题。

	从不	很少	有时	经常
206.1　遇到不开心的事情，妈妈总是安慰我，让我觉得很温暖	1	2	3	4
206.2　有时甚至为一点儿鸡毛蒜皮的小事，妈妈也会严厉地惩罚我	1	2	3	4
206.3　妈妈经常对我说她不喜欢我在家里的表现	1	2	3	4
206.4　妈妈对我该做什么、不该做什么都有严格的限制而且绝不让步	1	2	3	4
206.5　妈妈对我的什么事情都不管	1	2	3	4

207　你爱爸爸吗？

　　1. 非常爱　　　　2. 比较爱　　　3. 一般

　　4. 不太爱　　　　5. 一点不爱

208　请根据实际情况回答下列跟爸爸有关的问题。

	从不	很少	有时	经常
208.1　遇到不开心的事情，爸爸总是安慰我，让我觉得很温暖	1	2	3	4
208.2　有时甚至为一点儿鸡毛蒜皮的小事，爸爸也会严厉地惩罚我	1	2	3	4
208.3　爸爸经常对我说他不喜欢我在家里的表现	1	2	3	4
208.4　爸爸对我该做什么、不该做什么都有严格的限制而且绝不让步	1	2	3	4
208.5　爸爸对我的什么事情都不管	1	2	3	4

第三部分　学校信息

301　你喜欢学习吗？

　　1. 非常喜欢　　　2. 比较喜欢　　　3. 一般

　　4. 不太喜欢　　　5. 一点不喜欢

302　学习对你来说是一件困难的事情吗？

　　1. 非常难　　　　2. 比较难　　　　3. 一般

　　4. 比较容易　　　5. 非常容易

303　你喜欢目前的专业吗？

　　1. 非常喜欢　　　2. 比较喜欢　　　3. 一般

　　4. 不太喜欢　　　5. 一点不喜欢

304 你毕业后是否愿意从事与现在专业相关的工作？

    1. 非常愿意   2. 比较愿意   3. 一般

    4. 不太愿意   5. 一点不愿意

305 你毕业后想去哪儿工作？

    1. 深圳   2. 老家   3. 其他地（请注明）_____

306 你觉得学校的课程设置：

    1. 非常好   2. 比较好   3. 一般

    4. 不太好   5. 一点不好

307 你觉得学校的课程内容：

    1. 非常实用   2. 比较实用   3. 一般

    4. 不太实用   5. 一点不实用

308 你考中等职业学校的最主要原因？

    1. 学习技能有利于就业   2. 免费   3. 成绩不好考不上普通高中

    4. 别人考我就考了   5. 其他（请注明）_____

309 报考中职之前，你了解国家对公办中等职业学校城市和农村家庭经济困难学生实行免费的政策吗？

    1. 非常了解   2. 比较了解   3. 一般了解

    4. 不太了解   5. 一点不了解

310 报考中职之前，你了解国家对公办中等职业学校涉农专业（如养殖、农副产品加工、农村经济管理、农业机械化等 21 类专业）学生实行免费的政策吗？

    1. 非常了解   2. 比较了解   3. 一般了解

    4. 不太了解   5. 一点不了解

311 报考中职之前，你了解深圳市对公办中等职业学校紧缺人才专业（如计算机动漫与游戏制作、物流服务与管理、汽运与维修、珠宝玉石加工与营销等专业）学生实行免费的政策吗？

    1. 非常了解   2. 比较了解   3. 一般了解

    4. 不太了解   5. 一点不了解

第四部分　态度和行为

401 你在最近一段时间里有下面的感觉吗？你可以从下面五个答案中进行选择：

（编码1. 非常同意　2. 同意　3. 既不同意也不反对　4. 不同意　5. 非常不同意）

1. 最近我觉得自己很孤单	□	5. 我能辨别出什么是对，什么是错	□
2. 我经常觉得别人看不起我	□	6. 我觉得自己的生活一团糟	□
3. 我觉得没人真正关心、在乎我	□	7. 我希望自己成为重要的人	□
4. 我愿意遵守中学生日常行为规范	□	8. 我能体验更多的轻松与快乐	□

402 在过去几周有没有这样的感觉（1. 从不　2. 很少　3. 有时　4. 经常）

1. 我喜欢我目前的生活状况	□	6. 我过得很好	□
2. 我的生活进展顺利	□	7. 我的生活很幸福	□
3. 我的生活一切正常	□	8. 我觉得我正在经历的事情还不错	□
4. 我想要改变生活中的很多事情	□	9. 我拥有我想要的生活	□
5. 我希望能过一种不一样的生活	□	10. 我的生活比大多数孩子都好	□

403 在本学期，你有下列行为吗？（0. 没有　1. 有时　2. 经常）

1. 只想一个人待着	2. 害怕突然的声响	3. 想到考试就紧张
4. 不喜欢跟别人玩	5. 欺负同学	6. 打游戏上瘾
7. 做噩梦	8. 去网吧	9. 打架
10. 总觉得被人跟着	11. 总担心门没锁好	12. 虐待小动物
13. 早恋	14. 抽烟	15. 喝酒
16. 夜不归寝	17. 赌博	18. 自残

404 当你遇到开心或不开心的事情，你通常第一个会告诉：

1. 妈妈　　　2. 爸爸　　　3. 兄弟姐妹　　　4. 老师

5. 同学或朋友　6. 谁也不告诉　7. 其他（请注明）_____

405 你有过被其他学生或校外青少年欺负（如抢劫、打骂、骚扰等）的

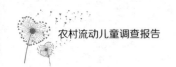

经历吗？

    1. 从来没有   2. 有时   3. 经常

406 当碰到这种情况，你通常怎么做的？

    1. 告诉老师   2. 告诉家长   3. 告诉同学

    4. 默默忍受   5. 反击抵抗   6. 其他（请注明）＿＿＿＿＿

407 对下列观点表明您的看法：

    （1. 非常赞同 2. 比较赞同 3. 一般 4. 不赞同 5. 非常不赞同）

    407.1 社会对我是公平的

    407.2 积极地奉献，正当地索取

    407.3 努力才能成功

    407.4 人生在世，吃喝二字

    407.5 有了钱就有了一切

    407.6 为了钱可以不择手段

    407.7 知识可以改变命运

    407.8 这是一个拼爹的时代

408 你是否同意以下观点？（1. 非常同意 2. 同意 3. 既不同意也不反对

    4. 不同意 5. 非常不同意）

    408.1 我觉得我是深圳的一员

    408.2 我希望别人把我看作深圳人

    408.3 我把自己看作深圳的一部分

    408.4 我对深圳充满感情

    408.5 居住在深圳令我感到高兴

    408.6 与其他地方相比，我更喜欢生活在深圳

409 在过去几个月里，经常和你一起（如做作业、玩耍、说心里话）的

    下面各类人的数目是多少？

    家人或亲属大约□□人，其中深圳本地人大约□□人。

    同学大约□□人，其中深圳本地人大约□□人。

    朋友大约□□人，其中深圳本地人大约□□人。

    老师大约□□人。

附录四
中小学生父母/监护人问卷

第一部分　个人和家庭信息

101　您的性别：1. 男　2. 女

102　您是哪个民族？1. 汉族　2. 少数民族（请注明）_____

103　请根据您和您配偶的实际情况回答以下问题（当前没有配偶的只回答您本人的信息）：

	孩子爸爸	孩子妈妈
103.1　出生年月	□□□□年	□□□□年
103.2　婚姻状况：1. 初婚（只结一次婚）　2. 再婚 3. 丧偶　4. 离婚　5. 从未结过婚（跳问到103.4题）	□	□
103.3　结婚时间	□□□□年	□□□□年
103.4　户籍所在地	1. 深圳 2. 其他地（请注明）	1. 深圳 2. 其他地（请注明）
103.5　户口类型： 1. 深圳城市户口　2. 其他城市户口　3. 农村户口	□	□
103.6　你父母家所在地	父母家在____省____市	娘家在____省____市
103.7　受教育程度： 1. 不识字或较少识字　2. 小学　3. 初中　4. 普通高中 　5. 中等职业学校（含中专、技校）　6. 大专及以上	□	□

289

续表

	孩子爸爸	孩子妈妈
103.8 具体职业是：		
103.9 职业类型： 01. 非技术工人 02. 技术工人 03. 商业、服务业劳动者 04. 个体户 05. 私营企业主 06. 办事人员 07. 专业技术人员 08. 企业或商业负责人（如经理、厂长） 09. 党政机关、事业单位负责人 10. 无业失业半失业者 11. 离退休人员 12. 农林牧渔人员 13. 其他（请注明）	□	□
103.10 平均每周工作天数，每天工作小时数	□天□□小时	□天□□小时
103.11 平均月收入	□□□□□元	□□□□□元

104 下面哪些人现在跟您住在一起？（可多选）

    1. 配偶　　　　2. 子女　　　　3. 父亲/母亲

    4. 配偶父母　　5. 兄弟姐妹　　6. 其他（请注明）_____

105 您在深圳的居住环境：

    1. 周围是深圳市民的居住小区　　2. 相对独立的外来人口聚居地

    3. 深圳市民与外地人的混合居住区 4. 其他（请注明）_____

106 您在深圳的住房（或住处）是：

    1. 自己买的房子　　　　　　2. 政府提供的廉租房

    3. 租的普通居民房　　　　　4. 单位或雇主提供需交钱

    5. 单位或雇主免费提供　　　6. 借住在亲戚朋友家

    7. 自己搭的简易棚　　　　　8. 其他

107 您在深圳的住房（或住处）的设施情况：

    107.1　孩子单独的房间（没有 = 0，有 = 1）

    107.2　煤气／液化气（没有 = 0，有 = 1）

    107.3　厨房（没有 = 0，合用 = 1，独用 = 2）（包括室外合用）

    107.4　厕所（没有 = 0，合用 = 1，独用 = 2）（包括室外合用）

    107.5　洗澡设施（没有 = 0，合用 = 1，独用 = 2）（包括室外合用）

    107.6　住房用途（居住兼工作或他用 = 0，纯居住 = 1）

    107.7　现住所的邻居（多为外地人 = 0，外地人和深圳人各占一半

=1，多为深圳人=2）

第二部分 亲子关系

（本部分主要了解您和带回问卷的这个孩子之间的关系）

201 请根据您的实际情况填写以下事情发生的频率。

编码：1. 经常 2. 有时 3. 很少

201.1 和孩子交谈、聊天	☐	201.5 夸奖孩子	☐
201.2 辅导孩子作业	☐	201.6 批评孩子	☐
201.3 与老师沟通孩子在学校表现	☐	201.7 体罚孩子	☐
201.4 和配偶吵架	☐		

202 您的孩子主动和您聊天吗？ 1. 经常 2. 有时 3. 很少 4. 从不

203 您和孩子聊天的主要内容是（可多选）：

　　1. 家庭琐事 　　　2. 父母工作 　　　3. 孩子学习

　　4. 同学 　　　　5. 老师 　　　　6. 社会热点事件

　　7. 其他（请注明）_____

204 您觉得您和孩子的关系亲密吗？

　　1. 非常亲密 　　　2. 比较亲密 　　　3. 一般

　　4. 不太亲密 　　　5. 非常不亲密

205 您觉得您了解您孩子的想法吗？

　　1. 非常了解 　　　2. 比较了解 　　　3. 一般

　　4. 不太了解 　　　5. 非常不了解

206 当孩子做错事时，您通常会如何教育孩子？

　　1. 讲道理 　　　　2. 批评 　　　　3. 责骂

　　4. 体罚 　　　　　5. 不管

207 多数情况下你觉得你对孩子的教养方式是：

　　1. 温暖体贴型 　　2. 严厉批评型 　　3. 喜欢干涉型

　　4. 不闻不问型 　　5. 拒绝否定型

208 以下关于深圳市义务教育政策的内容，您了解的有哪些？（多选）

　　1. 取消中小学校学生借读费

　　2. 公办、民办中小学均享受义务教育免费

　　3. 试行积分入学政策

　　4. 子女申请入学所需证明材料

　　5. 申请公办中小学学校入学的程序

　　6. 都不了解

209 您是通过何种渠道了解深圳市义务教育政策的？（最多可选三项）

　　1. 自己亲身经历　　　2. 学校　　　　　3. 政府宣传

　　4. 社区宣传　　　　　5. 所在企业　　　5. 亲属/同乡

　　6. 同事/朋友　　　　8. 电视/广播　　　9. 报纸

　　10. 网络

210 您支持"深圳外来务工子女免费接受义务教育"吗？

　　1. 非常支持　　　　　2. 支持　　　　　3. 一般

　　4. 不支持　　　　　　5. 非常不支持

211 您支持"深圳外来务工子女和本地孩子就读同一学校"吗？

　　1. 非常支持　　　　　2. 支持　　　　　3. 一般

　　4. 不支持　　　　　　5. 非常不支持

212 您对学校执行义务教育免费政策的情况满意吗？

　　1. 非常满意　　　　　2. 有点满意　　　3. 一般

　　4. 不太满意　　　　　5. 一点都不满意

213 您觉得在深圳给孩子申请入学难吗？

　　1. 非常难　　　　　　2. 有点难　　　　3. 一般

　　4. 不太难　　　　　　5. 一点都不难

214 你明确在深圳给孩子申请入学的程序吗？

　　1. 非常明确　　　　　2. 有点明确　　　3. 一般

　　4. 不太明确　　　　　5. 非常不明确

215 您觉得在深圳给孩子申请入学的手续麻烦吗？

　　1. 非常麻烦　　　　　2. 有点麻烦　　　3. 一般

4. 不太麻烦　　　　　　5. 一点都不麻烦

216　您孩子现在就读的学校是当初最想申请的学校吗？

1. 是　　　　　　　　　2. 否

217　您对孩子所在的学校的硬件条件满意吗？

1. 非常满意　　　　　　2. 有点满意　　3. 一般

4. 不太满意　　　　　　5. 一点都不满意

218　您对孩子的任课老师满意吗？

1. 都很满意　　　　　　2. 大多数满意　　3. 一般左右满意

4. 大多数都不满意　　　5. 都不满意

219　您觉得孩子在哪类学校上学比较好？

1. 公办学校　　　　　　2. 民办学校　　3. 无所谓

第三部分　态度和行为

301　根据您的第一反应，回答下面的问题：如果您可以自愿选择的话

1. 非常同意　　　　　　2. 同意　　　　　3. 既不同意也不反对

4. 不同意　　　　　　　5. 非常不同意

301.1　我愿意与深圳人共同居住在一个街区（社区）

301.2　我愿意与深圳人做同事

301.3　我愿意与深圳人做邻居

301.4　我愿意与深圳人做朋友

301.5　我愿意自己（或我子女）和深圳人结婚

302　根据您的第一反应，回答下面的问题：如果您可以自愿选择的话

1. 非常同意　　　　　　2. 同意　　　　　3. 既不同意也不反对

4. 不同意　　　　　　　5. 非常不同意

302.1　我愿意与农村外来人口共同居住在一个街区（社区）

302.2　我愿意与农村外来人口做同事

302.3　我愿意与农村外来人口做邻居

302.4　我愿意与农村外来人口和做朋友

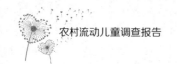

302.5　我愿意自己（或我子女）和农村外来人口结婚

303　您是否同意以下观点？

1. 非常同意　　　　　2. 同意　　　　　3. 既不同意也不反对

4. 不同意　　　　　5. 非常不同意

303.1　我觉得我是深圳的一员

303.2　我希望别人把我看作深圳人

303.3　我把自己看作是深圳的一部分

303.4　我对深圳充满感情

303.5　居住在深圳令我感到高兴

303.6　与其他地方相比，我更喜欢生活在深圳

304　您家现在有几个孩子？（包括收养、自己及配偶前次婚姻的子女；不包括已死亡和抱养出去的子女）（按孩子出生时间的先后顺序填表）

顺顺次	A 出生时间	B 性别 1 男孩 2 女孩	C 出生地点 1 深圳 2 家乡 3 其他 （请注明）	D 户口 1 城市户口 2 农村户口	E 是否 上学 1 是 2 否	F 孩子几岁来到深圳 （在深圳出生填0，没来深圳填 x）	G 目前和谁住（最多选四项） 1 您 2 您配偶 3 您的父母 4 您配偶父母 5 孩子自己 6 其他（请注明）
1	□□□□年	□	□	□	□	□□岁	□□□□
2	□□□□年	□	□	□	□	□□岁	□□□□
3	□□□□年	□	□	□	□	□□岁	□□□□
4	□□□□年	□	□	□	□	□□岁	□□□□

（以下 B1 - B6 题由农村户籍人口回答，其他人问卷结束，谢谢！）

B1　您第一次离开老家来城里生活是什么时候？　□□□□年

B2　到目前为止，你合计外出务工____年？□□年

B3　您初次来深圳是什么时候？□□□□年

B4　您现在的配偶是什么地方人？他/她与您

1. 同村　　　2. 同镇（乡）　　　3. 同县

4. 同市　　　5. 同省　　　6. 外省　　　7. 国外

B5　18 岁之前，您有过因为父亲或母亲外出而留守在老家的经历吗？

　　1. 有　　　　　　2. 没有（跳问到第 B6 题）

B5.1　当时谁留在老家照顾您：（多选）

　　　1. 母亲　　　　2. 父亲　　　　3. 爷爷/奶奶

　　　4. 外公/外婆　5. 兄弟姐妹　6. 亲戚

　　　7. 邻居或朋友　8. 一个人住　9. 其他（请注明）＿＿＿＿＿

B6　18 岁之前，您有过因为父亲或母亲外出打工而跟着流动的经历吗？

　　1. 有　　　　　　　2. 没有（跳问到第 B7 题）

B6.1　当时是和谁一起居住：（多选）

　　　1. 母亲　　　　2. 父亲　　　　3. 爷爷/奶奶

　　　4. 外公/外婆　5. 兄弟姐妹　6. 亲戚

　　　7. 邻居或朋友　8. 一个人住　9. 其他（请注明）＿＿＿＿＿

B7　目前您在家乡还有没有土地？

　　1. 有　　　2. 无，土地已经转给他人或者已被征用（问卷结束！）

　　3. 无，一直没有（问卷结束！）

B8　目前您在家乡的土地使用状况如何？（多选）

　　1. 自己种　　　　　　　　2. 租给他人，收取租金

　　3. 租给他人，不收取租金　4. 荒废

B9　与您家乡的其他人的土地相比，您觉得自己家里的土地质量如何？

　　1. 全部是好地　　　　　　2. 有一半以上的是好地

　　3. 有一半的好地　　　　　4. 有少量的好地

　　5. 没有好地

图书在版编目（CIP）数据

农村流动儿童调查报告/刘朔等著．—北京：社会科学
文献出版社，2015.6
ISBN 978 - 7 - 5097 - 7588 - 2

Ⅰ．①农…　Ⅱ．①刘…　Ⅲ．①农村 - 流动人口 - 儿童
- 调查报告 - 中国　Ⅳ．①D669.5

中国版本图书馆 CIP 数据核字（2015）第 124369 号

农村流动儿童调查报告

著　　者／刘　朔　刘利鸽　靳小怡　杨　勇

出 版 人／谢寿光
项目统筹／周　丽
责任编辑／高　雁　梁　雁

出　　版／社会科学文献出版社·经济与管理出版分社（010）59367226
　　　　　　地址：北京市北三环中路甲29号院华龙大厦　邮编：100029
　　　　　　网址：www. ssap. com. cn
发　　行／市场营销中心（010）59367081　59367090
　　　　　　读者服务中心（010）59367028
印　　装／三河市东方印刷有限公司

规　　格／开　本：787mm × 1092mm　1/16
　　　　　　印　张：19.25　字　数：289千字
版　　次／2015 年 6 月第 1 版　2015 年 6 月第 1 次印刷
书　　号／ISBN 978 - 7 - 5097 - 7588 - 2
定　　价／69.00 元